CATALUNYA
LLIBRE DE L'ANY
1978

CATALUNYA
LLIBRE DE L'ANY
1978

Pròleg de Manuel Ibàñez Escofet

CAIXA DE PENSIONS PER A LA VELLESA I D'ESTALVIS

Creació, direcció i disseny:
Enric Mir, Joaquim Sabrià i Marisa Trigo.

Redacció:
Josep M. Carandell.

Col·laboradors:
August Bover, Armand Carabén, Josep Desumbila, Xavier Fàbregas, Andreu Mercè Varela, Francesc Miralles, Jaume Pont, Miquel Porter Moix, Vladimir de Semir, Jordi Solé Tura i Manuel Valls.

Fotògrafs:
Guillermina Puig, Bartomeu Cruells, Albert Fortuny, Robert Ramos.

Pilar Aymerich (SIC), Manuel Armengol (SIC), Carles Ameller, Xavier Amir, Arxiu Mas (SIC), Paco Barrena, Pau Barceló, Jacques Bestok, Antoni Boldú, Joan Capdevila, Colita, Enric Cid (SIC), Víctor Clavell (SIC), Francesc Català Roca, Joaquim Chancho, Europa Press, Efe, Eugenio, Pepe Encinas (SIC), Jordi Farrús (SIC), Jordi Gumí, Josep Loaso (SIC), Pere Monés, Joaquim Manresa, Oriol Maspons, Montserrat Manent, Lluís Moreno (SIC), Oriol Montull (SIC), Jaume Mor (SIC), Xavier Miserachs (SIC), Pau Oliva, Eduard Omedes (SIC), Ignasi Par, Enric Quintana (SIC), Albert Ramis, Montserrat Sagarra, Frederic Sabrià, Josep Salvador, Jordi Soteras (SIC), Xavier Sansuan (SIC), Marià Trigo, Rafael Tous, Eliseu Trenc, Lluís Trullàs, Joan Vilaprinyó (SIC), Joan Víctor de Barberà (SIC) i Pilar Viladegut (SIC).

Primera edició: *abril de 1979.*

Editat per Edicions 62 sla., Provença 278, Barcelona-8.
Impressió i enquadernació: Printer Indústria Gràfica sla., Sant Vicenç dels Horts.
Paper: Celupal, Algesires.
Dipòsit legal: B. 7.824-1979.
ISBN: 84-297-1481-2

PRÒLEG

La història, en els llenguatges que contenen més o menys capacitat de retòrica, s'acompanya d'imatges que tenen una certa ressonància hidràulica. A vegades es compara a un torrent impetuós que tot ho arrossega; d'altres a un riu ample i majestuós, que flueix lentament, o que surt de mare per la força del corrent, inflat per les pluges o les aigües de la neu fosa que baixa per les muntanyes; o quan la història és local, domèstica, familiar, als meandres quiets on s'emmirallen els salzes o les pollancredes. També, a voltes, és un llac d'aigües quietes i clares, amb l'horitzó sempre tancat per un vol de turons, més baixos que el lliscar orgullós de l'àliga per la volta blava del cel. I quan la cosa és molt grossa, quan la història és una ensulsiada col·lectiva entre flames i sang, quan els quatre genets de l'Apocalipsi senyoregen la terra, és grata la comparació amb el mar tempetuós de cels negres, onades corprenedores i llamps i trons. Exactament igual que aquelles làmines del segle passat que oferien les tràgiques escenes d'un naufragi.

El català, afortunadament, no és una llengua feta per a la retòrica. És net, concís, honrat i sense doble fons. La lluita per la seva supervivència i l'obligat ús limitat durant segles l'han fet així. El dolor l'ha purificat, i no serveix per a la mentida i la hipocresia. No hem pogut emprar-lo en grans conteses parlamentàries ni en els tèrbols jocs de la política internacional. Sense que això signifiqui un no-reconeixement de l'esforç cultural realitzat des de la Renaixença ençà, amb el qual hem assolit fites d'alta categoria intel·lectual, vull dir, i dic, que la nostra llengua és honesta, fresca i sincera com la que utilitzaven el pagès i el pescador en els moments més aspres dels atacs de fora i de les traïcions de dins. L'ametlla de l'idioma és, encara, verge. No l'ha posseïda barroerament la bava de la retòrica.

En aquesta llengua, la nostra, i amb l'esperit que l'aguanta i la singularitza, s'ha escrit aquest llibre d'història. Sense semblances hidràuliques. Ni torrents, ni rius, ni llacs, ni mars. I d'història, a més a més, recent, viscuda i sentida per tots. Aquí no hi ha llegendes ni interpretacions. És història de cada dia, a Catalunya i en català.

Els historiadors més seriosos han treballat sempre amb documents, i les seves deduccions no han estat pures divagacions de l'esperit, lligades a vegades al bon funcionament del fetge, a la debilitat, als tips apoplèctics o al punt de llampat que sempre s'ha atribuït a l'home de lletres. Els vells pergamins varen deixar el lloc als llibres, fins que els periòdics ocuparen un espai d'informació a l'historiador, totalment insubstituïble. Avui l'home que es preocupa per la història contemporània ha de furgar per les hemeroteques, ja que —amb tots els seus immensos defectes, falles, buits i tendenciositats— la notícia químicament pura, i les reaccions minoritàries o col·lectives, estan en els diaris. El mèrit de l'historiador està a saber destriar el gra de la palla, a fer-se impermeable a la passió i a l'engany del moment per deixar els fets nus com un cuc i aptes per a la transmissió justa i honrada, a través de l'assossegada perspectiva. Jo no sé què passaria si els diaris arribaven a desaparèixer i solament els mitjans àudio-visuals acomplien la tasca informativa. La gent viuria un avui permanent, sense ahir i sense materials per a bastir el demà. No hi hauria fonaments. L'home seria com aquell acròbata que passa la maroma sobre l'abim, amb el buit a banda i banda. L'alarmant profecia de Marshall McLuhan ens deixaria sense història i encara no puc entendre un home o un poble sense passat. És d'ell d'on es pouen gairebé sempre les energies per a anar endavant. És el punt de suport que ens sosté, el sortint de la roca on aferrem les mans i aguantem el cos amb la força del peu, amb tots els músculs en tensió, tibants com la corda de l'arc.

Aquest que ara teniu a les mans és, doncs, un recolzament per a explicar-nos. És un llibre d'història sense retòrica, sense interpretacions, sense deduccions ni hipòtesis. Imatges i textos nets i pelats com una geneta, sense ornaments ni oripells, constitueixen una severa manifestació d'esdeveniments que encara palpiten com la sang a les venes del poble. Una processó austera, d'impressionant senzillesa i veritat, com els vells rosaris de l'alba, les autèntiques i perdudes processons de Divendres Sant o el pas del combregar a muntanya.

Aquest és un llibre de l'ahir immediat que ja serveix per avui i encara servirà més per demà. Hi és tot, dia a dia, sense perdre's en el laberint dels judicis de valor. És un diari de diaris presentat amb un alt sentit de l'interès, de la mesura i de l'equilibri tipogràfic. En aquest aspecte, és una petita obra d'art que honora els homes que l'han pensat i fet. És un d'aquells llibres que no pot mancar a les llars dels qui estimen Catalunya més enllà del fet de viure i treballar sobre la crosta de terra que porta aquest nom, dels qui no ignoren i senten el calfred que hi ha quelcom més que la terra per a sentir-se veritablement, irrenunciablement catalans.

I ara em cal advertir una cosa: encara que aquest llibre tingui un estil anglosaxó i hagi parlat del seu voluntari sometiment a la fredor dels fets, ens enganyaríem si creguéssim que no hi ha aquella espurna de passió espontània, tan natural com respirar, que és el secret de les obres fetes amb il·lusió de deixar un solc. Aquesta no és una acumulació informe d'esdeveniments, una simple relació cronològica de les coses que han passat en un temps determinat, sinó la fixació sobre les pàgines d'uns instants lluminosos de la història del nostre poble, copsats amb l'esperit atent i emocionat, perquè els homes que han fet aquest llibre eren també poble quan s'esdevenien els fets, eren protagonistes com tots, ja que el protagonisme hi ha moments que és compartit per milions de cors que s'han posat a bategar al mateix temps. Jo mateix, escric ara aquestes paraules com un cor més que també va unir els seus batecs als dels altres catalans, després de tants anys d'execrable i ominós silenci.

Catalunya va viure, en el temps que aquest llibre recull, el màgic, el prodigiós silenci que acompanya el miracle. I ens trobàvem davant del més bell i extraordinari dels miracles: el de recuperar la paraula. Sortíem de la nit quan per llevant una ditada de rosa pàl·lid i de blau clar, com el somni d'un infant, ens anunciava que tornava la claror del dia. L'aurora fou lenta, difícil i dolorosa com un part. La fosca de la nit havia estat llarga i penosa. Havíem caminat molts anys a les palpentes, com uns orbs. Els únics ocells que coneixíem eren els corbs. Ignoràvem el color de la terra tocada per la llum. Tot havia estat fosc. Tot havia estat negre.

La llum era la paraula retrobada. La llum era la llibertat ignorada. La llum era la veu del poble oblidada. Ens feia mal als ulls, tot i que venia per les vies manyagues de la convalescència. Com el malalt que sent de nou la sang que li circula impetuosament per les venes, ens venien a la memòria, a glopades, aquells versos de Josep Carner:

Oh dia revolt de sol i de pluja daurada,
oh dia esquinçat de vent i de pluja i de sol!
Salut a la saba del món, altre cop desvetllada;
salut al miracle que duus per demà si Déu vol!

Sí, Catalunya es retrobava. Ens retrobàvem tots. I amb serena paciència aquest llibre recull el que passava mentre es produïa el tomb. Quan passin els anys i molts de nosaltres ja no hi siguem, els més joves, que ja tindran els cabells blancs, podran recordar les hores del canvi, l'instant silenciós del miracle. Aquella llum que naixia per llevant no era més que l'avís que calia treballar encara més i cada dia, cadascú al seu lloc, per construir el país. El miracle retornava la paraula i calia aprendre a enraonar. Tasca lenta i feixuga, tasca en la qual no hi ha vacances ni vacil·lacions, però que és l'únic canvi després de tants anys, tants segles —amb escasses i esporàdiques revifalles— de voluntat de supervivència.

En el temps que ressegueix el llibre que tenim a les mans, realment han passat coses. I, sense adonar-me'n, és possible que, malgrat que el català no serveixi per a la retòrica, hagi caigut al parany. No ha passat res d'espectacular, en un país que ha vist espectacles de totes menes i ha viscut hores d'una patètica tensió i d'una irrefrenable esperança. Tot ha passat com caminant de puntetes, com si expliquéssim una lliçó ben apresa. Jo crec que aquesta actitud, aquesta pacífica creació dels esdeveniments és certament el fruit d'una lliçó que hem après molt bé: la lliçó del dolor.

Jaume Vicens i Vives, un home i una obra massa aviat oblidats, la grandesa del qual augmenta quan es pensa que va publicar *Notícia de Catalunya* el 1953, quan els conspiradors de cafè es desfeien com el marrofí a la tassa i ara invoquen mèrits, va ser extraordinàriament lúcid en l'anàlisi de les nostres reals possibilitats. No hi ha altre mèrit que l'obra seriosa ni altre futur que el que ens podem bastir amb les reserves autèntiques que posseïm. Tot el que ha esdevingut ha passat per les línies mestres dels valors positius de Catalunya, segons Vicens: la continuïtat o sentit de la pervivència, el seny, la mesura i la ironia, que anul·la la gangrena de la passió i el fanatisme. Però és viva l'amenaça dels factors negatius: l'exasperació, el sentimentalisme, l'arrauxament, i la rebentada, que tants moments històrics ens han engegat a rodar.

Han passat coses, sí, moltes coses. Però sense patetismes absurds i baladrers. Sense bombolles. Posant a prova la nostra capacitat d'assimilació, de comprensió i de pacte. Aquest és el llibre dels fets. No res més. Ni res menys. Per això, com a cant d'esperança, poso fi a aquestes ratlles amb les mateixes que Jaume Vicens i Vives clou *Notícia de Catalunya:* «Estem convençuts que, actuant sobre les cordes autèntiques del nostre temperament, endegarem d'ara endavant moltes coses. Però això vol temps, amor i confiança. Vol exactament, com deia Maragall, la fe dels qui no temen ni defallences ni incomprensions, dels qui, veient l'obra llarga, es disposen a realitzar-la amb una contribució personal i irrecompensable, hora a hora, dia a dia.»

Manuel Ibàñez Escofet

GENER

Els Tres Tombs.
Nadal al soterrani.
Josep Tarradellas i l'Assemblea de parlamentaris.
Reunió del Consell executiu de la Generalitat.
Premi Pla.
Josep Llorens Artigas a la Galeria Maeght.
Josep Benet i la Generalitat.
Incidents a la presó Model.
Titus Andrònic, de Shakespeare, al Teatre Lliure.
Rebel Delirium en un túnel del metro.
El Correu de la UNESCO en català.
Incendi de Scala.
Visita de Josep Tarradellas a Cervelló.
Visita del rei a Barcelona.
Assassinat de Joaquim Viola i la seva muller.
Constitució de la Comissió Mixta Generalitat-Diputacions.
Albert Boadella i els Joglars.
Conferència de Rafael Alberti, en l'homenatge a Víctor Seix.
Alexis Weissenberg amb l'Orquestra Ciutat de Barcelona.
Manifestació de CNT contra el Pacte de la Moncloa.
XVI Saló Nàutic.
Setmana econòmica, organitzada pel Club Mundo.
Xavier Benguerel, premi Luigi Dellapiccola.
Port Bou. Centenari de l'enllaç Espanya-França.
Josep Laporte, rector de la Universitat Autònoma.
Arribada de les despulles de Josep Carner.

El dia 18, amb motiu de la festivitat de sant Antoni abat, la Germandat del sant organitzà com cada any la popular cavalcada d'**Els tres tombs.** El problema principal consistí a trobar suficients cotxers, ja que a Barcelona, segons diu el president de la citada entitat, no n'existeixen més de vint. La desfilada començà a les nou del matí a les cotxeres Gabeldi, per seguir pels carrers de Tapioles, Marquès del Duero, Calàbria, Floridablanca i Villarroel, arribant al centre de la festa tradicional que és als barris del Padró i la Ribera, els carrers dels quals foren recorreguts entre l'animació del públic. A d'altres ciutats i pobles de Catalunya també se celebrà la mateixa festa. En particular a Vilanova i la Geltrú, on s'anomena "la festa petita" puix sant Antoni és copatró de la ciutat.

• 1.1.
El president del Govern basc a l'exili, Leizaola, exhorta el poble basc a abandonar tota lluita violenta.
• Cambotja trenca les relacions diplomàtiques amb Vietnam.
• 2.1.
El director general de Presons i els presos arriben a un acord per a posar en marxa el pla de reforma penitenciària de l'Estat espanyol.

Al llarg de les **vacances de Nadal i Reis,** el **pas soterrani de la plaça de la Universitat** es convertí en escenari popular. Des del final de la dictadura, un altre pas, entre la plaça Catalunya i la Rambla, havia servit de fòrum per a diverses actuacions més o menys informals, i el túnel del metro de la ronda de Sant Antoni acollia en el seu insòlit espai la companyia del Teatre Metropolità de Barcelona. Aquesta vocació de talp tenia un sentit invers, malgrat el seu paral·lelisme, a la necessitat d'ocultació clandestina de les activitats socials, polítiques i artístiques de l'era franquista. Ara, la baixada al soterrani significava aproximació al públic, captació de l'atenció popular. Amb aquest objectiu se celebraren exposicions de pintura dels més coneguts artistes de la ciutat, concerts de música clàssica i "pop" a càrrec de conjunts o de solistes, i obres de teatre, de guinyol o de pallassos per als nens, davant un públic generalment involuntari que, en voler travessar el carrer, en un acte monòton més de la vida quotidiana, es trobava enfrontat a l'art i a la imaginació.

"Jo crec que avui ser d'esquerres i sense demagògia és contribuir francament a la consecució de l'Estatut de Catalunya, a la consolidació de la democràcia i al sanejament de l'economia. Aquests són els tres grans objectius de l'esquerra i tenim la sort que en això coincidim amb la dreta."

"Hoja del Lunes", 2-I-1978. Declaracions d'Antoni Gutiérrez Díaz.

Durant les últimes setmanes del 1977 les tensions entre la **Generalitat i l'Assemblea de Parlamentaris** havien arribat a un punt quasi de trencament. Per tal de posar fi a aquest contenciós polític, el dia 4 se celebrà una **reunió entre les dues parts,** convocada al Palau de la Generalitat pel president Tarradellas. La sessió conjunta, que durà més de quatre hores, arribà a un acord aparentment satisfactori per al president i per als senadors-diputats. El senyor Tarradellas no donà a conèixer la fórmula de l'acord fins a última hora de la tarda, després de la reunió del Consell Executiu. Segons aquesta fórmula, l'Assemblea no es dissoldria però tampoc no celebraria reunions per pronunciar-se sobre la composició del Govern autònom o sobre la seva actuació, i només es ternaria a convocar una vegada fos aprovada la Constitució de l'Estat. Per la seva banda, Tarradellas reconeixia l'existència de l'Assemblea de Parlamentaris i admetia informar-la i ser informat pel ella, per que fa a les tasques pròpies de la Generalitat. Després de llegir el document de l'acord, el president explicà que si fins aquell moment no havia volgut reconèixer l'Assemblea, no era pas com a tal Assemblea, sinó com a organisme dintre de la Generalitat. El document de l'acord fou signat pels partits següents: Alianza Popular, Centre Català, Convergència Democràtica de Catalunya, Entesa dels Catalans, Esquerra Democràtica de Catalunya, Esquerra Republicana de Catalunya, Partit Socialista de Catalunya (Reagrupament), Partit Socialista Unificat de Catalunya, Socialistes de Catalunya (PS-PSOE), Unión del Centro Democrático i Unió Democràtica de Catalunya.

- **4.1.** Els espanyols no necessitaran passaport per entrar a Suïssa.
- Els xilens, convocats pel general Pinochet, es pronuncien a les urnes sobre la resolució condemnatòria de les Nacions Unides.
- **5.1.** Don Juan Carlos celebra el seu quaranta aniversari.
- Mor a Madrid l'humorista Tono a l'edat de 81 anys.
- Gran part de la regió cambotjana anomenada "Pic del Lloro" ocupada per l'exèrcit vietnamita.

El día 9 al matí, es reuní el **Consell Executiu** de la Generalitat per redactar el **programa de govern de Catalunya.** En una reunió anterior, el dia 4, no fou possible d'enllestir-lo a causa del contenciós pendent entre el president Tarradellas i l'Assemblea de Parlamentaris. La tarda del dia 9, davant els representants dels mitjans informatius catalans, el secretari general de la Presidència, Josep Maria Bricall, llegí la "Declaració d'objectius del primer govern de la Generalitat de Catalunya", els punts principals de la qual són: "Assolir un Estatut que estructuri el nostre autogovern", "fer que els nous ajuntaments democràtics siguin suport de l'autonomia", "garantir l'oficialitat de la llengua catalana", "redreçar la situació de crisi econòmica, industrial i agrícola", "activar el traspàs de serveis de l'Estat a la Generalitat com a tasca prioritària" i "portar a terme la represa nacional amb la participació de tots". "Aquesta declaració d'objectius —explicà seguidament el conseller sense cartera Joan Reventós— té un caràcter provisional i limitat, ja que no es podrà dur a terme una tasca definitiva fins que no s'obtinguin els recursos necessaris a través dels traspassos de serveis." La declaració fou considerada modesta i ambiciosa alhora pels mitjans de comunicació. A la primera reunió del consell executiu assistiren (d'esquerra a dreta) J.M. Triginer, A. Gutiérrez, F. Rahola, J. Tarradellas, J. Reventós, J. Pujol, C. Sentís, i (darrera, d'esquerra a dreta) N. Serra, J. Roig, R. Espasa, P. Pi i Sunyer, J. J. Folchi i J. Codina.

El dia 6 a la nit, a l'hotel Ritz de Barcelona, foren concedits els **Premis Eugenio Nadal,** de novel·la, en la seva XXXIV edició, i el **Josep Pla,** en la seva X edició, a **José Asenjo Sedano,** per **Conversaciones sobre la guerra** i a **Josep Maria Castellet** per **Josep Pla o la raó narrativa,** respectivament. Dotze obres només optaven enguany al Premi Pla, el jurat del qual estava format per Maurici Serrahima, Joan Teixidor, Joan Perucho, Pere Gimferrer, i Antoni Comas, que actuava com a secretari. En el seu parlament, després de ser-li concedit el premi, Josep Maria Castellet definí el seu estudi com "un assaig lliure sobre l'obra d'aquest escriptor", i com "la primera temptativa d'explicació global de l'obra d'un dels més grans autors del segle". Explicà, també, que havia treballat en aquest assaig al llarg dels últims quatre anys, i que havia partit del pròleg de Joan Fuster, a les **Obres Completes** d'En Josep Pla, per arribar al descobriment de "les raons professionals i la importància del pensament, la ideologia i la concepció del món d'En Pla". Sobre Pla mateix digué que el seu horitzó "és materialista i quasi biològic, sense sobrevolar en cap moment la realitat quotidiana ni transcendir-la. Això fa que el seu caràcter sigui profundament conservador i, en alguns moments, reaccionari". Per altra banda, la novel·la de José Asenjo tracta dels records d'infantesa durant la guerra civil, tema molt freqüent a la literatura dels últims anys, **"de un niño** —especificà l'autor— **sin rencor y sin partido".** El jurat d'aquest Premi estava format per Juan Ramón Masoliver, Josep Vergés, Llorenç Gomis, Francisco García Pavón, i Antoni Vilanova com a secretari. El president Tarradellas i el conseller de Governació Frederic Rahola declinaren amablement assistir a l'acte del Ritz, menys animat que altres anys i amb molt limitada presència de representants del món de la política i la literatura.

• **6.1.** El cap de l'Estat Major de l'Exèrcit, tinent general Vega Rodríguez, declara que l'Exèrcit és una força professional i no un poder.
• L'avantprojecte de Constitució apareix al "Boletín Oficial de las Cortes".
• **7.1.** Un premi creat per cinc universitats europees —d'Hamburg, Bruges, la Haia, Dublín, Basilea i Poitiers— concedit al filòleg menorquí Francesc de Borja Moll.

Josep Maria Castellet.

A la **galeria Maeght** del barceloní carrer Montcada, Josep **Llorens i Artigas** féu una exposició retrospectiva de la seva obra com a ceramista. Aquí retrobà el seu antic company i amic Joan Miró, amb qui feia anys que havia realitzat diversos plafons per a la seu de la UNESCO, a París, a l'aeroport de Barcelona, a Harvard, etc. Instal·lat a Gallifa, el gran ceramista, tractadista i crític d'art, rebia amb aquesta mostra l'homenatge per la seva activitat artística que començà a l'Escola de Belles Arts de Llotja, a principis de segle, i que trobà ressò mundial als anys vint a París.

Ceràmica de Josep Llorens Artigas.

El senador Josep Benet de l'"Entesa dels Catalans", el representant més votat de l'Estat espanyol a les eleccions del 15 de juny, que ja anteriorment havia polemitzat **contra el president Tarradellas i contra el tipus concret de Generalitat** concedida a Catalunya, tornà a manifestar-se en el mateix sentit en unes declaracions a la revista "L'Hora Socialista" del PSC (Congrés). Benet declarà, entre altres coses, que "el retorn de Tarradellas ha significat un triomf de la dreta" i que "aquesta Generalitat no és cap triomf per a Catalunya, sinó una derrota". En opinió del polític, advocat i escriptor, "...no ens donen l'autonomia; ens donen una joguina perquè ens entretinguem, mentre el joc gran el fa Suárez. Ens donen una Generalitat sense contingut...". Benet féu observar, també, que l'esquerra perdé la iniciativa, "la va perdre vuit dies després de les eleccions" i que "ningú no pensava que Suárez fos capaç d'arrencar el protagonisme a l'esquerra per donar-nos una Generalitat que no era la que havíem demanat". El president Suárez, pocs dies després contestava al senador: "La Generalitat és quelcom més seriós que una joguina. Cal veure només, per a provar-ho, el que s'ha aconseguit i el que s'aconseguirà en el procès autonòmic. Discrepo obertament de l'opinió del senyor Benet...; a més, Catalunya mai no hagués acceptat una joguina."

Lentament, els noms castellanitzats de pobles i ciutats van tornant a adquirir la seva forma catalana per decisió dels ajuntaments o, més sovint, perquè la gent escriu sobre els rètols de l'època de la dictadura el nom vertader del poble. El mateix succeeix amb els noms de places i carrers, que van essent canviats pels noms tradicionals o per noms nous en memòria de personalitats o fets de la història de Catalunya. El **nou retolament dels carrers,** però, resulta tan car, que el canvi es produeix amb parsimònia.

• **8.1.** El dèficit comercial espanyol de l'any 1977 puja a siscents mil milions.
• Fort descens de la borsa neoiorquina.
• Shakespeare, Dickens i Marc Twain ja no són prohibits a la República Popular de Xina.
• **9.1.** Avantprojecte de RENFE: Un tren que farà el trajecte Madrid-Barcelona en dues hores i mitja.
• Enrique Lister elegit secretari general del Partido Comunista Obrero Español (PCOE).
• Les Illes Marianes, nou estat associat dels Estats Units d'Amèrica.

Titus Andrònic? ¿I per què aquesta tragèdia de Shakespeare, potser mai representada aquí, i no alguna de les més conegudes? Fabià Puigserver elegí sens dubte aquesta peça horrible com a paràbola d'una època no menys esgarrifosa, la que ens ha tocat viure, de guerres sense límit, de terrorisme, de violència als carrers, de sadomasoquisme en les relacions interpersonals... No era el que Shakespeare diu, en concret, a l'obra, allò que somogué els deu mil espectadors del **Lliure** de Barcelona, de l'1 de desembre del 1977 al 29 de gener d'enguany, sinó la sensibilitat ferida que esclata pas a pas, sense treva, fins el final de total desolació.

• **10.1.** Jorge Enjuto, nou secretari general del Partit Socialista Popular.
• Andrés Segovia, membre de la Real Academia de San Fernando.
• Vaga de la flota pesquera a Algesires.
• El xa de Pèrsia visita el president Sadat per discutir les iniciatives de pau egipcio-israelianes.
• **11.1.** El ministre de Defensa, Gutiérrez Mellado, declara davant la Comissió de Defensa del Congrés que el Govern fixarà la política militar i que reformarà el Codi de Justícia Militar.
• Legalitzat el Partit Comunista d'Euzkadi.
• La URSS envia una nova nau espacial Soyuz tripulada.
• Cambotja denuncia Vietnam per agressió, a la ONU.
• Sis dones ministres al nou govern francès.

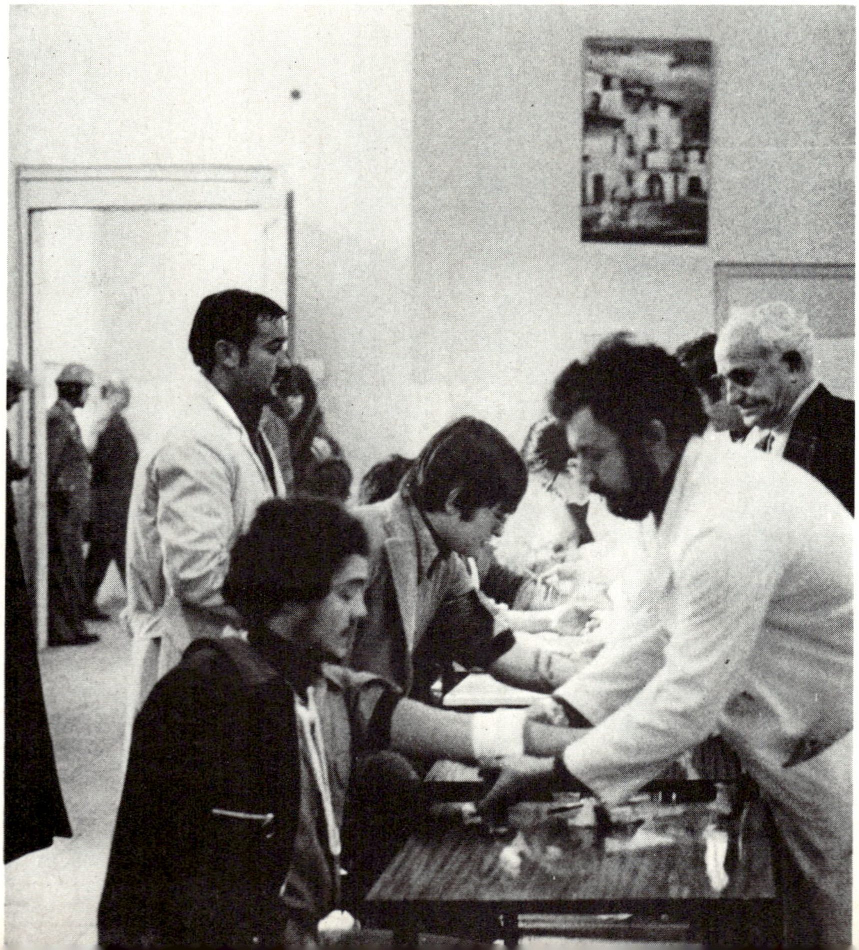

Els autolesionats de la Model.

Des del mes de juny de 1977, les presons de l'Estat espanyol en general, i la Model en particular, eren centres d'inquietud permanent que de tant en tant esclatava en motins, incendis, vagues de fam, etc. L'organització il·legal de les presons, COPEL, era sovint el motor dels actes subversius. El dia 13 de gener, **dos-cents tres presoners de la Model** barcelonina començaren una **vaga de fam** i cinc dies després el **mateix nombre d'internats s'autolesionaren l'avantbraç.** Les seves peticions eren: indult general, reforma urgent de la legislació penal, reforma urgent del codi de justícia militar i reforma del reglament de presons. En començar la vaga, els senadors Pere Portabella i Felip Solé Sabaris comprovaren per si mateixos el seu caràcter pacífic. Mentrestant, un pres, vestit de funcionari, intentà fugir però fou detingut en creuar la primera porta. A les nou del matí del dia 17, tanmateix, els presos reforçaren les seves peticions produint-se incisions als braços mentre uns siscents es declaraven en vaga de fam. Davant el nombre tan gran de ferits, hom habilità una sala a la mateixa presó com a infermeria per a practicar les cures, a les quals, en els primers moments, els presos es negaren. A les sis de la tarda encara quedaven ferits per atendre. Segons declararen els metges, el moviment d'autolesió havia estat perfectament preparat: "S'han lesionat esglaonadament, de deu en deu, per tal de no superar la capacitat de la infermeria." D'altra banda era evident que la COPEL ja no dominava la situació, i que alguns presos —no se sap si incitats per algun grup— realitzaven actes de provocació, violaven menors i traficaven en drogues a l'interior. Hom permeté l'entrada de la premsa a la presó, on pogué fer fotografies i entrevistar alguns internats.

El progressiu deteriorament de la vida urbana, a causa de l'augment de la **violència als carrers** i de l'índex de criminalitat, amb multitud d'atracaments i robatoris a persones particulars, botigues, empreses i entitats bancàries, féu que els barcelonins se sentissin en una situació que fins aleshores només suposaven pròpia de Chicago, els anys vint, o de París i Londres. En relació amb això, hom creà una Comissió de Seguretat ciutadana mentre públic i especialistes discutien sobre els fets i les causes d'aquesta situació.

Rebel Delírium.

Un experiment teatral insòlit foren les representacions —l'última fou el 8 de gener— del **Teatre Metropolità de Barcelona** al túnel del metro de la ronda de Sant Antoni. Sergi Mateu i Iago Pericot, interessats per un teatre que arribés a un públic popular, des de pressupòsits, però, experimentals, eren els autors del text de **Rebel Delírium,** discurs obert sobre l'homosexualitat, i alhora n'eren els responsables del muntatge, sota la direcció general de Iago Pericot mateix. Les representacions foren un èxit de públic —onze mil persones al llarg de tres mesos— que demostrava l'encert en l'elecció del tema de l'obra així com de l'inusitat escenari, el túnel magníficament il·luminat i sorprenentment ocupat pels sis actors que representaven una dotzena de papers.

El català es convertí en la dissetena llengua reconeguda per la **UNESCO,** en el moment d'aparèixer **en català** el número zero d'**''El Correu'',** òrgan d'aquest organisme internacional. La nova revista en català fou presentada a la Fundació Miró, el dia 10 de gener, en un acte presidit pel conseller de Cultura de la Generalitat, Pere Pi i Sunyer, amb la col·laboració del doctor Obiols, del director general de publicacions de la UNESCO, Ramón Nieto, del cap de redacció catalana d'''El Correu'', Cristià Rahola, i de Josep Maria Castellet. Aquest darrer, en el seu parlament, remarcà que ''és la primera incorporació de la Catalunya d'avui, com a poble, a una empresa internacional, i significarà un enriquiment important per a les nostres publicacions i ajudarà a la normalització del català''. En la presentació hom féu esment, també, de les dificultats per a dur a terme aquest projecte en temps de la dictadura, sense cap èxit, així com del fet que aquest número zero estigués dedicat monogràficament a l'Amèrica Llatina, àmbit amb el qual Catalunya ha tingut grans relacions d'amistat, econòmiques i culturals, incrementades des de l'any 1939.

• **12.1.** Aprovat el projecte de llei sobre l'extensió de les aigües territorials espanyoles a 200 milles.
• El Soyuz 27 s'acoblà al laboratori Salyut.
• Violent atac soviètic a l'''eurocomunisme'' en la persona del dirigent comunista espanyol Manuel Azcárate.
• **13.1.** S'anuncia la pròxima entrada en vigor de la regulació del secret bancari.
• Els militars que prengueren part a la guerra civil recuperen els seus havers i antiguitat, segons un nou decret-llei.
• Declaració oficial del Departament d'Estat nord-americà, segons la qual Washington no vol comunistes en els governs de l'Europa occidental.

• **14.1.** A causa de les últimes nevades, mitja Espanya incomunicada per carretera.
• Assemblea de vídues de guerra republicanes a Bilbao.
• **15.1.** Brutal agressió al director d'"El Correo Español", de Bilbao, Antonio Barrena Ballarín.
• Mor el senador Hubert H. Humphrey, candidat a la Presidència dels Estats Units l'any del triomf de John F. Kennedy.
• Reaccions a Itàlia i França contra els comentaris de Carter per aturar la força del comunisme a Europa.

El dia 15 Barcelona tornà a ser com en els temps més revoltats de la seva història, quan l'anomenaven la "ciutat de les bombes" o com a l'època revolucionària de l'any 1917. El matí, la CNT va convocar una gran manifestació al Paral·lel i, la tarda, el PC (internacional) una altra a la Rambla com a suport a l'ETA. El cas dels Joglars continuava viu. I també la presó es revoltava en motins. A un quart de dues del migdia d'aquell diumenge, un grup de joves ben vestits baixà d'un cotxe a la cantonada del carrer Consell de Cent amb el passeig de Sant Joan, es dirigí ràpidament a l'edifici de la sala d'espectacles **Scala de Barcelona,** trencà els vidres de la porta d'entrada, i hi llançà dintre alguns **còctels Molotov** tot fugint immediatament. Un d'ells era una noia; un altre —deien els testimonis— portava a l'anorac un adhesiu amb l'eslògan a favor dels Joglars "Per la llibertat d'expressió". Segons la majoria dels espectadors, el comando era format per cinc joves, encara que després hom deia que foren sis o set. El foc es propagà ràpidament i amb gran violència a causa dels materials molt inflamables del local i de la seva manca de patis de respiració. Unes hores més tard l'edifici s'ensorrava i el foc passava al del costat, ocupat per una sala de festes i de ball, el Planeta 2001. Els empleats, en aquella hora no hi havia artistes, sortiren per si mateixos o amb l'ajut dels bombers. Quatre homes, però, de la neteja i de l'equip tècnic, quedaren atrapats a l'interior d'aquell infern: Ramón Egea, Diego Montoro, Juan Manuel López i Bernabé Bravo, els cossos dels quals foren recuperats ja carbonitzats. En menys de tres hores l'incendi es cobrava aquestes víctimes obreres i deixava sense feina a més de duescentes persones, seixanta de les quals eren artistes: ballarins, còmics, acròbates, músics, cantants..., bona part dels quals eren estrangers. Els edificis confrontants foren evacuats davant una munió de curiosos, dels empleats del Scala i dels propietaris de la sala, els germans Antoni i Ramon Riba. Per la nit els bombers acabaren dominant l'incendi, però tanmateix ja no quedava pràcticament res d'aquella sala, d'un valor estimat en mil milions de pessetes, una de les millors d'Europa, que presentava espectacles per a un públic ampli però exigent i que continuava la important tradició iniciada als anys quaranta amb Arthur Kaps i Franz Johan i la seva revista "Els Vienesos". També el Scala havia comptat, des de la seva creació l'any 1973, amb Arthur Kaps, fins a la seva mort un any després. El públic del Scala pertanyia fonamentalment a la classe benestant —no burgesa— de Barcelona, de comarques i de tota la Península. Hi havia uns preus més populars a la tarda, a benefici dels jubilats. Els espectacles de nit, mentre el públic sopava, eren de bona qualitat tècnica i artística, amb un esperit de bonhomia adequat a aquella classe social que vol sorpreses però no estridències. De bell antuvi, les agències feren responsables de l'atemptat al FRAP, poc després al PC(i) i, finalment, en ser detingut el primer dels joves, un noi de quinze anys, a la CNT. Després d'aquesta primera detenció caigueren en mans de la policia sis joves més, tots amb tarja de la CNT, encara que aquesta central sindical negués rotundament la seva relació amb l'atemptat, tot argumentant el fet que molts dels treballadors del Scala eren afiliats a la CNT. Els sis membres del comando —puix una de les noies fou posada en llibertat— passaren a les presons de la Model i de la Trinitat.

"Els components de grups extremistes que des de fa algun temps es dediquen a pertorbar la pau ciutadana foren els protagonistes de nous fets, de conseqüències gravíssimes, com és l'incendi provocat a l'edifici del restaurant-espectacle "Scala"."

"La Vanguardia", 17-I-1978.

"...El públic intueix que la desestabilització beneficia la dreta perquè li ofereix una coartada moral per a les pràctiques antiestètiques de la repressió i la involució."

"Triunfo", núm. 783, 28-I-1978. La otra bomba del Liceo, *de M. Vázquez Montalbán.*

"...Evidentment, aquest tipus de violència major és més fàcilment censurable perquè és premeditada i dirigida per persones interessades a desestabilitzar la situació democràtica."

"L'Hora Socialista", núm. 8, 21-I-1978.

Mentre molts habitants de Cervelló desconeixien que el **president Tarradellas** fos fill d'aquest poble, els més vells recordaven **la casa on va néixer** —Can Tona—, el pare, Salvador Tarradellas, que havia treballat a l'antiga fàbrica de vidre, el nen Josep a l'escola, la tomba on és enterrada la germana del president i molts altres fets i moments de la vida de l'honorable Tarradellas en els primers anys de la seva vida. Per primera vegada després de molts anys, el dia 15 de gener, **el president visità el seu poble natal.** En arribar al terme municipal, i abans d'entrar a Cervelló, anà al cementiri on diposità un ram de roses roges a la tomba familiar, i l'esposa del president, Antonieta Macià, ofrenà un altre ram a la capella del cementiri. Rodejat de gent, Tarradellas arribà a l'ajuntament on signà al llibre d'honor i on rebé l'homenatge de les autoritats municipals i dels seus companys de l'escola primària que li lliuraren records d'aquella època. El president, en un parlament, evocà la seva infantesa i prometé la construcció d'un pont a la riera per la qual ell havia passejat moltes vegades. A la plaça, el poble cantà **Els Segadors**, els **castellers** feren una torre fins el balcó de l'Ajuntament i hom ballà sardanes i altres danses folklòriques. Posteriorment, la comitiva es dirigí al poble de la Palma de Cervelló, on la gent demanà insistentment la independència municipal en relació de Cervelló amb crits de "Volem la Palma lliure", i on el president pronuncià el seu millor parlament.

Sense comentaris de premsa, finalitzà l'entrevista de quaranta-cinc minuts, al Palauet Albèniz, entre don Juan Carlos i l'honorable Tarradellas, els dos estadistes de més altura, física i política, de l'Estat espanyol i Catalunya, respectivament, durant la **visita dels reis a Barcelona.** ¿Silenci d'Epifania, amb or, encens i autonomia; o de crisi, poc propícia a l'intercanvi de regals? Ni el mateix silenci no fou comentat pels mitjans de comunicació, ja acostumats a la paciència dels sants. Per a l'opinió pública, Juan Carlos despertava encara més atenció com a persona concreta convertida en símbol de l'Estat, que com a símbol encarnat en persona capaç de decisions estatals concretes. Després de l'audiència, els reis oferiren un banquet, amb la presència del president **Tarradellas, el capità general de la IV Regió Militar, el governador civil de la província i l'alcalde de la ciutat,** amb llurs respectives esposes. I, abans de retornar a Madrid, ses majestats don Juan Carlos i "donya" Sofía visitaren les "Drassanes Viudes", al port, on es trobava el seu vaixell "**Fortuna**". El vol del Mystère tancava a l'aire aquesta ràpida visita a la terra i el mar.

- **16.1.** Bombes de goma-2 esclaten a les oficines i a una estació del metro madrileny.
- Proposta dels parlamentaris castellano-manxecs perquè Madrid sigui un territori autònom.
- El consell nacional de seguretat d'Egipte no accepta la dimissió del president Sadat.
- **17.1.** El PCE accepta la tesi del PSOE de celebrar les noves eleccions legislatives la primavera de 1979.
- Retornen a terra els dos cosmonautes del Soyuz 27 soviètic.
- Onada d'atemptats a França a càrrec de nacionalistes bretons i corsos.
- Nova constitució, votada per referèndum, a l'Equador.

El dia 27 es constituí al Palau de la Generalitat la **Comissió Mixta Generalitat-Diputacions,** sota la presidència de Josep Tarradellas, per encarregar-se del traspàs de funcions de les diputacions catalanes a la Generalitat. Amb la constitució d'aquesta Comissió Mixta culminà el procés polític previ de posta en marxa dels organismes previstos pel reial decret de 30 de setembre de l'any 1977, i que tingué com a actes fonamentals la reunió a Barcelona del president Tarradellas i el vice-president del Govern Abril Martorell, els dies 13 i 14 de gener, la reunió a Madrid de la Comissió Mixta Govern-Generalitat que estudià el projecte de funcionament d'aquesta Comissió, el dia 23, i les sessions dels seus components catalans al Palau de la Generalitat, els dies 25 i 26. La Comissió Mixta Generalitat-Diputacions estava formada pels senyors M. Alfarras, J. M. Castellet, A. Climent, M. Espinet, G. Ferraté, M. Ferrer, J. Ferrer, J. Fonolleda, R. Llevador, X. Maurel, J. Muns, J. Petit, Ll. Rodríguez, J. Rodrigo, E. Vallejo i M. Vila Abadal.

Enterrament del matrimoni Viola.

Hauria pogut morir a la guerra civil —era mutilat de guerra—, o quan era conseller del Regne —"n "falcó"—, o com a alcalde de Barcelona —amb tota la ciutat i l'opinió pública en contra de la seva política i del seu caràcter autoritari. **Joaquim Viola Sauret** va morir assassinat, però, quan la seva estrella ja no lluïa al firmament de la nova democràcia, derrotat a les eleccions del 15 de juny pel càrrec de diputat per Lleida, i retirat pràcticament de la vida pública. A dos quarts de nou del matí del dia 23, tres joves i una noia entraven mig emmascarats al seu domicili del passeig de Gràcia 69, de Barcelona, i després de tancar en una sala els fills, introduïren al seu dormitori el matrimoni Joaquim Viola i Montserrat Tarragona. Viola fou lligat de peus i mans, i hom li subjectà al pit —com mesos abans a l'industrial Bultó— un explosiu. Minuts després, quan els terroristes eren encara a la casa, l'artefacte explosionà decapitant i destrossant el cos d'En Viola i ferint de mort la seva muller. Mentre els terroristes, un d'ells amb la cara sagnant, fugien escales avall i es perdien pels carrers de la ciutat, els fills assistien a la brutal carnisseria i als últims moments de la seva mare. La ciutat i el país es commocionaren. L'acte tenia molt de gratuït. A Viola li havia arribat la seva hora, quan no era, evidentment, l'hora d'En Viola. La gratuïtat de l'assassinat justificava la impressió d'haver-se entrat en l'era del terrorisme, d'haver-se deixat enrera l'era dels atacs armats, políticament explicables. Per uns, Viola havia mort per l'interès d'alguns de desestabilitzar la democràcia; per altres, havia estat assassinat per foscos motius polítics o econòmics, com hom havia especulat en el cas de l'empresari Bultó; per uns altres, encara, com a conseqüència del caos democràtic. Aquests últims, els de l'ultradreta, protagonitzaren els funerals pel matrimoni Viola, a l'església dels Àngels, amb crits com **"¡Ejército al poder!"**, **"¡Martín Villa, asesino!"** i **"¡Franco, Franco!"**; un grup exaltat carregà contra les autoritats: el capità general perdé la gorra, l'alcalde Socias Umbert, les ulleres, el president Tarradellas rebé algunes empentes, i el ministre de l'Interior, Martín Villa, hagué de fer ús dels seus punys per a defensar-se. El Govern i totes les forces polítiques o socials del país, amb excepció dels ultres, condemnaren l'assassinat. La policia, per la seva banda, identificava tres dels terroristes —Carles Sastre Benlliure, Josep Lluís Pérez Pérez i Montserrat Tarragó Domènech—, els mateixos que foren inculpats de la mort de Bultó i posteriorment alliberats per la concessió de l'amnistia. Els tres joves negaren, però, en carta a l'opinió pública, la seva participació en aquest assassinat, contradient, d'aquesta manera, les formes d'actuació terrorista que pressuposen l'afirmació de la paternitat dels actes violents com a demostració de força i del sentit revolucionari de la seva lluita.

18.1. S'incrementen les pensions de la Seguretat Social en un 30 per cent.
• El nombre d'aturats forçosos a Itàlia és d'1.800.000.
• El president de Somàlia demana ajuda a l'Occident davant una possible invasió etíop.
• Urho Kekkonenn, reelegit primer ministre finlandès per sis anys més.
19.1. Per tercera vegada, trets de fusell contra el Palau de la Moncloa.
• La Comissió de Justícia del Congrés espanyol despenalitzà l'adulteri i l'amistançament.
• El Tribunal Europeu de Drets Humans condemna Gran Bretanya per tractes inhumans a l'Ulster.

Albert Boadella.

La companyia teatral de mim **"Els Joglars",** nascuda a principis dels anys seixanta, s'havia consolidat com a una de les millors de Catalunya, amb grans èxits a la resta de l'Estat espanyol i a Europa, amb obres com **El Diari, Cruel Urbris, Mary d'Ous** o **Alias Serrallonga.** Des de feia mesos la companyia vivia en una masia, on preparà una nova obra que s'inspirava en l'ajusticiament del polonès Heinz Chez a la presó de Tarragona, el mateix dia que ho fou a la de Barcelona el dirigent del Moviment Ibèric d'Alliberament (MIL) Salvador Puig i Antich. El títol del muntatge teatral, **La torna,** es referia justament al fet que el primer dels ajusticiaments era una "torna" —quelcom que s'afegeix per fer el pes complet. L'obra es representà primer a Barbastre, el mes de setembre de 1977, i després a diverses localitats catalanes. Havia estat autoritzada pel Ministeri de Cultura. Arran d'una representació a Reus, una veu amenaça per telèfon els Joglars que serien detinguts si no suspenien l'espectacle; però l'avís no tingué conseqüències immediates. El desembre, **Albert Boadella,** com a cap del col·lectiu, fou cridat a Capitania General de Barcelona i, després de la segona declaració, detingut i conduït a la presó Model. Hom acusava Boadella i el seu equip de possibles injúries a l'exèrcit espanyol. Durant la resta de desembre i primers de gener es multiplicaren les protestes a favor de Boadella i els Joglars, a favor de la llibertat d'expressió i contra el fet que un civil pogués ser jutjat per un tribunal no civil. Tots els teatres, molts cinemes i sales de festes i d'altres espectacles de Barcelona i Madrid tancaren les portes durant un dia, i es reberen centenars d'adhesions d'arreu del món, de companyies teatrals, intel·lectuals, institucions culturals, etc. Al teatre Diana, de Barcelona, hi hagué assemblees contínues de suport al grup, i es distribuïren milers d'adhesius amb la llegenda "Per la llibertat d'expressió" que la gent lligada amb el món de l'espectacle i la joventut en general duia a la roba. El dia 5 de gener, Capitania General feia públic un comunicat en el qual anunciava el procés incoat contra tots els membres del grup ("la presentació de l'obra constitueix una clara ofensa a les forces armades i concretament a la jurisdicció militar"), i dos dies després se suspengué el Festival per la Llibertat d'Expressió que s'havia de celebrar al Poble Espanyol de Montjuïc. La notícia de la molt possible i imminent formació d'un consell de guerra provocà noves manifestacions, assemblees i protestes. A Perpinyà tingueren lloc diversos actes pro Joglars, i a París hom informà la premsa internacional del fet mentre els era projectada una filmació de **La Torna.** Al Col·legi d'Arquitectes de Barcelona, l'Assemblea Permanent de l'Espectacle, que va portar el pes principal de les accions relacionades amb Els Joglars, muntà una exposició sota el títol "Llibertat d'Expressió" que recollia els testimonis d'adhesió expressats en les formes més diverses: composicions musicals, literàries, plàstiques, gràfiques, etc. El cas Boadella-Els Joglars fou, en espera del Consell de Guerra, un dels més sorollosos de l'anomenada etapa "pre-democràtica". Fou una manifestació popular en favor del grup concret, de la llibertat d'expresió en general i de l'autèntica institucionalització d'un estat de dret basat en els Drets Humans.

El Consell Executiu a la reunió d'ahir al Palau de la Generalitat abordà principalment el tema del sou dels consellers i del president Tarradellas dintre del capítol dels pressupostos aprovats, que sumen 200 milions de pessetes per a l'any 1978. (...) s'ha pogut saber que la remuneració d'un conseller serà de 100.000 pessetes més despeses de representació, i de 200.000 pessetes més despeses la del president de la Generalitat.

"Tele Express", 31-I-1978.

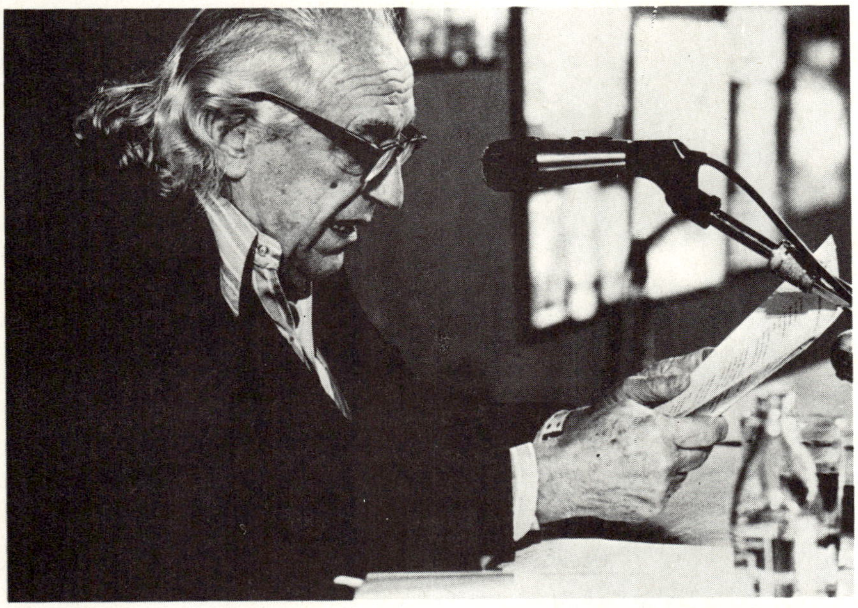

Rafael Alberti.

Entre els actes organitzats **en memòria de Víctor Seix** mort fa deu anys a la Fira del Llibre de Frankfurt, en accident, el dia 18 de gener, tingué lloc una **lectura de poemes a càrrec del poeta Rafael Alberti** en els locals de l'Editorial Seix Barral, de Barcelona, una de les empreses del grup propulsat per Víctor Seix. A la sala de màquines d'imprimir, que havia estat inicialmente un gimnàs, amb gran assistència de públic, Alberti llegí i comentà alguns dels seus poemes de diverses èpoques, i recità com a cloenda una obreta de caràcter humorístic sense paraules. El primer acte d'homenatge, alguns dies abans, fou presidit per l'honorable Tarradellas, president de la Generalitat.

• **20.1.** Visita dels reis d'Espanya a Gran Bretanya.
• El poeta Jorge Guillén, acadèmic d'honor de la Real Academia de la Lengua Española.
• Andreotti, encarregat de formar nou govern a Itàlia.
• Les autoritats alemanyes volen impedir una sessió del Tribunal Russell a la República Federal per investigar el respecte als drets humans.
• **21.1.** Amnistia per als processats en els sumaris "Carrero Blanco" i "Calle del Correo".
• El Parlament Europeu proposà importants reformes en la política agrària de la CEE per evitar la ruïna agrícola d'Espanya, Grècia i Portugal.

Sota la direcció d'Antoni Ros-Marbà, l'Orquestra Ciutat de Barcelona interpretà al Palau de la Música la **Quarta Simfonia** i el **Concert N. 1,** de Brahms. Els concerts dels dies 14 i 15 de gener tenien un doble atractiu: el recent nomenament d'**Antoni Ros-Marbà** com a **director de l'Orquestra Nacional,** en substitució de Früebeck, i la interpretació com a solista d'**Alexis Weissenberg,** el pianista búlgar considerat un dels millors del món en la seva especialitat. El públic acollí amb grans mostres de simpatia ambdues personalitats i subratllà amb llargs aplaudiments l'altura artística de l'intèrpret, el director i l'orquestra.

S'ha dit tantes vegades que Barcelona està d'esquena al mar que amb motiu de la **inauguració del XVI Saló Nàutic i d'Esport** el dia 14, el seu president, Jacint Ballesté Perarnau, hagué d'explicar que la nàutica, encara que ho sembli, no és una frivolitat, aclaració innecessària a d'altres ciutats marineres d'Europa. El Saló, que ocupava quatre palaus del recinte ferial de Montjuïc, amb 320 expositors que presentaven 1.226 marques de la producció d'embarcacions de tota mena, material per a activitats subaquàtiques, esquí nàutic, aparells i accessoris, material esportiu, etc.,fou inaugurat sota la presidència de diverses autoritats civils i militars amb un concert a càrrec de la banda de música del Tercio de Levante de Infanteria de Marina. Durant els deu dies de durada se celebraren diversos actes: el col·loqui sobre reserves ecològiques de les Illes Medes, la Convenció de Clubs Nàutics d'Espanya, l'Assemblea General de la Federació Espanyola de Vela, la primera Convenció de compra-venda i serveis nàutics, l'elecció del millor esportista nàutic del 1977, la presentació de la Medalla del Saló, dedicada enguany al "Vapor Real Fernando" (de l'any 1918), i l'arribada al port de Barcelona d'algunes unitats de la Marina de Guerra. El dia 18, els reis d'Espanya, en visita privada a la ciutat, recorregueren les instal·lacions del certamen. Al **stand** de la Lliga Naval hom lliurà a S.M. don Juan Carlos la reproducció en miniatura d'un "jebeque" del segle XVIII, realitzat a escala segons els plans existents al Museu de la Marina de París pel miniaturista Joan Prim Terrades.

Al mateix Paral·lel que fou centre de reunió i de manifestacions dels anarquistes fins el 1939, el diumenge dia 15 **es manifestaren milers de persones en resposta a la crida de la CNT contra el Pacte de la Moncloa,** les eleccions sindicals i la repressió, i en solidaritat amb les empreses en lluita i en favor de l'amnistia laboral. La concentració s'efectuà a les Drassanes i s'encamina seguidament cap a la plaça d'Espanya amb banderes i pancartes al·lusives: **La anarquía cambiará —esta p... sociedad", "Políticos, meteos el pacto en el c...",** "Copel, Copel — Tots a la Model". Joves amb mocadors i banderes negres, i vells anarco-sindicalistes, encapçalats pels dirigents de la Confederació, ompliren el carrer amb el retrunyiment de les consignes. Acabat l'acte amb un breu parlament, en el qual es resumiren els objectius de la manifestació, un grup d'unes dues-centes persones continuà pel seu compte la manifestació al carrer Llançà i foren dispersats ràpidament per les forces policials.

• **22.1.** La flota espanyola, la quinta més moderna del món, després de Suècia, Noruega, França i Japó.
• **23.1.** Victòria sahariana contra Marroc a Cap Bojador.
• **24.1.** El cap de govern israelià, Beguin, suggereix al president d'Egipte, Sadat, un pla de desmilitarització del Sinaí.
• Violenta ofensiva militar etíop contra Somàlia, al desert d'Ogaden.
• Per primera vegada, la Unió Soviètica aconsegueix acoblar una nau automàtica de transport (Progress 1) a un complex orbital tripulat (Salyut-6), per tal de prolongar el viatge del segon.

"A Barcelona, el pressupost mínim per a un matrimoni amb dos fills és de 350.000 pessetes."

"Mundo Diario", 12-I-1978.

El Grup Mundo, presidit per Sebastià Auger, és un conjunt d'empreses editorials instal·lat en un edifici imponent, en un lloc situat entre la Barcelona burgesa i la treballadora, que publica la "Revista Mundo", els diaris "Mundo Diario", "Catalunya express" i "Tele/eXpres", i que té l'editorial DOPESA. Organitzada pel Grup, se celebrà la **VIII Setmana Econòmica** (i Política) entre els dies 16 i 20. El fet de realitzar-se la "Setmana" en el difícil moment de la novella democràcia i de la crisi econòmica, va convertir les ponències de tipus més o menys teòric en animats reflexos de la vida actual de l'Estat espanyol, i en polèmiques actituds davant un conjunt considerable de problemes candents. L'Expectació davant la Setmana Econòmica, com anunciava un rotatiu, era palesa, i els resultats la confirmaren. Trenta-quatre personalitats hi prengueren part en les cinc ponències titulades "Eurosocialisme i Eurocomunisme", "Euroliberalisme", "Política econòmica davant la conjuntura", "Banca oficial-Banca privada" i "Pacte/Compromís social", sota el títol general de "Crisi Política, Econòmica, Empresarial". Cal esmentar, per exemple, que la primera —amb les intervencions de Santiago Carrillo, Peces Barba, Tierno Galván, etc.— fou contestada pels mateixos socialistes i pels liberals; que a la segona, les actituds polítiques foren clarament preponderants sobre les econòmiques, en el debat iniciat entre Fabià Estapé, Garrigues Walker, Trias Fargas, Milton Friedman, Charles Levinson, etc.; que la tercera —amb Carvajal y Urquijo, Max Mazin, N. Sartorius, J. Ll. Sureda, Tamames, X. Casassa, etc.— serví de plataforma per a una crítica a fons dels Pactes de la Moncloa; que la quarta —amb Miquel Boyer, Ferrer Salat, Trias Fargas i altres— no va respondre a l'interès suscitat; i que l'última, en la qual participaren Duran Farell, N. Redondo, López Bulla, E. Marcos, etc., fou aprofitada pels líders sindicals per atacar de nou el Pacte de la Moncloa i les mesures empresarials. Com a cloenda se celebrà un acte —"Proposta de conclusions entre sindicats i organitzacions patronals"—, amb parlaments de Marcelino Camacho, Ruiz Giménez, Rafael Termes i altres, en el qual no s'arribà a cap conclusió definitiva per tal de sortir de la crisi, i en què tots i cadascú varen tornar a formular la seva posició davant el Pacte de la Moncloa.

El compositor català **Xavier Benguerel** fou guardonat enguany amb el **Premi Luigi Dellapiccola,** compositor italià mort tres anys abans, l'obra del qual es distingí pel seu compromís amb el moment històric i artístic del seu temps. Benguerel, com posava en relleu el veredicte, és un dels compositors més notables del país, posseeix igualment un refinat llenguatge creador inserit en la problemàtica actual de l'art i ha tingut una àmplia difusió internacional. Les seves partitures han estat publicades a Alemanya Federal i el seu darrer concert per a percussió i orquestra fou estrenat poc abans en el mateix país. Entre les seves obres destaquen **Cantata d'Amic i d'Amat,** sobre textos de Ramon Llull, **Arbor** i **Destructio,** composicions que, com deia un crític, són "peces simfòniques de les quals sembla emanar l'actitud mental del compositor enfrontat a esquemes sensibilitzadors com el de la fraternitat humana, l'oposició a la violència i l'esperança col·lectiva". El Premi Luigi Dallapiccola, el jurat del qual estava format per Montserrat Albet, Mònica Piquer de Cabarrocas, Joan Guinjoan, Tomàs Marco i Xavier Montsalvatge, és un dels premis que anualment concedeix el Club Master, i que fou lliurat el 20 de gener als locals de l'Editorial Seix Barral. A la fotografia, Benguerel amb el percussionista alemany Siegfried Fink.

Economia. "La participació catalana en l'activitat econòmica espanyola assoleix un volum considerable. Segons l'informe Renta Nacional Española y su distribución provincial 1975, *que acaba de publicar el servei d'estudis del Banc de Bilbao, en el total de l'activitat econòmica de l'Estat espanyol la participació catalana a l'any 1975 va totalitzar el 20,2 per cent del valor afegit brut de l'Estat. La presència catalana destaca principalment als sectors secundari i terciari."*

"Avui", 13-I-1978.

• **25.1.** Tancades de pagesos a diversos indrets de l'Estat espanyol a favor de la devolució del patrimoni sindical als consells locals i provincials de pagesos.
• Cau al Canadà un satèl·lit soviètic dotat d'una petita central nuclear.
• **26.1.** Suècia invita oficialment el rei Juan Carlos a visitar el país.
• Els conservadors de Nicaragua demanen la renúncia del president de la República, general Somoza.

Al llarg de l'any 1977, al voltant de **16 milions de persones van creuar,** d'entrada i sortida, la frontera per **la Jonquera.** En comparació amb l'any anterior, va produir-se un lleuger augment, més o menys d'un quart de milió de viatgers. Com és lògic, els mesos de major moviment foren juliol i agost. Quant a vehicles, se'n van comptabilitzar més de cinc milions.

Dels dos trens que, en sentit invers, marxaven cap a Portbou per celebrar els **Cent anys de l'enllaç ferroviari Espanya-França,** el que havia sortit de Barcelona feia un viatge nostàlgic, amb màquina de vapor, camises brutes pel fum, records, i paciència a causa de la lentitud i el retard del comboi, mentre que el francès, el modernissim Turbotren, feia una demostració de progrés i d'orgull enginyer. La nostàlgia es tornà idealisme quan, a la casa consistorial de Portbou, el representant de RENFE declarà que la celebració demostrava que "la frontera no és més que un punt geogràfic de pas entre dues regions unides per una mateixa civilització d'origen", i el progressisme esdevingué realisme en recordar el representant francès de la SNCF que la via Narbona-Portbou encara no estava electrificada, i que no ho estaria fins el 1982. La trobada dels trens a la frontera, el 20 de gener, fou celebrada amb uns desfilada, una mostra de material fotogràfic, una exposició de pintura i fotografia, un banquet oficial i la instal·lació d'una làpida amb la llegenda: "El poble de Portbou al ferrocarril. Centenari enllaç França-Espanya 1878-1978."

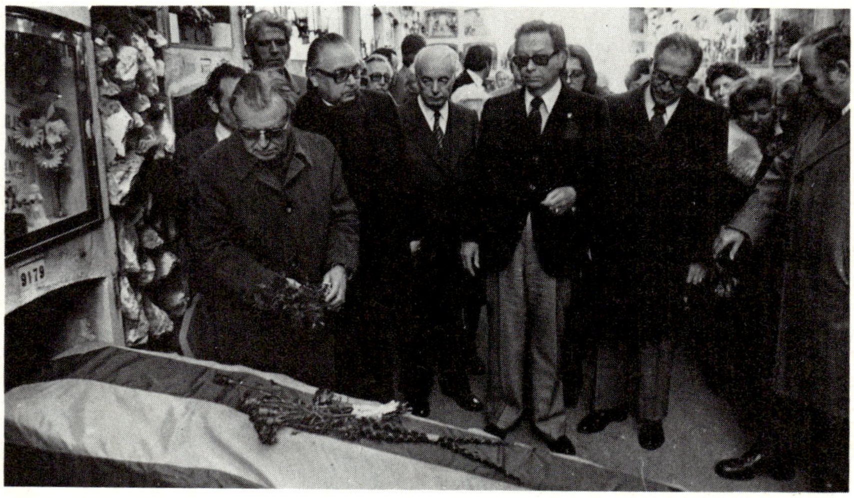

Durant molts d'anys només havien arribat a Catalunya les obres del "príncep dels poetes", exiliat a Mèxic i a Bèlgica des del 1939; el dia 27 de gener arribaren tan sols les **despulles de Josep Carner,** desde Brussel·les a Barcelona. Un únic viatge realitzà l'autor d'**Els fruits saborosos** a la seva ciutat natal al llarg de la segona part de la seva vida, l'any 1970, poques setmanes abans de la seva mort a la capital belga. Poeta, prosista, dramaturg, periodista, filòleg, membre de l'Institut d'Estudis Catalans, diplomàtic, conseller de la Generalitat, professor universitari, Josep Carner és una de les figures màximes de la literatura catalana. L'avió que portava les despulles de Carner, que foren acompanyades pel polític Josep Sans i per l'escriptora Maria Ginestar, esposa del que fou cònsol de Bèlgica a Barcelona, senyor Werck, arribà a l'aeroport del Prat el migdia. Citaré algunes de les personalitats que les reberen a l'aeroport: el secretari general d'Òmnium Cultural, Cendrós, el de l'Institut d'Estudis Catalans, Aramon, l'escriptor Albert Manent, el professor J. M. Ainaud de Lasarte, la delegada de Cultura de l'Ajuntament, Núria Beltran, etc. A la tarda, en presència del conseller de Cultura de la Generalitat, Pere Pi-Sunyer, i moltes altres personalitats catalanes, les despulles del poeta foren inhumades al ninxol 9179 de l'agrupació Santa Eulàlia del Cementiri de Montjuïc, tot esperant que sigui construït un panteó definitiu a la plaça de l'Esperança, al mateix cementeri, on reposen les restes d'altres artistes i polítics catalans.

L'única candidatura que es presentà a les **eleccions al rectorat de la Universitat Autònoma de Barcelona,** que fou proclamada dies després, féu la seva presentació pública el dia 30. El **doctor Laporte,** actual rector en funcions i candidat a rector, explicà en una roda de premsa que el seu equip estava abonat per un ampli consens del claustre, format per universitaris cent per cent i integrats en un grup molt homogeni, sense compromisos amb cap partit polític. Insistí també, però, en la necessitat de culminar el procés constituent, així com d'aconseguir que la gestió fos democràtica, autonòmica i catalana. Un altre dels punts programàtics del nou equip era el de coordinar i integrar els tres centres universitaris catalans en el sistema educatiu de Catalunya. "És evident —digué— que les universitats han de dependre de la Conselleria de Cultura de la Generalitat." Amb aquestes paraules s'oposava al que havia declarat poc abans el nou rector de la Universitat Central, que demanà l'autonomia universitària respecte del poder polític, inclòs el de la Generalitat.

Josep Laporte.

- **28.1.** El rei de Marroc, Hassan II, a Madrid.
- **29.1.** Motí a la presó de Màlaga: cinc presos ferits; un, per arma de foc.
- Anunci que Argentina podrà fabricar bombes atòmiques en un breu termini.
- **30.1.** L'índex dels preus de consum augmentà en un 27 per cent al llarg de l'any 1977.
- **31.1.** Comença la vaga de l'ensenyament que afecta l'Ensenyament General Bàsic, Universitats i Instituts.
- Supressió del passaport per viatjar a França.

FEBRER

La vídua d'Allende a Barcelona.
Antoni Badia Margarit, nou rector de la Universitat Central.
El retaule romànic d'Abella de la Conca.
Carnaval de Vilanova i la Geltrú.
El Carnestoltes, prohibit a Barcelona.
CXXVII Fira de la Candelera a Molins de Rei.
Lola Anglada visita el president Tarradellas.
Col·loqui J. Tierno, M. Roca i M. Fraga sobre la Constitució.
Estrena a Girona d'*Una altra Fedra, si un plau,* d'Espriu.
Exposició *Els Quatre Gats* a la Universitat de Princeton.
Premis Laus-78.
Hedda Gabler, d'Ibsen, al Teatre Lliure.
El president Tarradellas a Girona.
Eleccions sindicals.
Premi Consell d'Europa a la Fundació Miró.
Homenatge de la Universitat a Pere Quart.
Carme Valero, millor esportista espanyola 1977.
A Sant Vicenç de Montalt, el primer batlle comunista.
El president Tarradellas a Tarragona.
Joan Coromines, *doctor honoris causa* de la Sorbona.
I Congrés de periodistes catalans.

A mitjan mes fou descobert als Estats Units **el retaule d'Abella de la Conca** que havia desaparegut el 2 de juny de 1972. El magnífic retaule, de l'any 1375, s'atribueix a Pere Serra, un dels famosos germans Serra, màxims exponents de l'estil italogòtic a Catalunya, i autor del retaule de l'Esperit Sant de la catedral de Manresa. En dues ocasions anteriors aquesta peça artística havia estat desmuntada: l'any 1929, per ésser exposada al palau de la Virreina, a Barcelona, i durant la guerra civil. En les dues ocasions s'havia comprovat la dificultat de treure el retaule del seu emplaçament, i, per tant, semblava impossible que persones estranyes al poble l'haguessin pogut robar. En un primer moment se sospità dels veïns d'aquell poble de Tremp, temerosos de la cobdícia col·leccionista de les institucions oficials barcelonines. Aquesta hipòtesi, però, resultà inconsistent quan el poble d'Abella, així com el bisbe de la diòcesi, es posaren en moviment per tal de recuperar-lo. Les primeres notícies es varen rebre a finals del 1977, quan un marxant holandès (segons ell representant d'una companyia panamenya que l'havia adquirit a diversos compradors) oferí el retaule al director dels museus de Barcelona. El marxant Robert Rozemond, fou detingut a Nova York i el jutge de Manhattan posà el retaule a disposició de la Direcció General de Belles Arts. L'obra retornaria a Catalunya el mes de juny, on seria exposada a la capella de Santa Àgueda de Barcelona abans de retornar al seu antic emplaçament.

Per participar a l'acte de solidaritat amb els pobles de Xile, Uruguai i Argentina, que se celebrà l'11 a les cotxeres de Sants, **la vídua del president xilè Salvador Allende,** arribà a Barcelona acompanyada de membres del partit socialista xilè a l'exili. La senyora Hortènsia Bussi declarà que cada dia és més forta la col·laboració de totes les forces democràtiques contra el règim del general Pinochet, i que abans de deu anys Xile tornarà a ésser una democràcia.

Després de molts mesos d'espera, el nou rector de la Universitat, **Badia Margarit, presentà el Consell Rectoral,** primer des de les eleccions de juny, al Paranimf de la Universitat de Barcelona. Badia, nomenat el mes de gener pel govern de Madrid, volia, amb aquest acte, fer la presentació catalana de l'equip. Hi foren presents el conseller de Cultura de la Generalitat, Pi i Sunyer, el secretari d'Estat d'Universitats, González Seara, altres personalitats i molts professors no numeraris que aprofitaren l'acte per manifestar-se contra les properes oposicions i per demanar un nou contracte laboral.

- **1.2.** Viatge del rei Juan Carlos a Àustria en visita oficial.
- Mil cent-trenta-tres esmenes al projecte de Constitució.
- Suïssa augmenta la venda d'armes (l'Estat espanyol en segon lloc).
- **2.2.** Bomba del MPAIAC per l'arribada del ministre de Defensa a Canàries.
- Taronges israelianes d'exportació, enverinades per un grup palestí.
- **3.2.** 40 nens holandesos enverinats per taronges de suposada procedència espanyola.

Un dels poquíssims carnavals autoritzats durant la dictadura a Catalunya, el de Vilanova, que remunta la seva història a finals del segle XVIII, tingué aquest any un sentit menys oficial i més popular. Els actes del **carnestoltes vilanoví,** des de l'arribada fins a l'enterrament de la sardina —del dia 3 al 8—, incloïen el sermó satíric de Sa Majestat el Carnestoltes, el carnaval infantil, el ball de mascarots a la plaça de la vila —del qual enguany s'intentaren d'eliminar, sense massa èxit, els mascarots de travestis—, la comparsa del Viladot, la desfilada de comparses, amb més de quatre mil parelles (que quedà deslluïda per la pluja, encara que el públic hi fou nombrosíssim), els nous cors, organitzats per l'Acord amb cançons satíriques, les Danses de Vilanova i la lectura del testament del Carnestoltes.

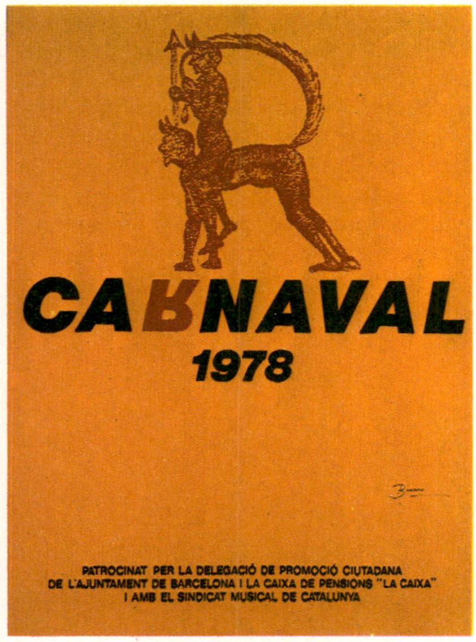

Enguany havia de celebrar-se el segon **carnaval de Barcelona** des de la seva prohibició pel franquisme. El governador civil de la ciutat, però, denegà a última hora el permís, adduint "els recents esdeveniments (protagonitzats per alguns partits no representats al Parlament) i el clima d'inseguretat creat per la delinqüència social". Els preparatius del carnaval estaven ja pràcticament ultimats, tant pel que fa al muntatge a Montjuïc, amb escenografia de Fabià Puigserver, com de la rua, al llarg del Paral·lel, així com el cartell anunciador, dissenyat pel poeta Joan Brossa i la proclama escrita pel novel·lista Terenci Moix. Les gestions d'última hora a càrrec de les entitats organitzadores davant el govern civil no pogueren arribar a cap solució de compromís. Els barcelonins hagueren d'acontentar-se amb assistir al carnestoltes d'altres ciutats catalanes, com el de Vilanova, el de Solsona o el de Reus, els quals tingueren un aire molt més popular i festiu que en anys anteriors. A Solsona el carnaval s'inicià amb l'estrena del film **Carnaval 77** i el repartiment dels **oscars** de carnaval, i tingué com a actes principals el sopar dels Músics, el ball de la Patacada, el Mercat de Carnaval, la cercavila, la ballada del Pop, l'arribada del Carnestoltes amb el sermó, i els balls de disfresses.

- **4.2.** Els fiscals de l'Estat espanyol s'oposen a l'indult general.
- Importants victòries militars del Front d'Alliberament Nacional al Txad.
- **5.2.** Nou pla de vigilància rural al País Valencià a càrrec de la guàrdia civil.
- Clavero Arévalo: Les autonomies per a tots i no sols per a Catalunya.
- Brand i Mitterrand favorables a l'ampliació de la CEE.
- **6.2.** Començament anticipat de la batalla per les eleccions municipals.
- Somàlia es prepara davant una doble ofensiva etíop.

Un dels polítics que més s'havia distingit al Parlament a l'etapa de transició democràtica **Miquel Roca Junyent,** va parlar en un **col·loqui sobre la Constitució,** amb **Tierno Galván** i **Manuel Fraga,** al Col·legi d'Advocats de Barcelona. El diputat per CDC demanà un gran pacte per a portar a bon terme la Constitució i declarà que les autonomies descansaven en la unitat, la solidaritat i l'autonomia. Fraga Iribarne fou criticat pel públic per les seves declaracions sobre nacionalitats, i Tierno féu una crítica detallada a l'esborrany constitucional.

La coneguda dibuixant i il·lustradora de llibres infantils **Lola Anglada** fou rebuda pel matrimoni Tarradellas que li oferí un dinar íntim a la Casa dels Canonges. Encara que aquesta visita tenia un caràcter merament amistós i informal, se suposà que l'artista oferí a la Generalitat la seva magnífica casa de Tiana, com anteriorment havia fet a la Diputació, per convertir-la en museu que reculli la seva obra.

La **CXXVII Fira de la Candelera, de Molins de Rei** (creada per la reina Isabel II) començà el divendres dia 3, amb la inauguració de la fira industrial, agrícola i comercial, i diversos concursos, com el de fotografia FIRA-78, el XV Premi de Pintura "Miquel Carbonell", el XXXIV Concurs de Jardineria, el VI Local de Canicultura i la V Exposició de l'Automòbil. Paral·lelament, el mercat de caire popular es continuà celebrant com cada any.

"L'encunyació de moneda fraccionària ascendirà a un import màxim de 8.250 milions de pessetes, amb què se solucionarà el gran problema que tenen plantejat les grans poblacions, especialment Madrid i Barcelona."

"La Vanguardia", 18-II-1978, pàgina 3.

• **7.2.** Atacs dels empresaris contra el Pacte de la Moncloa.
• ETA militar reivindica la destrucció del repetidor de RTV a Palència.
• Rodrigo Carazo, candidat de l'oposició, nou president de Costa Rica.
• **8.2.** El PSOE denuncia l'acord de pesca amb el Marroc.
• Israel dóna suport a Etiòpia en l'ofensiva contra Somàlia.
• **9.2.** 18 bancs de l'Estat espanyol reunits en relació amb l'*affaire* Muntadas.
• Protesta espanyola contra Alemanya en el cas de les taronges enverinades.

Sense excepcions, la crítica jutjà molt durament la nova obra de **Salvador Espriu, Una altra Fedra, si us plau,** però lloà el muntatge de la companyia de Núria Espert, amb escenografia de Fabià Puigserver —l'escenari ple d'arròs—, direcció de Lluís Pasqual i bona interpretació de Gabriel Renom, Carme Carbonell, Joan Sala, Pawel Rouba, Lluís Torner, Nadala Batiste, Conxita Bardem i Riera Basal. L'estrena tingué lloc el 24 a Girona, per presentar-se a Barcelona el mes de març i, posteriorment, a Mèxic.

L'onze de febrer, a Barcelona, es constitueix l'**Associació d'Escriptors en Llengua Catalana**. Els seus objectius són la defensa professional de l'escriptor i la promoció de la cultura escrita als Països Catalans. N'és president Josep M. Castellet, vice-president Josep M. Llompart i secretari Jaume Fuster. El Consell Directiu és integrat per escriptors del Principat, de les Illes i del País Valencià.

Al **Museu d'Art de la Universitat nord-americana de Princeton** s'inaugurà la insòlita exposició dedicada a la "cerveseria-taverna-hostal" **"Els Quatre Gats"**, com a centre d'art i de cultura dins del moviment modernista català. L'exposició, que durà del 29 de gener al 26 de març, seria repetida al Museu de Hirshhorn i al Jardí d'escultures de la Institució Smithsoniana, de Washington, del 14 d'abril al 26 de juny. Amb tal motiu s'edità un magnífic catàleg de 160 pàgines, a càrrec de Marilyn McCully, **Els Quatre Gats. Art in Barcelona around 1900**, amb sengles estudis sobre el Modernisme català i "Els Quatre Gats", a més d'una cronologia molt completa dels principals fets culturals centrats en la històrica cerveseria, un catàleg de l'exposició nord-americana i una bibliografia selecta, així com unes setanta-cinc fotografies d'obres d'art, edificis i altre material gràfic. A l'acte inaugural hi assistí el fill de Pau Picasso, Claude, i molts especialistes i col·leccionistes d'art. Les obres foren cedides per col·leccions públiques o privades espanyoles, i nord-americanes i incloïen pintures, dibuixos, grabats, cartells, revistes, partitures musicals, escrits i minutes de la taverna. L'exposició oferí un panorama fins ara inigualat d'aquell fenomen central del modernisme i de la vida catalana de principis de segle, així com de les primerenques influències sobre Pau Picasso.

- **10.2.** Renovats rumors de crisi del govern espanyol.
- Mobilització general a Somàlia.
- **11.2.** El Senat rebutja la proposta d'indult general.
- Es crea un ministeri per a la CEE. Calvo Sotelo primer titular.
- **12.2.** El patrimoni sindical passarà a mans de l'Estat.
- Detenció de tota la Junta directiva del Taxi, a Madrid.
- **13.2.** Probable coalició UCD i AP per a les eleccions municipals.
- El dictador Stroessner "reelegit" al Paraguai.

La visita oficial del **president Tarradellas a Girona** tenia com a objecte principal seguir treballant sobre el traspàs dels serveis de les diputacions catalanes a la Generalitat. Prèviament, tretze partits de l'àrea catalana havien lliurat un escrit al president exigint la ràpida transferència dels serveis per tal d'acabar amb la situació antidemocràtica del règim de corporació de les diputacions. Per altra banda, es tractava de no caure en el centralisme barceloní enfront de les altres ciutats i comarques catalanes. Segons el mateix president, a les reunions amb els presidents de Diputacions de Girona, Lleida i Tarragona, amb la comissió mixta encarregada d'aquests traspassos i amb els representants dels partits polítics, s'arribà a un total acord tant pel que fa a la urgent transferència com al manteniment de l'equilibri entre Barcelona i la resta de Catalunya. "La Generalitat —digué el president a una roda de premsa en acabar la densa jornada del dia 24, a Girona— farà la mateixa política que Macià i Prat de la Riba, amb idèntica atenció a totes les comarques."

Els premis Laus, tres trofeus i sis plaques que es concedeixen cada any des de 1964 per a creació publicitària, editorial i de disseny gràfic, foren lliurats el dia 16 pel ADGFAD, al cartell **Manifestació en favor del poble saharià,** de Janos Abkarovits, a l'envàs **Helados de Bikini** de Scacs, a la campanya **Guia de Barcelona** de Scacs, als dissenyadors de la revista "L'Avenç", J. M. Mir i J. Nolla, a les portades dels **Libros de los vermuts,** de C. Rolando & Asoc., al disseny de la revista **El viejo topo** d'Iniciativas Editoriales, a la imatge identificativa **Blauet** de J. Lluscà, X. Olivé i Maribel Querol, a les il·lustracions, "Bazaar de Pere Torrent, i a la imatge corporativa de **Correos** de J. M. Cruz Novillo.

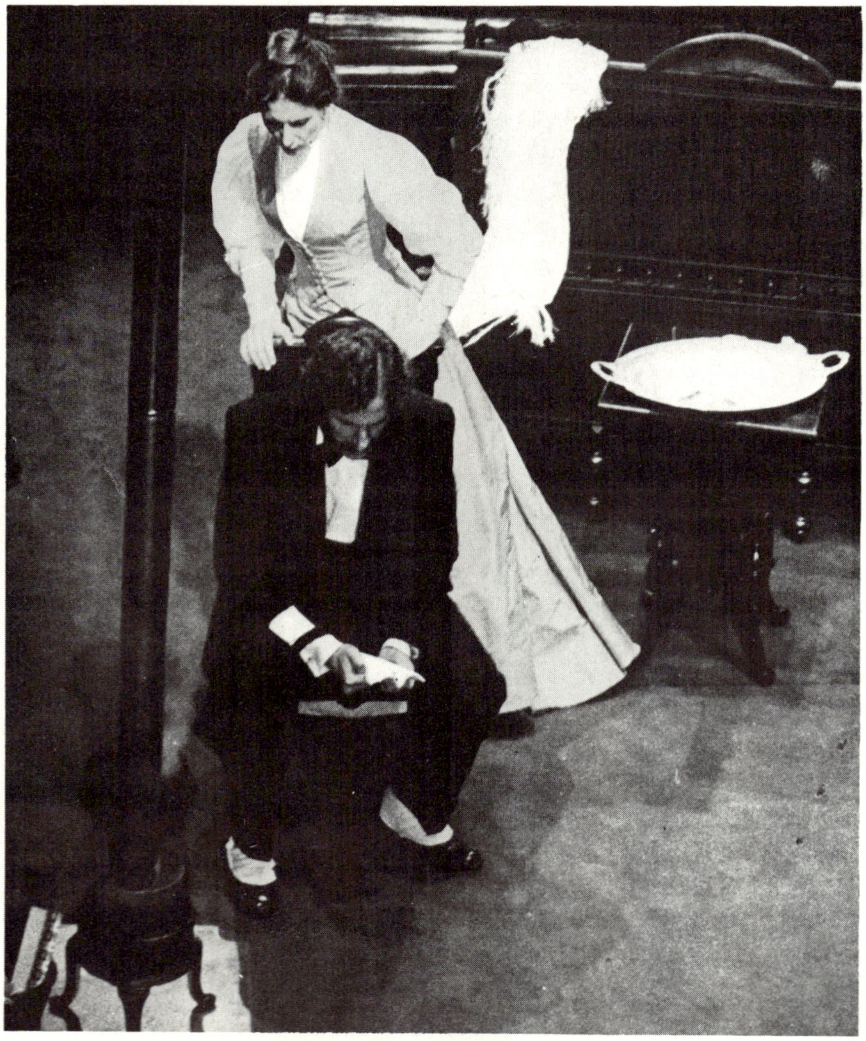

• **14.2.** Elecció de representants al Consell General Basc.
• Els parlamentaris del País Valencià demanen preautonomia immediata.
• Reunió monetària occidental a París per estudiar la situació internacional.
• **15.2.** La Seguretat Social no donarà anticonceptius.
• Carter decideix vendre avions a Israel, Egipte i Aràbia Saudí.
• **16.2.** Es podrà retirar el carnet de conduir per aparcament indegut.
• Aprovat l'acord pesquer amb Marroc.
• Acord del racista Ian Smith amb nacionalistes moderats a Rhodèsia.

Un cop més, el **Teatre Lliure** seria notícia: l'estrena de **Hedda Gabler,** d'Ibsen, el dia 23 de febrer, que atrauria al públic fins el 16 d'abril, amb una assistència global d'uns vuit mil espectadors. En traducció de Feliu Formosa, direcció de Pere Planella i espai escènic i figurins de Fabià Puigserver, el Lliure es proposà quelcom que en aquest país d'entusiasmes teatrals, però d'aventurers de la cultura i d'esnobs, s'ha oblidat sistemàticament: que tota innovació és impossible si no es recuperen constantment a l'escena les grans obres del teatre mundial de tots els temps. Com ara Ibsen, que Planella donà tot combinant el seu sabor "fi de segle" amb les exigències de la modernitat.

Al llarg del mes de febrer se celebraren a l'Estat espanyol **les primeres eleccions sindicals** de la "democràcia", encara que es prolongarien al llarg de març i abril, mesos en què ho farien els treballadors del sector de serveis, ensenyament i d'altres. Per altra banda, les grans empreses de Barcelona ja havien votat amb anterioritat al Decret, esperant l'homologació dels resultats. A Catalunya s'imposà clarament el sindicat de Comissions Obreres (com a Madrid, València i Sevilla). Comissions, que van néixer l'any 1963, fortament impulsades pel partit comunista, obtenien ara un èxit extraordinari gràcies a la seva presència constant durant el franquisme, quan es decidiren a fer una política de penetració en els graons representatius del sindicat vertical. Mentre Comissions Obreres obtenia més del 50% dels delegats i quasi el doble en nombre dels corresponents a UGT, aquesta sindical abonada pels socialistes se situava en segon lloc, a causa, segurament, de la seva absència i voluntari abstencionisme en l'època del sindicat vertical. Percentatges molt petits corresponien a les altres centrals sindicals: USO, CSUT, SU i CNT (aquesta última, tan important abans de la guerra, només un u per cent). Amb lleugeres modificacions, els resultats de Catalunya es corresponien en percentatge als de l'Estat espanyol, encara que es trigaria mesos a conèixer el nombre exacte de representants guanyadors per cada sindicat, ja que el govern mai no va estar interessat en aquestes eleccions que li eren tan adverses en el món del treball.

• **17. 2.** Manca de pessetes "rosses" al mercat.
• Vaga parcial a Correus i Telègrafs de diverses províncies espanyoles.
• **18.2.** Ramon Rubial, del PSOE, president del Consell General Basc.
• Ampli programa de construccions escolars decretat pel govern.
• Portugal: Impuls a les autonomies.
• **19.2.** Pio Cabanillas no es considera persona idònea per a presidir la Xunta gallega.
• Xipre: Escamot palestí mata el director del diari egipci "Al Ahram".

"Pels seus èxits en l'aplicació dels objectius de la Fundació al progrés de les idees internacionals, especialment entre la joventut, i per la seva contribució a la creació d'un nou concepte de museu d'art com a centre cultural"... fou concedit, segons paraules del jurat, el **Premi Especial del Consell d'Europa 1977** a la **Fundació Joan Miró.** El guardó fou lliurat al director de la Fundació, Francesc Vicens, al castell de Rohan d'Estrasburg.

Joan Oliver.

La Universitat de Barcelona reté homenatge el dia 22, organitzat per l'Aula Carles Riba, al gran poeta de Sabadell **Joan Oliver** com a reconeixement a la seva obra i a la seva actitud política i ètica al llarg de la seva vida. Presentat per Alexis E. Solà, i amb l'assistència dels escriptors Benguerel i Calders, del rector Badia Margarit, dels professors Comas, Vilanova i membres de l'Aula, així com d'un nombrosíssim públic d'estudiants, "Pere Quart" llegí i comentà alguns dels poemes del seu darrer llibre **quatre mil mots**, entre l'entusiasme i la satisfacció dels assistents a l'Aula Magna.

L'esportista catalana **Carme Valero,** campiona del món de **cross** fou elegida millor esportista espanyola 1977 en votació organitzada pel diari barceloní "El Mundo Deportivo". En la final masculina fou elegit el golfista Severiano Ballesteros; com a "millor gesta humano-esportiva" la del navegant Gabriel López Alonso, i com a millor entitat, el Complex Esportiu de Fadura (Getxo, País Basc).

• 20.2. L'Organització per a la Unitat Africana considera Canàries "territori colonial".
• El preu dels diaris augmenta a 25 pessetes els diumenges i els dilluns.
• Incendi al Pazo de Meirás, propietat de la família Franco.
• 21.2. L'OUA demana la independència de les Illes Canàries.
• 22 morts a Nicòsia; els segrestadors, capturats.
• 22.2. Reivindicacions del sector del metall: 30 mil manifestants a Avilés.
• Líbia demana la independència de l'Illa portuguesa de Madeira.

Al llarg dels anys de la Dictadura franquista es llegia amb més sorpresa l'existència d'un batlle comunista a una ciutat francesa o italiana, que els avenços o els retrocessos del partit comunista en aquells països. La presència d'un comunista a una casa consistorial constituïa un signe desmitificador de la massiva propaganda anticomunista que presentava la gent del "Partit" com a monstres asocials i antipatriotes. Aquest signe s'havia d'imposar també a l'Estat espanyol amb la democràcia, i fou Sant Vicenç de Montalt, al Maresme, la primera població que va tenir un **batlle comunista** en la persona de Joan Tornés i Sancho, elegit pel consistori el mes de febrer. Tornés, psicòleg clínic, de 28 anys, militava al PSUC des del 1975 i treballava a una constructora. La gent del poble no es preocupà massa per la seva militància en el PSUC; sí ho feren, però, alguns especuladors de terrenys, que intentaren pressionar sobre ell amb amenaces i intents de suborn.

Èxit extraordinari el del **festival de la Nova Cançó** el dia 10, amb nou mil persones al Palau Municipal d'Esports de Barcelona, i dues mil sense poder-hi entrar. Era una demostració que la Nova Cançó no havia mort i menys encara quan, com en aquest cas, estava relacionada amb un objectiu reivindicatiu: el de la **Llibertat d'Expressió** i la defensa d'Els Joglars. Hi participaren: Maria del Mar Bonet, Ovidi Montllor, Raimon, Quico Pi de la Serra, i molts d'altres cantants.

La primera visita oficial **del president Tarradellas a Tarragona** els dies 9 i 10, volia ésser en primer lloc una mostra del fet que la Generalitat volia defugir qualsevol centralisme barceloní. Com a fets principals de la visita cal destacar la reunió amb els presidents de les Diputacions de Tarragona, Girona i Lleida, en el curs de la qual es tractà de la regulació de la vida municipal a Catalunya i a la qual assistí per primera vegada el conseller de Governació, senyor Rahola; la reunió de la comissió mixta Generalitat-Diputacions, en què es crearen les subcomissions de treball per als traspassos dels serveis a la Generalitat: set comissions en total —ensenyament i cultura, agricultura, governació, política territorial i obres públiques, economia i finances, sanitat, i treball—, donant-se prioritat, per començar els traspassos, a la d'ensenyament i cultura; la visita al monestir de Poblet, on el matrimoni Tarradellas fou acompanyat per l'abat Maur Esteva i la comunitat; la visita, fora de programa, a l'ex-conseller de cultura de la Generalitat republicana, Ventura i Gassol, a l'Espluga de Francolí, i la que féu, a Tarragona, a l'arquebisbe doctor Pont i Gol; l'entrevista amb els representants dels partits polítics que li lliuraren un escrit demanant la ràpida supressió de les Diputacions, pel seu caràcter corporatiu antidemocràtic, així com una més gran atenció a la problemàtica concreta tarragonina referent a les zones d'industrialització i agrícoles. L'últim acte fou una roda de premsa, on l'honorable Tarradellas declarà que les Diputacions continuarien funcionant mentre la Generalitat no fos plena de contingut; que era necessari no caure en el centralisme barceloní; que calia prestar més atenció al camp; que les eleccions al Parlament de Catalunya s'haurien de fer després de les municipals, i que, "quan el Parlament sigui constituït i nomeni el nou president, llavors jo dimitiré".

- **23.2.** El Congrés condemna la resolució de l'OUA sobre Canàries.
- El 83% dels italians a favor de l'avortament.
- **24.2** El ministre d'Economia, Fuentes Quintana, presenta la dimissió.
- Bilbao: Suspensió de pagaments de Babcock Wilcox.
- **25.2.** Crisi de govern. Nomenament de 4 nous ministres, de centre-dreta.
- Dràstiques mesures econòmiques a Portugal.

L'autor del monumental **Diccionario crítico etimológico de la lengua castellana**, de la **Introducció a l'estudi de la Toponímia catalana**, de **L'estil i manera de M. J. de Galba i el de Joanot Martorell** i de tantes altres obres, l'insigne filòleg barceloní **Joan Coromines**, exiliat durant molts d'anys a França i Amèrica, fou nomenat doctor "Honoris Causa" de la Universitat de la Sorbona, de París (amb altres escriptors i intel·lectuals com Jorge Luis Borges), com a reconeixement de la seva obra i com a representant de la Catalunya més universal i creadora.

"El català ha estat incorporat com a llengua oficial en el Batxillerat Internacional, per decisió de la conferència de directors de centres d'ensenyament del batxillerat, celebrada la setmana passada al palau de les Nacions Unides de Ginebra."

"Mundo Diario", 11-II-1978, página 21.

• **26.2.** Jiménez de Parga, cessat com a ministre del Treball.
• L'OUA decideix d'ajudar l'independentista canari Cubillo.
• Xocs entre nazis i esquerrans a Londres.
• **27.2.** Projecte de llei: voluntaris professionals en l'Exèrcit espanyol.
• Neix un sindicat unitari dels escriptors espanyols.
• Abstenció electoral a Colòmbia. Triomf dels liberals.
• **28.2.** El cardenal Tarancón reelegit president de la Conferència episcopal.
• Santiago de Compostel·la: Manifestació pel dret al divorci en la Constitució.

Els dies 17, 18 i 19 se celebrà el **I Congrés de Periodistes Catalans** al Palau dels Congressos de Montjuïc. El projecte de celebrar-lo venia de molt lluny: l'any 1966, després d'haver-se constituït l'Agrupació de Periodistes Democràtics, ja s'intentà de realitzar-lo, sense èxit, a causa del seu caràcter clandestí. Finalment aquesta vegada fou possible, i comptà amb la participació d'uns vuit-cents professionals i estudiants de la informació. A les reunions prèvies s'elegí el secretariat, que organitzà les diverses ponències i els actes, amb l'atenció posada tant en els problemes de la premsa com de la ràdio i la televisió. Des del primer moment hi hagueren pressions per a dificultar el congrés, per part dels mitjans d'informació de la dreta —"El Noticiero Universal", un grup de "La Vanguardia" i la Coordinadora Nacional de Asociaciones Profesionales de la Comunicación, patrocinada pel govern— però el Congrés no acceptà sortir-se de les directrius democràtiques, i deixà palesa la seva voluntat en el Manifest elaborat en finalitzar les reunions. Aquest escrit consta de 15 punts, essent els més importants els referits al refusament de les maniobres dels grups oligàrquics, a la supressió dels registres oficials de premsa i de tècnics de ràdio i televisió, i de tot tipus de censura, contra la discriminació de la dona, al traspàs dels serveis d'informació a la Generalitat i, finalment, a la creació d'un Institut Català de la Informació. El Congrés fou inaugurat pel president Tarradellas i clausurat pel senador Josep Benet i el cant d'**Els Segadors**.

MARÇ

XXXV aniversari de l'Orfeó Laudate.
L'ambaixador de la URSS visita Tarradellas.
Encadenada per demanar la llibertat d'expressió.
Jessye Norman, al Palau de la Música.
Schweyk a la Segona Guerra Mundial, de Brecht, a la Villarroel.
Vaga de tractoristes.
Diada Internacional de la Dona Treballadora.
Joan Reventós i François Mitterrand a Perpinyà.
Cortesía y buen tono, a la Sala Villarroel.
Contra la central nuclear d'Ascó.
Homenatge a Frederic Mompou.
Josep Tarradellas a Lleida.
La vídua de Picasso a Barcelona.
II Conferència Nacional del PSUC.
Mercat del Ram, a Vic.
Arriba las faldas, al Molino.
Processó de Verges.
Carlo Maria Guilini i l'Orquestra i Cors Philarmonia de Londres.
El bar Pla de la Garsa.
Setmana Occitana.
Recital de Pete Seeger.
Aprovació dels estatuts interns de la Generalitat.
Visita del president Tarradellas a Gallifa.
Mona de Pasqua.
Fundació de la North American Catalan Society.
Premi Ignasi Iglésias a Salvador Espriu.

A l'església de Santa Maria del Mar, de Barcelona, l'**Orfeó Laudate** celebrà el dia 2 el **XXXV aniversari** de la seva **fundació**, amb un programa íntegrament dedicat a Mozart, sota la direcció d'Àngel Colomer del Romero, i amb l'extraordinària participació de la soprano de categoria universal Victòria dels Àngels, la contralto Norma Procter, el tenor alemany Dieter Ellenbeck i el baixbaríton neerlandès Robert Holl, amb Edmon Colomer com a segon director. El públic, nombrosíssim, no hi assistí solament per la gran qualitat del concert i les seves figures, sinó, també, com a reconeixement a l'esforç d'Àngel Colomer i el seu conjunt al llarg de tants anys, tant en l'activitat coral estricta com en la pedagògica, puix ha format molts alumnes de tots els nivells d'escolaritat en la música vocal i en la instrumental.

• **1.3.** Membre d'UCD, nou batlle de Madrid.
• Ocupació pacífica de finques no conreades a Andalusia.
• Morts i ferits entre la població revoltada, a Nicaragua.
• **2.3.** El ministre d'Exteriors, Oreja, a Belgrad.
• Arafat amenaça amb un segon Vietnam a l'Orient Mitjà.

Actes com la visita de l'ambaixador de la URSS a la Generalitat són els que, en aquell moment, servien per a descobrir a la gent en què consisteix la normalitat política. El senyor Sergei Bogomolov, **ambaixador de la Unió de Repúbliques Socialistes Soviètiques** a l'Estat espanyol, **visità** el dia 30 **al president Tarradellas**, amb el qual mantingué una conversa de més d'una hora en el Saló de la Mare de Déu de Montserrat. El president obsequià l'ambaixador amb una reproducció en marbre del fris de Sant Jordi, obra de Pere Johan, que es troba a la façana del Palau que dóna al carrer del Bisbe, i després l'acompanyà en un breu recorregut per l'edifici seu de la Generalitat. Aquesta visita de l'ambaixador soviètic és la que fa vuit de les concedides pel president Tarradellas a diferents representacions diplomàtiques estrangeres.

"La més bella veu del món", escrivia "L'Express" de París parlant de la cantant negra **Jessye Norman**, actuà un cop més a Catalunya, acompanyada pel pianista Philip Moll. Al **Palau de la Música**, i organitzat pel Patronat pro Música, l'excepcional cantant donà un recital de Schubert i Wolf que, com arreu del món, entusiasmà el públic que omplia la nostra sala modernista. La cantant repetí dues cançons de Franz Schubert i oferí al públic un Negro Spiritual.

La **"Quinzena catalana"** de **Ginebra** fou organitzada per les Joves Cambres de Terrassa i d'aquella ciutat suïssa, després que la de Terrassa establís lligams de germanor amb la de Grenoble i la de Ginebra, constituint així un triangle de relació econòmica. La "Quinzena" se celebrà al centre comercial més important de la ciutat, el Balexert, anunciada amb mils de programes i molts cartells amb les quatre barres. La inauguració fou feta el dia 3 pels vice-batlle de Barcelona, Manuel Font Alba; cònsol general d'Espanya a Ginebra, Francisco Palazón; batlle de Ginebra, Claude Ketterer; i el cap del Departament d'economia pública de la ciutat, Alain Borner, amb nombrosa assistència de públic que pogué admirar també el cor Casa Nostra de Ginebra i un magnífic "castell" dels Castellers de Vilafranca. L'acte inaugural acabà amb el cant d'**Els Segadors**. Altres actes importants foren la presentació del film **La ciutat cremada**, amb assistència del seu director, Antoni Ribas, la lectura de les conclusions del Congrés de Cultura Catalana —en el Centre Européen de Culture— a càrrec del rector de la Universitat de Barcelona, doctor Badia Margarit, del biòleg Ramon Folch i Guillén, i del doctor Joan Campos i Avillar. A la televisió suïssa es recolliren aspectes de l'exposició de productes catalans al centre comercial Balexert.

Vint persones del Casal de la Pau de Barcelona s'**encadenaren a la plaça de Sant Jaume,** el dia 1, a les cinc de la tarda, en senyal de protesta pels atacs al dret de la **llibertat d'expressió** i en relació amb el judici contra Els Joglars. Un hora restaren aquests representants de la no-violència, drets i de cara al palau de la Generalitat, amb cartells tals com "No al consell de guerra als Joglars", "Les lleis militars per als militars", "On és la democràcia?", etc. En el moment d'ésser detinguts, la majoria dels encadenats oferiren resistència passiva i hagueren d'ésser traslladats al vehicle policial a pes de braços.

• **3.3.** UCD trenca el pacte en què s'establia un termini per a les municipals.
• Roben les despulles de Charles Chaplin.
• Els liberals anglesos contra la bomba de neutrons.
• **4.3.** Deu ferits en un accident d'aviació a Santiago de Compostel·la.
• Juan Carlos invita oficialment el president Tito.
• Acord entre Ian Smith i els nacionalistes moderats a Rodhèsia.

• **5.3.** Decret per a l'establiment de la banca estrangera a l'Estat espanyol.
• 15 policies ferits al País Basc per còctels Molotov i trets de metralladora.
• Dos cosmonautes soviètics superen el rècord de permanència a l'espai.
• **6.3.** Triomf de dos films espanyols al festival de Berlín.
• Hua Kuo-feng confirmat cap d'Estat de Xina Popular.

Una de les formacions teatrals més coherents i amb una línia més clara, el grup Tábano, que ja havia actuat en altres ocasions a Catalunya, i que va fer el muntatge en versió castellana d'**El retaule del flautista**, prohibit, però, després de la primera representació, presentà a la **Sala Villarroel** de Barcelona l'obra **"Schweyk a la segona guerra mundial"**. Aquesta peça de **Brecht**, inspirada en la novel·la del txec Jaroslav Hasek, de caràcter polític, fou presentada per Tábano com una farsa plena d'humor i vitalitat, que ajudava a actualitzar el text de 1943, sense perdre el sentit crític, antinazi, ni la força del popular personatge creat per Hasek i recreat per Brecht.

El dia 8 els pagesos catalans feren sortir prop de deu mil **tractors** a les carreteres de Catalunya per abonar el procés de negociació dels preus agraris, en una mobilització generalitzada que demanà, com un any abans, preus justos al camp, seguretat social, negociacions directes amb el govern, rebuig de les Cambres Agràries, congelació dels desnonaments fins a una nova llei de contractes de conreu, rebuig de les importacions de vi, etc. La **vaga**, acordada el dia 6 pel Secretariat de la **Unió de Pagesos**, fou aprovada per vint-i-una de les vint-i-sis comarques, i fou particularment general a les comarques lleidatanes, i en tots moments pacífica. El primer dia quatre pagesos del Segrià foren detinguts per la Guàrdia Civil. La vaga, que arribà a afectar 20.000 tractors, fou combinada amb dues accions subsegüents: el desproveïment dels mercats, i la insòlita operació de retirar els diners de les entitats bancàries i d'estalvi, operació, però, que no va passar dels seus inicis. Afiliats de la Unió de Pagesos repartiren pels mercats de les ciutats propaganda explicant el motiu de la vaga i demanant la solidaritat popular. Al cap de nou dies, els tractors començaren a retornar a la feina, encara que accions d'altra mena continuarien demostrant els drets de la pagesia al llarg de les setmanes següents.

Més de cinc mil persones, la majoria dones, es manifestaren el dia 8 a Barcelona per celebrar la **"Diada Internacional de la Dona Treballadora"**, en acte organitzat per la Coordinadora Feminista. La manifestació sortí de la plaça Urquinaona, a les vuit de la tarda, i passant per les Rondes i la plaça de Catalunya, arribà al Mercat de Sant Antoni on es dissolgué. Hi participaren representants de les Associacions de Veïns, de la Federació de Mestresses de Casa, de partits polítics parlamentaris o extraparlamentaris, del Front Polisari, de les centrals sindicals i les organitzacions feministes, amb pancartes al·lusives a la situació de la dona, com "Totes les dones són explotades", "No a les discriminacions als llocs de treball", "Amnistia per a la dona", "Fora la prostitució", "Visca el 8 de març", "1908-1978, la lluita continua". El 8 de març de 1908, 129 dones moriren a Nova York per les seves reivindicacions salarials. A última hora, a la rambla de Canaletes, un grup de dones disfressades de bruixes cremaren revistes pornogràfiques. Per altra banda, el mateix dia al matí, unes dues-centes feministes es concentraren davant l'edifici dels Jutjats en solidaritat amb la treballadora Anna López, agredida per un empresari i seguidament acomiadada; la sentència fou favorable a la treballadora.

• **7.3.** Vaga de cinemes i bars al País Basc.
• Frau governamental a les eleccions de Guatemala.
• Tito visita Estats Units.
• **8.3.** Dos policies morts i tres ferits a Vitòria.
• Pressions populars per a l'autonomia de Castella-Lleó.
• Condemna a l'ONU contra Xile.

La construcció del Grup I de la **Central nuclear d'Ascó** produí una immediata reacció popular que s'anà enfortint amb el temps i que aconseguí la dimissió del batlle d'aquell municipi, favorable a les empreses promotores de la Central, després de les eleccions del mes de juny de 1977, essent aquest el primer cas a Catalunya on el resultat de les eleccions feia caure un ajuntament. La població havia actuat pràcticament unida en l'Associació de Veïns que aviat s'integraria en la Comissió Mixta de Ribera d'Ebre i que, lluità pacíficament amb tots els mitjans de la legalitat per tal que no es construís el Grup II d'aquella Central. El dia 2 de març s'obtenia un acord de caràcter legal, per a paralitzar les obres, encara que el governador podia, també legalment, suspendre l'acord de la gestora municipal. Per altra banda, el dia 12 es produïa un incendi a l'interior de la central i un altre de més importància el dia 23, encara que la mateixa FECSA dubtava que fossin provocacions terroristes. I el dia 13 d'abril, l'Ajuntament d'Ascó retingué dos grans transformadors, transportats en **camions**, a causa de no haver complert l'empresa de la Central el compromís de pavimentar dos carrers per tal de suportar el pes d'aquells transports especials.

Dins el marc de la campanya electoral francesa, el secretari general del Partit Socialista Francès s'entrevistà el dia 10 a Perpinyà amb una delegació del Partit Socialista de Catalunya (Congrés), de la qual formaven part **Joan Reventós**, Josep Maria Triginer, Rosa Lajo i Ernest Lluch. A la reunió es discutiren punts d'estratègia socialista en aquesta zona europea i de la necessitat de reforçar les relacions entre el socialisme d'una i altra banda dels Pirineus. Els delegats catalans invitaren **Mitterrand** al Congrés d'unificació de la Federació Socialista Catalana del PSOE i el PSC.

• **9.3.** Els militars republicans rehabilitats per decret.
• Comença el judici de l'advocat alemany Croissant, defensor de l'Exèrcit Roig.
• **10.3.** Expedient a set militars per convidar a Ceuta l'ultradretista Blas Piñar.
• Es fa públic el decret preautonòmic del País Valencià.
• **11.3.** Consell de ministres: Preautonomia per a Galícia.
• Atemptat mortal contra dos policies a Donostia i Madrid.
• Nou govern democristià a Itàlia.
• **12.3.**-Preautonomies per al País Valencià, Aragó i Canàries.
• Primera volta a les eleccions franceses.

La companyia teatral **Ziasos-La Tràgica** presentà a la **Sala Villarroel** de Barcelona un nou espectacle, **"Cortesía y buen tono"**, sàtira subtil sobre l'alta societat, amb situacions deformades fins a l'absurd. El crític J.A. Benach subratllava el nervi inconformista d'aquest espectacle modest, amb moments de franca comicitat i llenguatge teatral original. La companyia havia presentat anteriorment un espectacle sobre el Bosco i un altre titulat **"Tripijoc joctrip"**.

Dos homenatges dedicats **al gran músic català Frederic Mompou** tingueren lloc a Barcelona i a Nova York. El primer fou el dia 9 al Palau de la Música, amb la participació del pianista Antoni Besses, la cantant Anna Ricci i el ballet Grup d'Estudi Anna Maleras, amb l'assistència del president Tarradellas i altres personalitats de la política i la cultura catalanes, tenia com a motiu el vuitanta-cinquè aniversari del compositor. El segon, a Alice Tully, del Lincoln Center, organitzat per l'Institut Espanyol, amb patrocini de la reina Sofia i el suport dels marquesos de Cuevas Larraín, consistí en la interpretació, a càrrec del mateix Mompou, de les seves peces **Suburbis**, **Tres variacions**, **Dos preludis**, **Escenes d'infants** i **Cant i dansa núms. 7 i 14** —aquesta última especialment composta per a aquesta ocasió, com a estrena mundial—, i una segona part en què Alicia de Larrocha acompanyà al piano el tenor Josep Carreras, el qual, en l'últim moment, hagué de substituir la famosa soprano Montserrat Caballé que no pogué actuar per indisposició.

El dia 10, com en les altres visites oficials a Girona i Tarragona el **president Tarradellas** es reuní a **Lleida** amb els presidents de les diputacions catalanes, amb la Comissió Mixta i amb els representants de les forces polítiques. A mig matí, a la Diputació de Lleida, prosseguí les anteriors converses amb els presidents de les diputacions i, seguidament, es reuní amb la Comissió Mixta pel Traspàs de Funcions de les diputacions a la Generalitat. D'aquesta darrera reunió en sortí una conclusió molt important que referma el poder de la Generalitat: el traspàs a aquesta de totes les biblioteques públiques i d'altres. Després del dinar, el president rebé una comissió dels partits lleidatans, la qual li va presentar una protesta contra el desconeixement absolut per part de la Diputació de Lleida de la presència real dels partits polítics representats per la comissió, és a dir, de CDC, FNC, PCC, PSC(C), PSC(R), PSOE, PSUC, PTE, UDC i ERC. "Les actuals diputacions —deia l'escrit de protesta— i voldríem parlar especialment de la de Lleida, obeeixen en la seva estructura i en la seva actuació a l'anterior règim polític que tots volem que sigui definitivament oblidat." A la conferència informativa, el president es referí al seu pròxim viatge a Madrid, al destí de la ex-premsa del Movimiento i a les atribucions de les diputacions un cop fet el traspàs de serveis. Finalment, el president oferí un sopar a les primeres autoritats lleidatanes a la Granja d'Experimentació Agrícola dels afores de la ciutat.

El president Tarradellas en una pausa de treball.

13.3. Cent mil persones en la marxa antinuclear de Lemoniz.
• Eleccions a França: L'oposició obté la majoria absoluta (49,5%) a la 1ª volta.
• Israel: 37 morts i 82 ferits en un atemptat palestí.
• **14.3.** Els parlamentaris valencians aproven el text pre-autonòmic.
• El Partit Socialista, el més votat a França.

Extraordinàriament polèmica fou la **II Conferència Nacional del Partit Socialista Unificat de Catalunya**, celebrada al Col·legi Major Ilerdense, de Barcelona, els dies 31 de març i 1 i 2 d'abril, amb assistència de quasi 300 delegats, del president Gregori López Raimundo, del secretari general Antoni Gutiérrez i de tot el Comitè Executiu, així com del secretari general del PCE, Santiago Carrillo. L'objectiu de la Conferència era nomenar 267 delegats per al pròxim IX Congrés del PC (a Madrid), estudiar els nous estatuts i discutir les 15 tesis polítiques que el PCE proposaria en aquest Congrés. El punt principal dels debats i enfrontaments fou la discussió sobre la inclusió o l'exclusió del terma "leninisme", en la qual es demostrà, com va dir un delegat, que "s'havien acabat els temps de la unanimitat". La tesi del PC i de l'Executiu, en concordança amb la nova doctrina de l'"Eurocomunisme", proposava l'exclusió d'aquell terme, i a la primera votació la tesi va sortir aprovada per 97 vots contra 87, i 6 abstencions. El darrer dia, però, quan el Comitè Central abandonà la disciplina de vot, i en una nova votació, la tesi fou derrotada per 97 vots en contra, 81 a favor i 7 abstencions. Aquesta contradicció (que aquí no pot ésser analitzada en tots els seus detalls) donà lloc a rumors de dimissió del president, del secretari general i de membres de l'executiva, tots favorables a la tesi carrillista, encara que aviat foren desmentides. En tot cas, es demostrava que l'"eurocomunisme" no era ben acceptat a Catalunya. A la Conferència s'elegiren els 267 delegats al Congrés del PCE, s'aprovaren les altres tesis, amb esmenes, i es manifestà un gran interès per l'estudi de qüestions tals com la crisi de la joventut, els moviments de masses, la lluita urbana, etc.

Antoni Gutiérrez.

• **15.3.** Els parlamentaris de les Illes aproven el text preautonòmic. • Prop de 50 morts en un motí presidiari a l'Argentina. • **16.3.** Dimiteixen els delegats del govern central a Menorca i Eivissa. • Un nombre de morts molt elevat en la invasió del Líban per Israel. • Somàlia retira les seves forces d'Ogaden. • **17.3.** Es reconeixen les nacionalitats a l'article dos del projecte constitucional. • Segrest d'Aldo Moro, president de la Democràcia Cristiana Italiana.

Invitada per l'editor Gustau Gili, arribà **a Barcelona** per passar-hi uns dies, **la vídua de Pau Picasso**, Jacqueline, quinze anys després d'inaugurar-se el Museu Picasso del carrer Montcada, museu que ella visità detingudament, així com les obres d'ampliació. Simultàniament, a la sala Gaspar s'inaugurava una exposició de 156 gravats originals del gran pintor, realitzats entre el 1968 i el 1972. Amb la següent excusa, Jacqueline es va negar a fer declaracions a la premsa: "És fàcil d'entendre la meva emoció. És la meva vida i la de Pau la que sento quan sóc aquí. Una emoció que fa que em torni muda", muda sobre el possible retorn del Guernika a Madrid, o sobre noves donacions al museu de Barcelona. Jacqueline, que dinà amb membres de l'Ajuntament en un luxós restaurant de la ciutat, s'allotjà a casa de l'editor Gili.

Retirat el gran Johnson d'**El Molino**, hom podia sospitar que el **music-hall** del Paral·lel podria perdre o la iniciativa dels espectacles o el favor del seu públic. Sortosament, però, l'arrelament del petit teatre mantingué la tradició amb el nou espectacle **"Arriba las faldas"** i amb un gran artista, l'Escamillo, el qual, sense trencar el fil tan peculiar d'El Molino, combinació d'humor, erotisme ibèric i dialèctica popular, imposà un nou estil, amb la col·laboració de les **vedettes** Mari Mistral, Crista Leem, Pastora Reyes, Gloria Paddy, Verónica i el "selecte elenc" d'aquest famosíssim **music-hall**.

Perduda la seva tradició agrícola i ramadera a favor de la tendència comercial i publicitària, el **Mercat del Ram** d'enguany, **a Vic**, resultava desvirtuat i esgrogueït. El fet més important i decisiu el constituïa la presentació, al stand oficial de la Fira del Mercat del Ram, dels projectes per a la conservació i el manteniment de l'antic barri de Vic, segons proposta d'un patronat municipal.

- **18.3.** Explosió d'un artefacte a la central de Lemoniz: dos treballadors morts.
- "Butlletí Oficial de l'Estat": Els vells sense pensió cobraran 3.000 ptes.
- Les Brigades Roges, responsables del segrest d'Aldo Moro.
- **19.3.** Cents de milions de pèrdues materials a Lemoniz. L'ETA es fa responsable de l'atemptat.
- Marxa de parats a Madrid.
- L'ex-cap de govern paquistaní, Ali Butto, condemnat a mort.

El dijous sant, com cada any, tingué lloc la representació popular de la **"Passió"** a **Verges** amb actors de la localitat, i que conserva tot el seu aire medieval. Amb una assistència de públic que augmenta d'any en any, se celebrà, com a acte final, la famosa **"dança de la mort"**, al llarg dels carrers de l'antiga població tan ben conservada. El disseny dels vestits d'aquests dansaires fúnebres fou fet pel pintor Francesc Artigau.

• **20.3.** ETA es declara nacionalista i socialista i es referma en la lluita armada.
• Triomf definitiu de les dretes a França.
• L'ONU envia "cascs blaus" al Líban.
• **21.3.** El Consell General Basc ja té reglament de règim intern.
• El primer ministre de Portugal, Soares, quasi expulsat de la República Dominicana.

El **conjunt simfònic-coral "Philarmonia" de Londres,** dirigit per Carlo Maria Giulini, interpretà a Barcelona la **Novena** de Beethoven, el **Rèquiem** i **Linz** de Mozart, i la **Sorpresa** de Haydn. Crítica i públic demostraren el seu entusiasme pel director, per l'orquestra i pels cors, i, en menor escala, pel quartet vocal format per Helen Donath, Alfreda Hodgson, Werner Hallweg i Marius Rintzler.

Sota l'irònic eslògan de "bar **retromachista**", es posà de moda, al barceloní carrer d'Assaonadors, prop de la Galeria Mec-Mec i del bar Espanya, l'anomenat **Pla de la Garsa** regentat pels germans Solé Sugranyes, els "Germans Dalton"... De bonica decoració modernista, el bar era punt obligat per a prendre una copa abans d'anar a sopar a l'Espanya, o a sentir algun grup musical al Zeleste. Un es podia sentir allí més "mascle", en aquest temps de feminisme, tot acompanyant el got de vi amb una **tapa** de formatge.

• **22.3.** Acord entre pagesia i govern: augment de preus dels principals productes agraris.
• Alto el foc en el Líban.
• **23.3.** Atemptat mortal contra el director de Presons, Jesús Haddad.
• Alemanya Federal: La vaga metal·lúrgica paralitza el país.
• **24.3.** País Basc: Dura crítica d'ETA al Consell General.
• Xile: El general Leigh ataca el totalitarisme.
• Els paracaigudistes francesos ja són a Beirut.

El **reglament de règim interior** de la **Generalitat** fou **aprovat** el dia 13 pel Consell executiu de la Generalitat, encara que calia la subsegüent ratificació per part dels diputats i senadors catalans. El dia 6 se celebrà la primera reunió per a la redacció del text, i el 13 es discutiren les discrepàncies per tal d'arribar a un consens total, com en efecte es va aconseguir. Tres articles eren inacceptables per als partits d'esquerra en l'avantprojecte presentat al Consell pel president Tarradellas, principalment el que afecta la designació dels nous membres del Consell. El dia següent, 15, els cinc consellers polítics, Reventós, Triginer, Pujol, Gutiérrez i Sentís es reuniren amb els caps de fila dels partits catalans amb representació parlamentària: Heribert Barrera d'ERC, Ramón Trias Fargas d'EDC, Josep Verde i Aldea del PSC-R, Anton Canyellas d'UDC, Carles Güell de Sentmenat de CC, i Laureà López Rodó d'AP, així com els senadors Josep Subirats, Josep Solé i Sabarís, Pere Portabella i Jaume Sobrequés, tots els quals donaren el vist-i-plau al projecte.

Al **Palau dels esports** de Montjuïc, el famós cantant folk nord-americà **Pete Seeger**, entusiasmà els milers d'espectadors amb les seves cançons i els seus comentaris, en l'escenari presidit pel cartell de la "Llibertat d'expressió". Seeger declarà que ell surt només un cop a l'any d'Estats Units, perquè "els nord-americans hem de consciènciar-nos sobre la necessitat de treballar a casa nostra i preocupar-nos de les nostres coses, per tal que la resta del món pugui viure tranquil·la". Dedicà un duríssim atac al govern de Pinochet a Xile, e invità una i altra vegada el públic a corejar les cançons. L'actuació fou íntegrament gravada en color per a l'espai "Popgrama" de TVE.

• **25.3.** Celebració legal de l'Aberri Eguna al País Basc.
• Comença el "procés" a Aldo Moro per les Brigades Roges.
• Les Brigades Roges fereixen l'ex-batlle de Torí.
• **26.3.** Guàrdia civil ferit davant el penal de Dueso.
• El segrestat baró belga Empain, alliberat a París.
• Carter inicia un viatge per l'Amèrica Llatina.

Del 7 al 12 se celebrà a Barcelona la **"Setmana occitana"**, organitzada pel Centre Dramàtic de Toló, l'Institut del Teatre de la Generalitat i el Cercle Agermanament Occitano-Català. El fenomen teatral fou l'eix central d'aquesta setmana, encara que les altres manifestacions culturals no hi foren absents. L'acte inaugural, al Palau Güell (Institut del Teatre) fou presidit pel conseller de cultura Pere Pi-Sunyer, alhora que s'inaugurava l'exposició **Mil anys de literatura occitana** organitzada pel Centre Internacional de Documentació Occitana, de Besiers. En els dies següents se celebraren debats sobre cultura, història, sociologia i futur d'Occitània, amb la participació de personalitats occitanes, com l'antropòleg Eduard Conte, qui parlà de les relacions entre Catalunya i Occitània, o el catedràtic de la Universitat de Montpeller, Robert Lafont, ben conegut a Catalunya i figura intel·lectual de primer ordre a nivell internacional. Al teatre de l'Institut es feren actes de poesia —**Poesia occitana per avuèi**— i recitals de cançons a càrrec de cantants occitans. Per la seva banda, André Neyton, director del Centre Dramàtic Occità, presentà una obra de l'autor Florian Vernet, que donà peu a un col·loqui sobre el teatre occità tradicional i actual, que comptà amb autors com Vernet i el professor Robert Lafont. La Setmana fou realment útil per a entendre millor, des de Catalunya, la situació actual de la cultura a Occitània, cultura que es troba en un moment molt delicat i crític, amb alguns intel·lectuals decidits a lluitar per la supervivència de la llengua i la cultura autòctones, i un poble que va perdent els lligams amb la seva antiga tradició.

El doctor George R. Collins.

Els dies 30 i 31 de març i 1 d'abril tingué lloc el **I Col·loqui d'Estudis Catalans a la Universitat d'Illinois**, amb la participació de gairebé un centenar de catalanòfils provinents d'una vintena d'universitats d'Estats Units i de cinc centres del Canadà, així com d'algunes personalitats catalanes. Els organitzadors del Col·loqui foren el professor Albert Porqueras-Mayo i els seus col·laboradors. Es presentà una exposició de llibres catalans, i es llegiren 38 ponències sobre llengua, literatura i altres temes. A part de les sessions acadèmiques, se celebraren altres actes, com un concert de música catalana medieval i renaixentista, un taller sobre l'ensenyament del català i el més important, l'Assemblea General, en el marc de la qual quedà constituïda la North American Catalan Society, amb una Junta de Govern formada pels doctors J. Roca-Pons, com a president, doctor Albert Porqueras-Mayo, com a vice-president, doctor Nathaniel Smith (secretari), doctor Albert Forcadas (tresorer) i, com a vocals, els doctors George R. Collins, R.J. Burns, Patricia J. Boehne i J. Martí Olivella. El doctor Roca-Pons dirigí la paraula als participants del Col·loqui durant un Dinar de Germanor, rodejat per la Junta de Govern i amb la presència del doctor Antoni Badia Margarit, president d'Honor del Col·loqui.

Junta de Govern de la North-American Catalan Society.

Més d'un milió de **mones de Pasqua** es produïren enguany només a Barcelona i una quantitat semblant a la resta de Catalunya. Els preus oscil·laven entre cinc-centes i vuit-centes pessetes el quilo les de pa de pessic i crema cremada, i entre les mil i les mil dues-centes les de xocolata. Aquests preus resulten astronòmics quan es pensa que una mona, dedicada a En Manelic, pesava mil quilos... Entre les d'enguany sobresortia la reproducció a escala del monument al doctor Robert, obra del mestre Escrivà.

Amb motiu de la cantada de caramelles que es fa cada any el dia de Pasqua, el president **Tarradellas** i la seva esposa feren una **visita** al poble de **Gallifa**, i aprofitaren l'avinentesa per inaugurar la biblioteca de Can Ferrer Llagum i visitar el taller de Llorenç Artigas. Abans de la cantada de caramelles, el rector de Gallifa, mossèn Dalmau —ben conegut per la seva oposició al règim franquista i per la seva actitud progressista en el si de l'Església— donà la benvinguda al president i remarcà el fet que en una vall tan petita i gairebé sense recursos haguessin estat possibles activitats tan importants com la formació de la biblioteca i el taller de ceràmica, a causa, potser, que "Gallifa no fou **alliberada** per l'exèrcit franquista", ja que era un poble insignificant. Seguidament, Tarradellas i la comitiva visitaren el taller i els forns de Llorenç Artigas, i posteriorment el president inaugurà la Biblioteca-Arxiu de Josep Fornàs, home d'Esquerra Republicana de Catalunya. En aquesta biblioteca —digué el mateix Fornàs— hi han treballat personalitats de la categoria de Pierre Vilar, Southworth, Watson, Bricall, Solé i Tura i tants d'altres estrangers o catalans, subratllant que, amb els arxius i les biblioteques del president Tarradellas, de Montserrat i de Josep Maria Figueres, aquesta biblioteca constitueix un "tresor documental importantíssim sobre la nostra història contemporània".

- **27.3.** Conflicte de pescadors a Cadis: barricades i ferits.
- Ajut dels gàngsters per a resoldre l'afer Moro.
- **28.3.** L'alguerès Caria, amonestat per parlar en català a l'aeroport.
- El científic Linus Pauling contra la boma de neutrons.
- **29.3.** Santander: Desapareix una important quantitat de llet en pols.
- Carter escolta els retrets del Tercer Món, a Veneçuela.
- Zimbabwe: Importants atacs de la guerrilla.

La Generalitat concedí el **premi Ignasi Iglésias** al gran poeta, dramaturg i narrador català **Salvador Espriu**. El premi, dotat amb dues-centes cinquanta mil pessetes, no pogué fer-se efectiu en el moment de la concessió a causa del retard en la transferència de competències del govern central a l'organisme autonòmic.

• **30.3.** L'amnistia laboral, presentada per Ruiz Giménez al Tribunal Suprem.
• Carta d'Aldo Moro demanant la intercessió del Vaticà pel seu alliberament.
• **31.3.** Consell de ministres: Nou salari mínim de 548 ptes.
• Carlos García Valdés, nou director general d'Institucions Penitenciàries.
• Democràcia Cristiana i PCI: No al diàleg amb terroristes.

ABRIL

Viatge del president Tarradellas a Madrid.
Artesans a la Rambla de Barcelona.
Cor de l'exèrcit soviètic.
Mostra d'art a la plaça del Pi.
Exposició de Joan Ponç a París.
Manifestació contra la ciutat satèl·lit de Gallecs.
Sergiu Celibidache i l'Orquestra Simfònica de Londres.
Primer aniversari del Saló Diana.
Enric IV, de Pirandello, al Saló Diana.
Exposició Gaudí a la Universitat de Delft.
Fira del bestiar a Sort.
El nou director de presons visita la Model.
Recuperació de la plaça Gaudí.
Recuperació de les cotxeres de Sants.
Monument a la memòria del doctor Trueta.
III Congrés Universitari Català.
Campionat del món de moto-cross.
V Congrés de Convergència Democràtica.
El C. F. Barcelona, campió de la Copa del Rei.
Plenari de la Comissió Mixta Estat-Generalitat.
III Fira Nacional del Dibuix.
Concerts al carrer Montcada.
Festa de comiat de la Galeria Mec Mec.
Vaga d'arts gràfiques.
Exposició de dibuixos infantils a la Virreina.
Salvador Mas, director de l'Orquestra Ciutat de Barcelona.
El Grup Teatr Studio de Varsòvia, al Teatre Lliure.
La Garnacha.
L'*Apocalypsis de Saint Jean,* el llibre más car del món.
Tona, ciutat pubilla de la sardana.
Homenatge a Margarida Xirgu, a Badalona.
Diada de Sant Jordi.
Dia del Llibre.
259 aniversari dels mossos d'esquadra.
Exposició Francesc Eiximenis, a Ginebra.
El president Tarradellas a Montserrat.
Exposició-concurs d'espàrrecs a Gavà.
Homenatge a les vídues de guerra.
Diada de la sardana.
El Joventut de Badalona, campió d'Espanya de bàsquet.
El parc del Castell de l'Oreneta, obert al públic.
Rodatge de la pel·lícula *Catalans universals.*
Conferència de premsa d'A. Boadella i F. Rañé a París.

L'honorable **Tarradellas** viatjà **a Madrid.** "No vaig a demanar res —repetí abans de la sortida—, ja que ells ja saben el que volen els catalans": el govern polític, el traspàs de serveis, l'Estatut, l'autèntica autonomia. Tarradellas, però, ¿anava o tornava a Madrid? Perquè de Madrid havia vingut com a president de la Generalitat, a diferència d'en Macià, que no sortí de Catalunya per ser president, i l'històric viatge del qual, l'any 1931, va ser, per tant, un viatge d'anada i no de tornada. Aquí radica la diferència. Acompanyat per la seva família, un petit seguici i un grup d'informadors, el president s'instal·là a l'Hotel Palace, tradicional estatge dels polítics i empresaris catalans a la capital de l'Estat, per un nombre de dies que només les circumstàncies determinarien: del 3 al 16. S'entrevistà amb les figures cabdals de la política espanyola: el primer dia amb el president Suárez, amb qui arribà a un acord sobre el calendari de les actuacions; amb els ministres Gutiérrez Mellado, de Defensa, i Lavilla, de Justícia; el segon dia amb el d'Economia, Abril Martorell; amb el rei Juan Carlos ("Estic segur que el rei abonarà les meves peticions a Madrid"); amb Martín Villa, de l'Interior... Semblava que ho havia estudiat tot, però tot just començava. En un important discurs, el **premier** Suárez prometé a les Corts donar molt aviat contingut a la Generalitat. La segona setmana continuaren les reunions amb diferents ministres. No arribava, però, cap resultat concret per part del govern central. Tarradellas, que "no havia anat a demanar res", presentà els documents amb les peticions de la Generalitat en matèria econòmica. Noves visites, noves reunions, amb senadors catalans o de l'Estat, amb ministres, amb el president Suárez, amb Felipe González. Assistència a un homenatge a les despulles de Largo Caballero. Finalment el dia 14 Suárez i Tarradellas declaraven: "Acord total Estat-Generalitat"; i el president de la Generalitat declarava: "Avui domença una nova etapa per a Catalunya." Per últim, el comunicat oficial Tarradellas-Suárez cloïa les negociacions amb resultats concrets i satisfactoris: l'Estat dóna a la Generalitat la tutela sobre els municipis; el president de la Generalitat presidirà els quatre governadors civils de Catalunya (acceptació del poder del president); el català serà ensenyat a les escoles. Res d'espectacular. Un pas, petit, encara que decisiu. I satisfactori per a qui res no havia anat a demanar a Madrid.

- **1.4.** Pugen els preus del tabac ros (50%), del negre (20%), i de la llet.
- Denúncia de Fuerza Nueva contra el ministre Martín Villa per agressions a un militant.
- El primer ministre francès Raymond Barre presentà la dimissió a Giscard d'Estaing, i hores després rebé l'encàrrec de formar nou govern.
- Pinochet anuncià una fórmula constitucional per a enguany, a Xile.

Homenatge del president Tarradellas a les despulles de F. Largo Caballero.

"El noranta per cent dels components del conjunt som militars", declarà en arribar a Barcelona **Boris Alexandrov,** director dels **Cors i Ballets de l'Exèrcit soviètic.** Un crític català, però, escrivia al dia següent de l'estrena: "Per bé que representa l'exèrcit soviètic, apareix en la mostra un "discret encís" del món teatral, gairebé de l'opereta", i feia notar el seu gust sentimental i el seu regust "camp". Per primera vegada actuava a Catalunya aquest conjunt de cent seixanta intèrprets, quasi bé un exèrcit, amb instruments en lloc d'armes: balalaiques, acordions, instruments de vent de la més pura tradició russa. El cor, més que els solistes, encantà el públic amb les interpretacions de ritmes trepidants i acrobàtics, i el bressolà amb les melodies sentimentals. Cal esmentar, també, que el cor soviètic interpretà **Els Segadors** i ho féu en un català força correcte. El conjunt celebrava aquest any les seves noces d'or: fou creat l'any 1929 pel professor Alexandrov Alexandr Vasilievich, pare de l'actual director, i continua regint-se segons les normes castrenses, disciplinadamente. El Palau dels Esports oferí el seu marc gegant per als cent mil espectadors al llarg de les dues setmanes d'actuacions.

Després de mesos de **friccions constants** entre els **artesans** que s'havien instal·lat sense permís **a la Rambla** i l'Associació de Veïns i els botiguers del més famós carrer de Barcelona, l'Ajuntament autoritzà aquells treballadors d'utilitzar la Rambla de Santa Mònica, la més pròxima al port, i marcà a terra cent tretze llocs per als que justifiquessin que els seus productes eren de veritable artesania. D'aquesta manera s'impedia, per una banda, la invasió del passeig en la part alta i més concorreguda, i, per altra banda, l'aparició dels que només hi anaven a fer negoci. Sembla, però, que només el primer propòsit va ser complert, perquè, pel que respecta al segon, des del primer dia de l'autorització els llocs de venda s'ompliren de revenedors i petits industrials amb productes que no tenien res de treball a mà. Sigui com sigui, la Rambla, sempre igual a si mateixa i sempre canviant, a partir d'aquella autorització acceptava en el seu si un nou tipus humà: l'artesà que seu a terra per fer els seus articles, per vendre'ls i per fer petar la xerrada amb els companys.

• **2.4.** Detinguts sis membres del partit independentista clandestı MPAIAC, a Lanzarote.
• Partits i centrals sindicals demanaren parar les obres de la central nuclear de Lemoniz, al País Basc.
• I Congrés, en la legalitat, de Comissions Obreres del Metall, a Madrid.
• El segrestat president de la Democràcia Cristiana Aldo Moro envià una carta a la seva dona demanant-li confiança.

• **3.4.** En el Palau Blau-grana, F.C. Barcelona 1 - R. C. D. Espanyol 1.
• Apareix un nou grup titulat Falange Negra Exterminadora, per fer "una lluita sense treva a la democràcia, el marxisme, el separatisme i els traïdors a la pàtria".
• El president Carter es declarà, a Nigèria, contra el racisme i la interferència militar estrangera a l'Àfrica.
• Manifestacions a Tel-Aviv contra la política del primer ministre Menahem Begin.

Les tres places que flanquegen l'església del Pi, de les més atractives de la Barcelona vella, es convertiren, en els últims mesos, en centre d'activitats artístiques. A la de **Sant Josep Oriol** se celebraren els dos anys de vida de la **"Mostra d'Art"**, amb assistència de l'alcalde: una fira de pintura, de dibuix, d'escultura, d'obra gràfica i de múltiples, on els artistes exposen a l'aire lliure i venen directament al públic durant tot l'any. Amb motiu d'aquest aniversari, es presentà el fons d'art constituït per obres donades a "Barna-Centre" pels mateixos artistes, i una exposició fotogràfica en col·laboració amb l'Agrupació Fotogràfica de Catalunya. A la plaça del Pi, un home-orquestra i joglaresc acompanyava amb la veu i la música les marionetes del "Teatre de la Fanfarra". A la placeta de Ramon Amadeu es reservà un espai mural, en el qual els nens, assessorats pels artistes de la "Mostra", podien realitzar les seves iniciatives artístiques. Les tres places, ornades amb plantes i flors, suggerien el que podria ser la part antiga de la ciutat recuperada per a l'art, per a la vida, per a la gent.

A l'època del franquisme el país s'omplí de ciutats monstre, filles de l'especulació més vampírica del sòl. **Contra el projecte** d'una d'aquestes ciutats es manifestaren el dia 9 d'abril els veïns de Mollet del Vallès i de poblacions pròximes com Parets, Sabadell, Polinyà, Martorelles, Barcelona. La **ciutat satèl·lit de Santa Maria de Gallecs,** ocuparia l'únic espai verd que els queda als habitants de Mollet i pobles de la rodalia. La manifestaciò, d'unes set mil persones, fou en tot moment pacífica, però enèrgica, i acabà al camp de futbol amb parlaments en els quals es criticà el Ministeri de la Vivenda per les expropiacions de 1.472 hectàrees l'any 1970. Amb els nous aires democràtics ja no és tan fàcil el vampirisme.

"Obres Públiques té les mans lliures per a iniciar en qualsevol moment el desviament del Llobregat."
"Mundo Diario", 13-IV-1978, pàgina 23.

Manifestants contra el projecte de la ciutat satèl·lit.

"No podem tolerar que en aquests moments pre-autonòmics es prenguin decisions, a 630 quilòmetres de distància, que poden hipotecar el futur del delta."
"La Vanguardia", 16-IV-1978, pàgina 27.

Sota la denominació genèrica d'"**Au fond de l'être**", el batlle de París, Jacques Chirac, inaugurà el dia 6 una **exposició del pintor català Joan Ponç al Musée d'Art Moderne de la Ville de Paris.** La mostra, que estaria oberta fins el mes de juny, comprenia quasi cent cinquanta obres, entre olis, dibuixos a tinta i **gouaches** de l'època actual del pintor, de caràcter oníric i màgic, en les quals aprofundia en el món que molts anys abans havia limitat com el de la seva creació peculiar. Amb aquesta mostra Ponç se situava a primera fila de l'activitat plàstica europea, i així ho confirmava el magnífic llibre-catàleg **Joan Ponç. Au fond de l'être,** publicat pel citat museu, amb un estudi de Jacques Lassaigne en francès, català, castellà i anglès. Simultàniament, se celebraven quatre exposicions de l'artista a Barcelona, a les galeries Joan Prats, Dau al Set, Eude i Navarro.

Joan Ponç

• **4.4.** Banesto absorbeix el Banc de Madrid.
• Relació entre la policia i la ultradreta a Euskadi, segons la comissió investigadora nomenada pel Consell General Basc.
• Chaban Delmas, president de l'Assemblea Nacional francesa.
• Detencions massives pel segrest d'Aldo Moro, a Itàlia.
• Acord de cinc anys entre la CEE i Xina comunista.
• Nou atac de les forces rhodesianes contra Zàmbia.

L'**Orquestra Simfònica de Londres,** actuà els dies 12 i 13 al **Palau de la Música Catalana,** dintre del Cicle del Patronat Pro Música. Aquesta agrupació de primera fila mundial fou dirigida per una de les figures de més prestigi, el romanès **Sergiu Celibadache,** amb un programa integrat per obres de Verdi, Prokofiev, Stravinsky, Brahms i Hindemith.

• **5.4.** L'escriptor cubà Alejo Carpentier rebé de mans dels reis d'Espanya el premi de literatura castellana "Miguel de Cervantes", dotat amb cinc milions, a la Universitat d'Alcalá de Henares.
• Pensió estatal per a la vídua del president de la República Manuel Azaña.
• Milers de persones celebraren el desè aniversari de la mort de Luther King.
• Concessió dels Òscars a Hollywood: Millor pel·lícula: *Annie Hall;* millor director: *Woody Allen;* actriu: *Diana Keaton;* actor: *Richard Dreyfuss;* pel·lícula estrangera: *Madame Rosa,* de França.

14 d'abril. **Un any de vida del Saló Diana,** del nou Saló Diana. Abans, el Diana, amb entrada pel carrer de Sant Pau, de dubtosa fama, i pel carrer de les Tàpies, de fama gens dubtosa, clara fama de prostíbul, era un cinema de barri baix amb tirada al "pecat". Cap local no podia ser tan adient, amb la seva tradició marginal, per a una joventut desitjosa de trencar amb les tradicions avorgesades i oficialesques dels quaranta anys de franquisme. Convertit en centre d'espectacles, el Diana donà acollida als progres, als anarcos, als vanguardistes, als travestis, als revivalistes, als buscadors de noves experiències vitals i artístiques, als manifestants a favor de la llibertat d'expressió, als marginats voluntaris. Tot un any d'esforços, més o menys encertats, per crear una alternativa a "la ciutat de fires i congressos". Els balls dels dijous del Diana foren una revitalització —enfront del rock de la generació anterior— dels ballables dels avis i dels pares: la polca, el mambo, el cha-cha-cha, el pasodoble, el foxtrot. Fou en Sisa qui, fa un temps, per celebrar el cap d'any començà a cantar les antigues melodies que susciten el galanteig i el ball de parelles. Un revival. L'Orquestra Plateria va fer grans creacions amb aquells records camp. El Diana fou la millor caixa de ressò. Per celebrar l'aniversari, en acabar la representació de l'**Enric IV**, de Pirandello, dirigit per Màrius Gas, es féu una fi de festa amb la intervenció dels més anomenats artistes que es trobaven a Barcelona: José Luis López Vázquez, Lluís Llach, Stefani Sandrelli, Christa Leem, Rosa Maria Sardà i molts d'altres. El Diana fent diana una vegada més en el món secret de Barcelona.

El dia 11 s'inaugurà a l'Escola Tècnica Superior de la universitat holandesa de **Delft** una **exposició dedicada a "Gaudí, dissenyador"**, organitzada pel Col·legi Oficial d'Arquitectes de Catalunya i Balears i pel ADI-FAD, amb la col·laboraciyo d'aquella universitat. La mostra comprenia una sèrie de fotografies i de gràfiques que preparà la Direcció General de Relacions Rulturals del Ministeri de Negocis Estrangers, segons un projecte de la Càtedra Gaudí. La conferència inaugural fou pronunciada pel catedràtic de l'Escola d'Arquitectura, Joan Bassegoda Nonell, i les altres del cicle per Oriol Bohigas, Alexandre Cirici Pellicer, Salvador Tarragó i David Ferrer.

Els últims dies de març i al llarg del mes d'abril, la Companyia Titular Inestable del Teatre Lliure posà en escena al Saló Diana, l'obra de **Luigi Pirandello, Enrique IV,** sota la direcció de Mario Gas i escenografia de Marcelino Grande. Trencant amb l'estructura del teatre italià, el públic rodejava els actors que es movien dintre d'un castell prerenaixentista. Amb aquesta obra pirandelliana, el grup teatral volia aportar la seva opinió al tema de la bogeria, de gran actualitat en els darrers anys.

• **6.4.** President Suárez: "L'objectiu del govern és una economia social de mercat."
• A València l'"eurovaga" fou generalitzada.
• Bomba de neutrons: Carter pressionat per la indústria d'armaments.
• **7.4.** Es fa públic el text per a la fusió del PSP amb el PSOE.
• Giscard promet una descentralització de l'Estat francès.

Avui dia les **fires de bestiar** han quedat molt reduïdes a causa de les noves formes comercials. **Sort** havia tingut, tradicionalment, una de les fires més importants del Principat. Actualment, però, la fira que se celebra un cop a l'any, al peu d'uns xops altius i magnífics, no aplegà més d'una dotzena de cavalls i dues de vaques que els camions transportaren de diversos punts de la rodalia.

La situació permanentment explosiva de les presons, que provocà, entre moltes altres conseqüències, l'assassinat a Madrid del director de presons, senyor Haddad, només pot comparar-se a la del País Basc, i fou el fenomen subversiu més característic de l'etapa anomenada pre-democràtica. El nomenament d'un **nou director de presons,** en la persona de l'esquerrà i teòric del món penitenciari, **Carlos García Valdés,** va ser molt ben rebuda per l'opinió pública. La seva **visita a la Model** de Barcelona, el dia 15, va demostrar, però, que les possibilitats reformadores del senyor García Valdés eren molt limitades a causa del deteriorament general de la vida penitenciària i, també, de la manca de recursos econòmics per a construir presons més adequades i liberals i reconstruir i arreglar les existents. En la seva visita, el nou director declarà que, de les presons que havia visitat, la de Barcelona era la pitjor a causa de l'estat lamentable de moltes de les seves galeries i cel·les. El senyor García Valdés intercanvià opinions amb els funcionaris i els presos, i permeté la presència a l'interior de la Model dels informadors.

• **8.4.** La filla del general Franco retinguda amb joies a Barajas.
• El líder canari Cubillo en estat de coma per un atemptat.
• **9.4.** El Senat proposa el 15 de setembre per a les eleccions municipals.
• Detinguts els presumptes agressors de Cubillo.
• Increment de la lluita contra el terrorisme a la CEE.

Més de vint-i-cinc mil persones ompliren la plaça de braus de **Les Arenes**, el dia 16 d'abril en un acte convocat per l'Associació Espanyola de **Testimonis de Jehovà.** El parlament principal fou pronunciat per Raymond Franz, membre del Cos Central de Vells dels Testimonis de Jehovà, el qual digué que la seva presència al país es deu al desig d'"ajudar les congregacions a mantenir la unitat de pensament i d'acció arreu del món".

Els veïns de **Sants**, a Barcelona, celebraren, el dia 15 d'abril, una festa insòlita: **l'aniversari de la recuperació de les cotxeres** per al barri. Ningú que no conegui la manca d'espais públics de la ciutat no ho comprendria. Unes cotxeres de tramvies! Res més, però res menys. Quatre mil metres quadrats que l'Ajuntament, a l'època de l'alcalde Massó, volia convertir en un luxe, el Museu del Tramvia, quan eren tantes les necessitats de locals amplis per a tota mena d'activitats populars! "Quan convé salvem cotxeres", deia l'eslògan amb motiu de la inauguració del centre recuperat. "Salvem Sants dia a dia. Ni pas elevat ni museu del tramvia" cridava la gent segura ja del seu èxit. I ara, amb satisfacció, un eslògan més planer, de triomf: "Primer aniversari de les cotxeres." Un programa molt ple d'actes multitudinaris recordà la lluita pública per l'obtenció de les cotxeres i obrí noves perspectives de vida comunitària a Sants. Hi actuaren els artistes Núria Feliu i el grup Al Tall del País Valencià; polítics com Josep Benet, Josep Subirats i Jaume Sobrequés; es ballaren sardanes, es feren festes de nens amb actuació dels gegants; hi hagué concert i un acte de la campanya "Guanyem la Constitució, guanyem l'Estatut"; teatre, lectures de poesia, exposicions, concursos... de tot hi hagué a les cotxeres. De cara al futur, un concurs d'idees fou convocat per les associacions de veïns i pel Congrés de Cultura Catalana, amb el propòsit de posar al servei de tothom, d'una manera útil i eficaç, les cotxeres i els espais contigus de la plaça de Màlaga, la Casa del Rellotge, la plaça Ibèria. El grup Avant fou el guanyador, amb un projecte de cent milions de pessetes, que proposà la conversió d'aquest conjunt d'espais i locals en sales de lectura i biblioteca, sala d'exposicions, centre de planificació familiar, sala d'activitats diverses, casino-bar, casal de joves, gimnàs públic, solàrium, guarderia de nens, centre d'urgències, centre de minusvàlids, residència de jubilats, gran sala d'actes... Tot un somni, de realització assegurada, per a un barri que trobà la seva identitat comunitària i donà exemple a la ciutat.

Prop de vint-i-cinc mil persones van participar el diumenge 16 en la **festa popular de les Dotze hores,** organitzada per diverses entitats i partits polítics del barri, per tal de formular una sèrie de reivindicacions populars com la **recuperació de la plaça Gaudí.** La festa s'inicià a les 10 del matí amb llançament de coets i torres de castellers a la plaça. Després d'una audició de sardanes, el Club Atlètic del barri intervingué reivindicant instal·lacions esportives. A la tarda es feren concursos infantils, amb curses de sacs i concurs de dibuix ràpid, sobre el tema "com us agradaria que fos la plaça Gaudí", acabant amb una xocolatada. Al vespre, el president de l'Associació de Veïns demanà a l'Ajuntament de Barcelona, en una intervenció, un concurs d'idees per a la conformació del Parc Gaudí a la plaça i a dues illes veïnes. Seguidament, els senadors Josep Subirats i Jaume Sobrequés iniciaren un col·loqui amb el públic sobre problemes de Catalunya, dins la campanya "Guanyem la Constitució, guanyem l'Estatut". La festa finalitzà amb un gran ball popular, amb l'actuació de Rudy Ventura i un recital de Pere Tàpies, i nou llançament de coets i una traca.

- **10.4.** Queda constituït el "Consell Valencià" preautonòmic.
- L'ORT d'Euskadi contra els "pactes de la Moncloa".
- Cop d'Estat frustrat a Somàlia.

Amb la inauguració, el dia 9 d'abril, d'un **monument** a la Rambla, **el Poble Nou** tributà homenatge a un dels seus fills més eminents, el **doctor Josep Trueta i Raspall.** Trueta (1897-1977) estudià medicina a la Universitat de Barcelona, dirigí el servei de Cirurgia de l'Hospital de Sant Pau, i a l'exili fou catedràtic de la Universitat d'Oxford. Tornà a Catalunya l'any 1965. Autor d'obres de caire filosòfic i científic, Trueta es féu famós pels seus estudis de cirurgia òssia aplicada a les fractures de guerra. Per aquest motiu, a l'homenatge hi assistiren, a més de les filles del doctor Trueta i de les autoritats, representants de la Lliga de Mutilats de la Guerra d'Espanya, i més d'un miler d'entusiastes. El monument, obra de l'escultor Josep Ricard, veí del Poble Nou, finançat totalment per subscripció popular, fou descobert per les filles del doctor Trueta mentre el públic cantava **El segadors** tot lluint les senyeres i pancartes d'agraïment al gran científic i filantrop. Al dia següent, al saló de Carles III, l'Ajuntament de Barcelona lliurà la medalla d'or de la ciutat al doctor Trueta en la persona de la seva filla Amèlia, com a reconeixement públic de la seva fecunda labor d'investigació mèdica.

En un ambient poc esperançador, a causa del progressiu deteriorament de la universitat, se celebrà el **Tercer Congrés Universitari Català,** inaugurat el dia 10 al Paranimf pel rector de la Universitat deBarcelona, doctor Badia i Margarit, el qual, després de parlar de la fragilitat dels centres superiors, va fer una crida al pacte universitari per a la transformació de la universitat. El Consell Directiu del Congrés estava format pels professors Calsamiglia, B. de Riquer, Teresa de la Torre, J. R. Laporte, E. Casasses, J. Laporte, C. Carreras, Marisa Siguan, I. Vila, Núria Devant i R. Torrent, cada un dels quals dirigia una de dotze ponències sobre diversos aspectes de la universitat, com la seva història, relació amb la societat, problemes del professorat i els estudiants, finançament o perspertives per al futur. El sociòleg francès Alain Touraine donà una conferència sobre **"L'Université française de 1968 a 1978"**, en la qual advocà per una universitat coopromesa amb la societat com l'única sortida a l'actual crisi universitària. Un dels fets més destacats de la universitat actual és l'absentisme de l'alumnat a les classes, però, curiosament, al Congrés s'observà una participació molt notable d'estudiants i una remarcable absència de catedràtics. Paral·lelament al congrés, els rectors de les tres universitats catalanes, doctors Badia Margarit, Laporte i Fernández, s'entrevistaren amb autoritats ministerials per demanar que el traspàs de serveis de l'Estat a la Generalitat inclogués la universitat. El dia 14 s'inaugura l'exposició "Trentasis anys de clandestinitat universitària", amb revistes, fulls volants i tota mena de material clandestí. L'últimdia, el 15, tingué lloc l'acte de cloenda sota el lema "Per l'autonomia".

Alain Touraine.

Sota el títol **"Taller de compositors catalans"** l'Orquestra Ciutat de Barcelona estrenà obres de cinc dels nostres compositors, en un primer i molt plausible intent de donar a conèixer l'actual música catalana, taller que haurà de tenir continuïtat en els pròxims anys. L'orquestra, magníficament dirigida pel compositor Joan Guinjoan, interpretà **Tres peces**, breus, de Maria Teresa Pelegrí, comunicatives i no exemptes de lirisme; **Cronometries**, de Josep Cercós, de factura abstracta i d'impressió plena de misteri; **Concertino**, de Mestres Quadreny, per a piano solista i orquestra, de rel tradicional però d'expressió avantguardista; **Visió experimental**, d'Albert Sardà, de to discursiu i de colors construïts; i **Recyclage**, de Jordi Alcaraz, de sonoritat orquestral molt densa i complexa.

- **11.4.** El PC de les Illes i el del País Valencià rebutgen el leninisme.
- Bolea Foradada elegit president pre-autonòmic d'Aragó.
- Chirac expulsa Chaban de la directiva del RPR francès.

Si els primers premis del **Campionat del món de moto cross** foren per als estrangers, les màquines catalanes, Bultaco i Montesa, coparen els tres primers llocs, i els conductors Ribó i Elias quedaren molt ben classificats. Al **circuit del Vallès,** entre Terrassa i Sabadell, la matinal organitzada per la Penya "10 per Hora" va ser una extraordinària manifestació motorística que, com apuntava un rotatiu, "superà tots els rècords de velocitat, espectacularitat i assistència". Més de trenta mil espectadors van contemplar el magnífic espectacle de les dues mànegues en les quals la batalla fou constant. A la primera mànega, els belgues Harry Everts, amb Bultaco, i Boven, amb Montesa, es classificaren en els dos primers llocs, i Ribó en el novè. A la segona mànega, els dos primers foren Carlqvist, de Suècia, i Suzuki, amb Montesa, de Japó; Elias ocupà el desè lloc. El vencedor del Gran Premi fou Everts, amb 9 punts, seguit de Mingells i Suzuki. Després d'aquesta prova el Campionat mundial quedà encapçalat per Harry Everts, amb 18 punts, seguit per Carlqvist, amb 15, Boven i Suzuki amb 12, i Turleiv i Maisch amb 10.

Convergència Democràtica de Catalunya celebrà, els dies 15 i 16, el seu **V Congrés** al Palau Blau-grana-1. A l'acte inaugural hi assistiren representants del Scottish National Party, del Plaid Cymru gal·lès, del Volksunie de Flandes, del Partit Nacionalista Basc i de l'Agrupació Democràtica Andorrana. Quatre ponències —política, dels estatuts, de política municipal, d'interpel·lacions— foren debatudes i en part aprovades. El segon dia foren elegits els membres del consell nacional: J. M. Cullell, J. Camps, X. Bigatà, M. Sellarés, J. Colomines, R. Ramírez, J. M. Ainaud de Lasarte, A. Feliu, A. Casanovas, A. Pons Valon, A. Subirà, F. Amat, N. Majó, J. Vidal, P. Macies, J. Casajoana, J. M. Vallvé, J. M. Trias de Bes, I. Fornos, C. Lussà, J. Ciurana, F. Caminal, J. Plaja, R. Bruguera i Carles Costa. Jordi Pujol i Miquel Roca Junyent foren reelegits secretari general i secretari general adjunt, respectivament. Miquel Roca, en el seu parlament, féu observar que era el primer congrés del partit en llibertat, i que aquest havia augmentat extraordinàriament des de l'anterior congrés, fins arribar a la xifra de tretze mil militants, amb 124 locals. Insistí que "Catalunya és una nació i com a tal ha de ser tractada", així com en la necessitat "de posar fi d'un cop per sempre a la concepció centralista de l'Estat". Destacà la participació de CDC en el restabliment de la Generalitat i en la democratització de l'Estat espanyol. En acabar el Congrés, el partit féu públic un comunicat de suport a la Generalitat i al president Tarradellas, i s'exigí la convocatòria urgent d'eleccions municipals.

L'**equip femení de bàsquet El Picadero,** es proclamà campió de la Lliga de bàsquet després d'una temporada sensacional. Aquest equip aconseguí 42 punts, amb 21 victòries i només una derrota, i 1.986 gols a favor per 1.141 en contra. L'equip de Maria Planas anà encara més lluny, quan, a la final contra el Celta, es va fer també amb la Copa de la Reina. Dissortadament, com que cap entitat no finançà aquest equip entusiasta, les noies del Picadero hagueren de pagar-se de la seva butxaca els desplaçaments a Lleó, ciutat on es jugava la final.

- **12.4.** Primera reunió Govern-Consell General Basc
- Projecte de llei: 30 mesos de servei civil per als objectors.
- Deserta el més alt funcionari soviètic a les Nacions Unides.

El Barça es proclamà **campió de la Copa del Rei 1978** en vèncer l'equip de Las Palmas per 3-1 a l'estadi Santiago Bernabeu de Madrid. La premsa barcelonina proclamà la notícia amb entusiasme: **"Barça, campeón"** —sobre fons vermell—, "Per fi, un campionat", **"La ciudad volvió a gritar** ¡Visca el Barça!", **"El Barça, campeón por decimoctava vez"**, **"Copa para Rexach"**. L'equip del Barça, entrenat per Michels, estava format per: Mora; De la Cruz, Migueli, Zuviria; Olmo (després Sànchez), Neeskens (després Macizo); Fortes, Rexach, Cruyff, Asensi i Esteban. El de Las Palmas per: Carnevalli; Gerardo, Felipe, Hernández; Roque, Félix (després Rivero); Maciel, Brindisi, Morete, Jorge i Noly. Arbitrà Franco Martínez. Els gols, tots a la primera part, foren obra de Rexach (de penal), Asensi (de còrner llançat per Rexach), Brindisi i Rexach. El públic, en general, fou favorable al Las Palmas. Minuts després d'acabar el partir a Madrid, la Rambla de Canaletes —lloc de reunió dels seguidors del Barça— començà a omplir-se fins a fer col·lapsar el trànsit rodat. Tot eren crits: "Visca el Barça", "Visca Catalunya", i cants: **Els segadors,** l'himne del Barça... L'equip, que arribà el dia següent, a l'aeroport d'El Prat, fou rebut per mil de fans i acompanyat per un públic com més va més nombrós fins al Palau de la Generalitat, on, al costat del president Tarradellas, saludaren amb la copa a la mà des del balcó. La plaça de Sant Jaume era plena de gom a gom.

- **13.4.** Supressió del passaport per a viatjar a Portugal.
- Primera sessió del Consell del País Valencià.
- Vietnam i Kampuchéa tornen a lluitar a la frontera.
- **14.4.** Dos atemptats contra empresaris guipuscoans.
- Primer congrés de Comissions Obreres a Madrid.
- La Democràcia Cristiana no vol negociar amb els segrestadors de Moro.

Per primera vegada va tenir lloc a Barcelona una **reunió plenària de la Comissió mixta Estat-Generalitat** per a estudiar els traspassos de serveis. La reunió, al saló de Mapes de la Generalitat, començà a les cinc de la tarda i acabà a un quart d'onze de la nit del dia 17, amb la presència del president de la Comissió i ministre de Justícia senyor Landelino Lavilla, els vice-presidents senyor Manuel Clavero Arévalo, ministre per a les Regions, i Josep Lluís Sureda, així com els vocals per part de l'Administració de l'Estat i els de la Generalitat. Els temes tractats foren els referents a funcionaris, administració local, turisme, transports i agricultura, en els quals s'arribà a alguns acords, mentre que altres qüestions no foren tocades, com les d'ensenyament, treball i sanitat. Qui esperava mesures concretes o un avenç important en les decisions per als traspassos quedà decebut; alguns dels vocals presents es feren portaveus d'aquest desencant i opinaren que el centralisme s'havia tornat a endurir en relació a Catalunya. Aquest desengany fou plasmat gràficament per un diari barceloní amb les paraules: "s'arribà a petits acords sobre temes no fonamentals com la denominació dels vins d'origen o el control de les oficines turístiques". A l'hora del protocol, el president Tarradellas donà la benvinguda als ministres i a la Comissió, i conversà amb el senyor Lavilla, el governador civil i altres presonalitats.

L'any 1932, sota la presidència de Macià, s'inaugurà la I **Fira del Dibuix,** que quedà molt aviat interrompuda. Aquesta **tercera edició** —del 19 al 26 d'abril—, dedicada al dibuixant Xavier Nogués —l'anterior fou dedicada a Francesc Gimeno—, aplegà uns vint mil dibuixos o gravats d'autors famosos, com Picasso, Miró, Dalí, Casas i altres, d'artistes d'anomenada més limitada o de principiants i joves estudiants. Els **stands** de la Rambla de Catalunya foren llogats per galeries d'art de Barcelona i d'algunes ciutats com Olot, Vilanova i la Geltrú, Mataró i Arenys de Mar, i la Fira va ser organitzada pels alumnes de l'últim curs de l'Escola de Belles Arts de Sant Jordi. La mostra presentà dibuixos, aquarel·les, pastels i obra gràfica, és a dir aquell tipus d'obres que una errònia visió artística considera art de segon ordre respecte a la pintura a l'oli. El públic assistent fou molt nombrós i les vendes, estimables. Paral·lelament, s'organitzà un concurs, amb premi de cinquanta mil pessetes, al qual es presentaren uns cinc-cents participants.

La descentralització pròpia de la democràcia no es donà a conèixer només amb les autonomies i altres traspassos de poder. Molt més, encara, fou la cultura la que, juntament amb la vida dels barris, anà fugint dels locals "únics" exigits per la dictadura que tot ho oficialitzà, per trobar nous escenaris més lligats a la ciutat i a la seva gent. El teatre i altres espectacles foren els capdavanters d'aquesta dispersió. Però la música els seguí, encara que amb més dificultat, ja que el públic de música clàssica és molt més restringit, i aquest tipus de música necessita locals molt adequats. Dins d'aquesta tendència, cal esmentar el **Primer Cicle de Concerts "Música al Carrer Montcada",** organitzat per Joventuts Musicals de Barcelona en el 25è aniversari de la seva fundació. Diversos artistes i grups actuaren així a diferents palaus de l'antic carrer senyorial, com el Musèu Picasso, el Museu de la Indumentària, l'Omnium Cultural, la Galeria Maeght, etc. A la fotografia, la mezzo-soprano Myriam Alió i el pianista Manuel García Morante, en el concert del dia 20 d'abril al Museu Picasso.

• **15.4.**
35 detinguts a Madrid en les manifestacions del 14 d'abril.
• País Basc: Atemptat contra un ex-cap del Moviment.
• Els diputats italians aproven una llei que permet l'avortament.

La **galeria Mec-Mec,** la simpàtica, secreta, marginal i descobridora galeria barcelonina del carrer Assaonadors, **tancà les seves portes** per sempre més el dia 20 d'abril. L'experiència havia durat poc, però valia la pena. Una festa informal de comiat convertí en record acabat aquelles exposicions —tan diferents de les usuals— d'artistes com Robert Llimós, Toni Agustí i els seus ex-vots, Ocaña i el seu pati andalús, Mariscal, Francesc Palomar i molts d'altres. L'art marginal o avantguardista, l'art pobre o d'inusitades vies, tenia en la Mec-Mec el seu recer i la seva possibilitat pública. Arribava a un públic gens freqüent a l'Occident: les dones del barri quan tornaven a casa del mercat; els homes en plegar la feina, i tot de gent estranya, jove i no tan jove, que és més pròpia de la Rambla que no de les galeries d'art. María José Wind, que havia estat la seva directora, entusiasta i disposada a tot, marxava alhora satisfeta i trista pel que havia fet, pel que ja no faria ella i pel que altres podrien fer en endavant. Què li deia l'Ocaña, el travesti-pintor, a la dona del joglar Vilardebó, a la festa final? El carrer fosc d'Assaonadors, il·luminat i freqüentat a causa de la Mec-Mec, tornava a la seva penombra de barri i de segles.

Dos mil tres-cents seixanta-sis nens, de set a dotze anys, enviaren **dibuixos** a "Nova Veu", òrgan intern del partit Unió Democràtica de Catalunya, responent a la crida d'aquest grup democristià per tal de recollir material gràfic per a un llibre **de caràcter infantil** sobre la història de Catalunya. Al **Palau de la Virreina** de Barcelona s'exposaren alguns dels dibuixos, corresponents a temes com la llegenda de les quatre barres, Jaume I el Conqueridor, o la campanya "Volem l'Estatut".

Deu dies del mes d'abril durà la **vaga d'arts gràfiques** a Catalunya, iniciada per tal d'aconseguir un conveni nacional i contra la intenció de la patronal d'acollir-se al conveni estatal. La plataforma reivindicativa —que afectava uns cinquanta mil treballadors catalans— preveia un augment lineal de vuit mil pessetes, un salari mínim garantit de vint-i-cinc mil, jornada de quaranta hores setmanals i trenta dies de vacances anyals. Es formà un comitè de vaga constituït per dotze membres, dos per cada una de les centrals sindicals: Comissions Obreres, CNT, CSUT, UGT i USO, i cada central organitzà grups d'escamots d'informació. Fonts sindicals assenyalaren que un 75 % dels treballadors d'arts gràfiques se sumaren a la vaga. A diversos punts de Catalunya hi hagué manifestacions, assemblees i altres actes de suport als vaguistes. Paral·lelament, es trencava la negociació d'àmbit estatal a Madrid. Comissions Obreres, que, en principi, era partidària del conveni estatal, i que posteriorment s'adherí al nacional, proposà el retorn a la feina a l'assemblea celebrada al camp de futbol de la Guineueta, amb participació de vint mil treballadors; el comitè de vaga, però, rebutjà la proposta de CCOO. Cinc-centes empreses, per la seva banda, tancaren les portes i declararen el **locaut,** i la direcció de CCOO trencà unilateralment l'acord, aconsellant els seus afiliats de tornar al treball, i es produïren enfrontaments entre la direcció i la base d'aquesta central. El comitè de vaga, del qual havien sortit els dos representants de Comissions, declarà que ell era l'únic interlocutor possible i l'únic que representava els interessos dels treballadors. El dia 20, però, els treballadors tornaven a la feina, derrotada la iniciativa del comitè de vaga. El mateix dia començava una vaga estatal d'arts gràfiques de quaranta-vuit hores de duració. Ambdues vagues afectaren sensiblement la Diada del Llibre, en impedir la sortida de moltes novetats programades.

• **16.4.** Signat el conveni hispano-andorrà de la Seguretat Social.
• Comissions Obreres guanya les eleccions sindicals de la RENFE.
• Artefactes atòmics americans perduts a l'Himàlaia.

El jove **director Salvador Mas,** nou **"cotitular" de l'Orquestra Ciutat de Barcelona,** es presentà per primera vegada al front d'aquesta formació musical, els dies 8 i 9 d'abril amb obres de Haydn i Mozart, i la participació, com a solistes, de Carme Bustamante, Montserrat Alavedra, Dalmau González i Joan Pons. Amb algunes objeccions, la crítica musical aplaudí la preparació tècnica del nou director.

Una de les formacions més prestigioses del teatre polonès, el **Teatr Studio, de Varsòvia,** féu quatre representacions, del 20 al 21 d'abril, del seu espectacle **Replika** al Lliure, de Barcelona. El director del grup, Jósef Szajna, conegut per les seves realitzacions pictòriques i escenogràfiques, catedràtic de l'Acadèmia de Belles Arts de Varsòvia, expresoner dels camps de concentració d'Auschwitz i Buchenwald, declarava que **Replika** "és una visió del món mostrada a través de les experiències d'Auschwitz", a partir, però, no d'una idea, sinó d'una composició plàstica "a la qual s'han agregat els actors de carn i ossos". Com escrivia el crític teatral Xavier Fàbregas: "**Replika** vol provocar la nàusea davant un impuls vital que topa, una vegada i altra, amb la impossibilitat de realitzar-se."

• **17.4.** Trets contra dos policies a Donostia.
• Segons la OCDE disminueix la inflació a Espanya.
• 42 morts en el xoc de trens a Bolonya.
• **18.4.** Vaga de mestres estatals i privats.
• Presentació pública del Consell del País Valencià.
• Cent cinquanta morts en aldarulls a l'Índia.

En els últims anys el barri de la Ribera s'anà popularitzant entre la gent jove barcelonina. Es crearen galeries d'art, locals de música nova, centres de reunió i d'esplai, tot recuperant els magnífics edificis d'aquella part de la ciutat, que el temps havia convertit en magatzems i botigues. I es crearen o es posaren de moda cafès, bars i restaurants, com **"La Garnacha"** al número 33 del Portal Nou. Aquest carrer, que surt de la plaça de Sant Agustí Vell, té nombrosos atractius: un porxo gòtic amb un "restaurant econòmic", un taller de botes de cuiro, magatzems de recaders i tallers de diverses artesanies. A aquest carrer vingueren a parar els jueus quan foren expulsats del Call, com recorda encara el carreró Arc dels Jueus. Fent competència als altres restaurants de la Ribera, que la gent jove ha recuperat, "El Mundial" o el "Bar España", "La Garnacha", amb la seva decoració autèntica de molts anys, ha passat de ser una taverna de barri a ser un centre de cita de tota la ciutat contracultural.

L'**Apocalypse de Saint Jean,** llibre considerat un dels monuments bibliogràfics del segle XX, i dels més cars que es puguin trobar, va ser comprat en el curs d'una subasta celebrada a la llibreria Novecientos, de Barcelona, el dia 26 d'abril. El comprador, que pagà 1.800.000 ptes. al comptat, es negà a revelar la seva identitat. El llibre posseix gravats de Dalí, Fujita, Mathieu i Buffet, i comentaris de Rostand, Cocteau i Cioran. Va ser imprès l'any 1961 i, per a la seva realització, se seleccionaren tres-centes mil pells de be i s'invertí un treball de deu anys.

• **19.4.** Constituïda la Xunta preautonòmica de Galícia.
• Reunió a Dinamarca dels ministres de Defensa de l'OTAN.
• Israel promet la retirada del Líban.
• **20.4.** Aprovat el decret de preautonomia per a Andalusia.
• Abolida parcialment pel govern la pena de mort.
• El Canal podrà ser panameny.

Monument a la Sardana.

Com a **Ciutat Pubilla 1978, Tona** commemorà el dia 23 d'abril el seu pubillatge amb una Diada de la Sardana i amb la presència de l'honorable Tarradellas. El president fou rebut pel batlle de la vila i per altres batlles de la comarca, i parlà als mils de tonencs i visitants que omplien la plaça de l'Ajuntament. Aquest era el primer any —com el president Tarradellas va recordar— en què Catalunya podia celebrar la Diada i el pubillatge de la sardana de cara a un futur obert, acabat el llarg període de la lluita per reconquerir fets i simbolismes del país. Entre els actes de la Diada cal destacar la missa del sardanista, l'acte de proclamació a la plaça de la vila, la cercavila organitzada per la Caravana de la Flama de la Sardana, amb carrosses, gegants, cabuts i geladors (trabucaires) de Centelles, la inauguració del Monument a la Sardana, intervencions de música, cant i dansa, lectura del veredicte dels Premis de la Diada, la concessió de la medalla al mèrit sardanista, lectura del "Missatge al Món Sardanista" del poeta i escriptor Joan Alavedra, lectura de la Lliçó Magistral a càrrec de Francesc Roig i Ferran, l'estrena de la sardana **Tona** del compositor Valentí Miserachs, etc.

En **memòria de la gran actriu Margarida Xirgu** que morí nou anys abans a l'Uruguai, exiliada, el dia 23 d'abril se celebraren diversos actes a **Badalona,** organitzats pel grup Amics de Badalona. Al Museu Municipal, l'escriptora granadina i biògrafa de l'actriu, Antonina Rodrigo, pronuncià una conferència on recordà que la Xirgu no havia nascut a Badalona, però que havia escollit aquesta ciutat com a lloc de repòs dels seus llargs viatges, i on va acollir a grans personalitats de la política, entre ells Manuel Azaña quan era perseguit, o de l'art, com Federico García Lorca. Posteriorment es descobrí una placa de marbre al passatge Prim, que a partir d'aquell moment s'anomenaria **"Carrer de l'actriu Margarida Xirgu".** Aquest acte fou aprofitat pels veïns del carrer per a col·locar pancartes reivindicatives i al·lusives al mal estat de la via, sense llum i sense asfalt, que obligaren el tinent d'alcalde, en el seu discurs d'elogi a l'actriu, de prometre les millores exigides. Aquesta reivindicació popular no desentonà amb el record de la Xirgu ja que ella tota la seva vida va lluitar per un teatre popular al costat dels escriptors més progressius, però sí que desentonà amb el caràcter oficial que l'ajuntament volia donar a aquell acte.

- **21.4.** Dimiteix el tinent d'alcalde de València.
- Pinochet concedeix una amnistia a Xile.
- Dotzenes de marroquins morts pel Polisario.

El president Tarradellas i els polítics catalans al balcó de la Generalitat.

Recepció al Palau de la Generalitat.

Concert de la Coral Sant Jordi

La diada a la Rambla de Barcelona.

La **Diada de Sant Jordi** tingué enguany unes característiques particulars, per ser la primera de la nova Generalitat i per haver-se traslladat el dia del Llibre al dilluns, quedant així separats la rosa i el llibre. La Rambla continuà essent el lloc preferit de reunió per a la gentada que volia gaudir de la festa al carrer; i també hi feren cap els manifestants en favor de l'Estatut i els petits partits extraparlamentaris que venien els seus llibres i opuscles ideològics, i els dracs, enemics del Sant. Encara que s'escaigué en diumenge, i moltes desenes de mils de persones sortiren de la ciutat, Barcelona bullia de gent, i la venda de roses —seguint la tradició medieval— va ser tan alta com els anys anteriors. Cap el migdia, la plaça de Sant Jaume i els carrers veïns s'ompliren de gent de gom a gom per tal d'escoltar les autoritats en un dia tan significatiu de la campanya per l'Estatut. Com a la Rambla, la plaça s'omplí de pancartes al·lusives a l'Estatut, a l'autonomia, a la Generalitat, al seu president, al català i a Catalunya. S'esperava que, des del balcó del palau, parlarien en Tarradellas i els senadors de l'Entesa, ja que aquesta havia convocat la manifestació unitària a la plaça de Sant Jaume. Per la seva banda, les autoritats catalanes van oir missa oficiada pel cardenal Jubany a la capella del patró de Catalunya i, seguidament, al saló de Sant Jordi, la Coral del mateix nom els oferí un recital de cançons tradicionals catalanes sota la direcció del mestre Oriol Martorell. Després sortiren al **balcó**, on el president Tarradellas, rebut amb el crit unànime de "Volem l'Estatut", adreçà a la gentada un breu parlament sobre l'Estatut que va ser rebut amb algunes mostres d'insatisfacció per part dels autonomistes més intransigents, i amb grans aplaudiments de la majoria. I encara que el públic ho demanà, els senadors de l'Entesa no varen fer ús de la paraula, potser perquè el president no els va invitar a fer-ho. Aquests fets donaren molt a parlar. El senador més votat de l'Estat espanyol a les eleccions de juny, Josep Benet, de l'Entesa dels Catalans, comentava amb molta mà esquerra la delicada qüestió: "Jo diria que l'Entesa, que és el moviment popular unitari organitzador de la campanya, parlava per boca del poble concentrat a la plaça de Sant Jaume." La Diada fou també celebrada arreu de Catalunya, amb roses, dracs, banderes, manifestacions, parlaments i altres actes, com el de Girona, on el conseller de Cultura de la Generalitat va inaugurar un monument a la memòria de l'escriptor Carles Rahola, afusellat el 1939.

• **22.4.** El leninisme rebutjat al congrés del Partit Comunista.
• Fernández Viagas, virtual president andalús.
• Un núvol de gas tòxic ataca les zones costeres de Brasil.

Concentració a la plaça Sant Jaume.

El drac pels carrers.

• **23.4.** La Pasionaria i Carrillo reelegits pel Congrés del PCE.
• La cançó presentada per Israel guanyadora del festival d'Eurovisió.
• Intercessió personal de Pau VI a favor d'Aldo Moro.

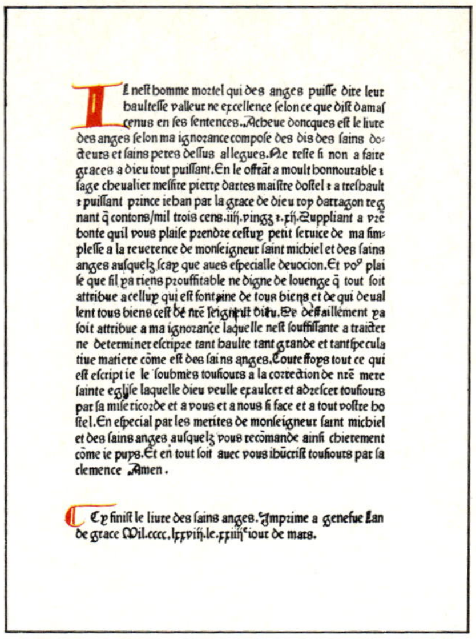

Il nest homme mortel qui des anges puisse dire leur haultesse valleur ne excellence selon ce que dist damascenus en ses sentences. Acheue doncques est le liure des anges selon ma ignorance compose des dis des sains docteurs et sains peres dessus allegues. Ne reste si non a faire graces a dieu tout puissant. En le offrãt a moult honnourable et sage cheualier messire pierre dartes maistre dostel et a treshault et puissant prince iehan par la grace de dieu roy darragon regnant q̃ contons/mil trois cens.iiij.vingz et.xij. Suppliant a vr̃e bonte quil vous plaise prendre cestuy petit seruice de ma simplesse a la reuerence de monseigneur saint michiel et des sains anges ausquelz scay que aues especialle deuocion. Et vo⁹ plaise que sil ya riens prouffitable ne digne de louenge q̃ tout soit attribue a celluy qui est fontaine de tous biens et de qui deuallent tous biens cest de nr̃e seigneur dieu. Le deffaillement ya soit attribue a ma ignorance laquelle nest souffissante a traicter ne determiner escripre tant haulte tant grande et tant speculatiue matiere cõme est des sains anges. Toutesffoys tout ce qui est escript ie le soubmes tousiours a la correction de nr̃e mere sainte eglise laquelle dieu veulle exaulcer et adrescer tousiours par sa misericorde et a vous et a nous si face et a tout vostre hostel. En especial par les merites de monseigneur saint michiel et des sains anges ausquelz vous recõmande ainsi chierement cõme ie puys. Et en tout soit auec vous ihũcrist tousiours par sa clemence. Amen.

Cy finist le liure des sains anges. Imprime a genefue lan de grace Mil.cccc.lxxviij.le.xxiiij^e iour de mars.

El llibre dels Àngels, del gironí **Francesc Eiximenis** (1325-1409) va ser el **primer llibre imprès a Ginebra,** el 24 de març de 1478. Amb motiu d'aquest cinquè centenari, se celebraren set exposicions diferents a aquesta ciutat suïssa, relacionades amb la impremta, així com un Col·loqui Internacional, organitzat per la Societat d'Història i Arqueologia de Ginebra.

Amb motiu de celebrar-se la diada de "Les esquadres de Catalunya", el president Tarradellas passà revista a la cinquantena de **mossos d'esquadra,** en el **259 aniversari de la creació** del cos pel batlle de Valls, Pere Antón Veciana, el qual, a principis del segle XVIII reclutà un grup d'homes per acabar amb el bandolerisme. El cos fou dissolt per la Primera República, restablert l'any 1877, i, desaparegut del 1939 al 1952, el restaurà el president de la Diputació, marquès de Castellflorite.

Amb poquísimes excepcions, els qui opinaren sobre les vendes del **Dia del Libre** d'enguany estaven d'acord que havian estat molt inferiors a les d'anys anteriors. El públic, els llibreters, les editorials i els autors van quedar decebuts pel fracàs d'una diada que, tradicionalment, des de l'any 1931 ha donat color a les ciutats catalanes, en particular a Barcelona, i guanys al món relacionat amb les editorials. Si la desil·lusió no va ser massa gran es deu al fet que tothom coneixia les causes del fracàs. La llarga vaga d'arts gràfiques va impedir que sortissin molts llibres especialment estudiats per a aquest dia; el fet que el 23 s'escaigué en diumenge aconsellà els llibreters a traslladar la diada al dilluns, de manera que des del dissabte alguns llibreters ja iniciaren les vendes al carrer, amb la consegüent desorientació del públic; a més, la separació del "Dia del Llibre" de la Diada de Sant Jordi, festes que han lligat sempre la rosa i el llibre, acabà de deslluir la festa cultural. Tot això unit al tradicional mal temps d'aquestes dates a Catalunya —els dies foren grisos i una mica freds—, i a la possible novetat que avui dia comprar un llibre ja no té el mateix significat que en èpoques anteriors. La crisi econòmica general va acabar-ho d'arreglar. De tota manera, es vengueren llibres, alguns autors van signar els seus, com Avel·lí Artis Gener, Joan Marsé, Luis Goytisolo, Albert Jané, Josep Benet, Antoni Tàpies, etc.

• **24.4.** Gran Canària exposa les seves reivindicacions al president Suárez.
• Missió de diputats en gira per Àfrica.
• Manifestacions a favor de la preautonomia a Aragó i Castella.

Per primera vegada des de la seva tornada com a president de la Generalitat, l'honorable **Tarradellas visità el monestir de Montserrat,** en la festa de la patrona de Catalunya. Visiblement emocionats, el president i la seva esposa entraren a la basílica acompanyats per l'abat Cassià Just i altres membres de la comunitat benedictina, i pel bisbe de Tarragona doctor Pont i Gol. L'escolania va cantar **El Virolai,** corejat pel públic que omplia de gom a gom el temple. A la cripta, Tarradellas va retre homenatge a tres dels abats cabdals de Montserrat, Marcet, Brasó i Aureli Maria Escarré. Després de la missa conventual, presidida per l'arquebisbe de Tarragona, els il·lustres visitants pujaren al cambril per tal de venerar la imatge de la Mare de Déu de Montserrat, i passaren seguidament a la zona privada del monestir. Des del balcó que dóna a l'esplanada, el president saludà la gernació que esperava aquest moment per vitorejar-lo, fent ondejar les banderes cantant **Els segadors.** El president i la seva esposa —trencant una norma en la clausura del monestir ja que les dones no hi poden entrar— celebraren un dinar, a la fi del qual el president i el seu seguici sortiren cap a Tortosa per iniciar la primera visita oficial a les comarques catalanes.

Com cada any, se celebrà a **Gavà** la tradicional **exposició, amb concurs, d'espàrrecs.** L'edició d'enguany fou politització per les tensions polítiques de diversos grups amb l'Ajuntament. Aquest lliurà invitacions als partits, centrals sindicals i Associació de Veïns; però partits i centrals, en lloc d'assistir al concurs, lliuraren un comunicat de protesta per la manca d'informació sobre l'exposició i sobre totes les iniciatives adoptades per l'Ajuntament des de les eleccions de juny. Només l'UCD i membres d'Alianza Popular assistiren a l'exposició.

• **25.4.** Signat el conveni d'arts gràfiques a Madrid.
• Descoberts més de cent cartutxos de goma 2 al País Basc.
• Creació d'una internacional de les dretes europees a Salzburg.

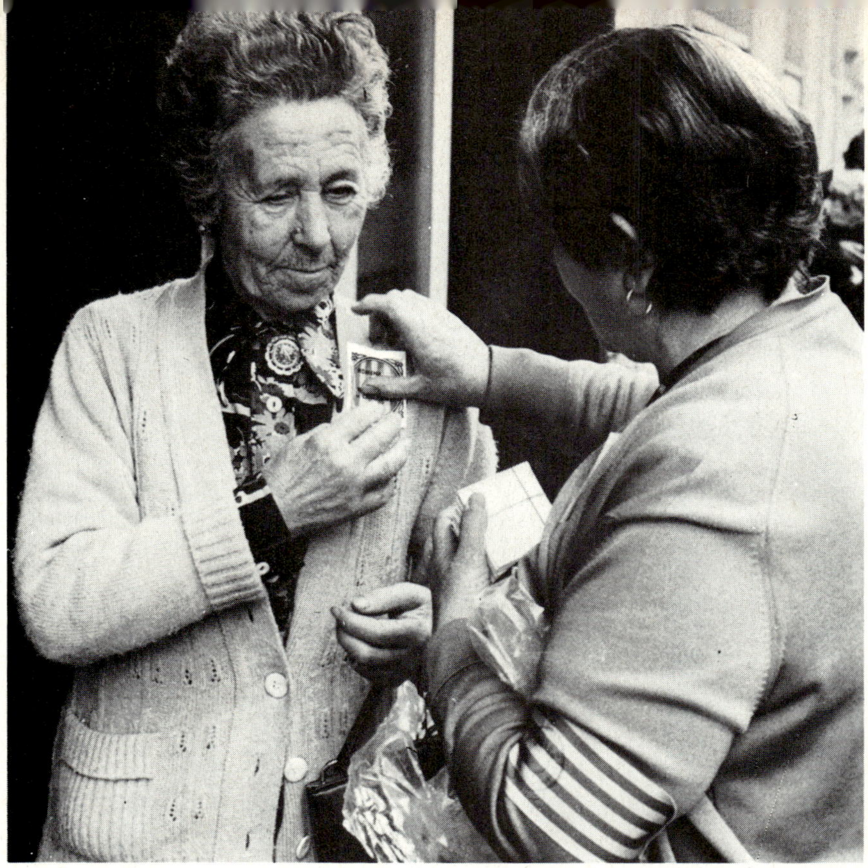

"No pot haver-hi democràcia sense que s'acabi la discriminació dels qui van formar part dels vençuts", digué el senador Josep Benet en l'acte d'**homenatge a les vídues de la guerra civil** i, en concret, a les dels homes que varen lluitar en l'exèrcit de la República. Centenars de persones assistiren, el dia 30, al col·legi dels Salesians de Sarrià, responent a la crida de la Lliga de Catalunya de Mutilats i Invàlids de la guerra, on els oradors demanaren la fi de la discriminació en un emocionat ambient de reconciliació.

- **26.4.** A la presó de Ceuta, motí amb policies i presos ferits.
- La URSS renuncia a la bomba de neutrons.
- Manifestacions antigovernamentals a Nicaragua.
- **27.4.** Ministeri de Sanitat: Comença una campanya antitabac.
- Augmenten les tensions entre el PSOE i el PCE.
- Estat d'alerta de les forces franceses al Txad.

El 30, **Diada de la Sardana,** se celebraren ballades de la dansa nacional catalana a tots els indrets on hi ha un grup de catalans. A més de les ballades, es feren concursos, com el de Barcelona, a la Porta de l'Àngel, amb més de seixanta colles; concerts, a Martorell, Malgrat, Ciutat de Mallorca, etc.; i danses d'Esbarts a Molins de Rei, Albinyana, Barcelona i Blanes.

Slavnic.

Badalona acollí el dia 30, cantant **Els Segadors**, l'**equip de la Penya, del Joventut** d'aquesta ciutat, com a nou **campió d'Espanya de bàsquet.** Un dia abans l'equip aconseguí el títol a Vitòria, derrotant per 68-115 al Bascònia, en un ambient de simpatia entre els pobles basc i català. L'equip badaloní, entrenat per Antoni Serra, estava format per Slavnic, Margall, Fernández, Santillana, i Filbà, com a equip inicial, i per Ferrer, Bosch, Mulà, Ribas i Abadia. (A la fotografia, el jugador Slavnic.)

La manca d'espais verds a moltes ciutats catalanes féu que la conversió en **parcs públics** dels boscos del **Castell de l'Oreneta** i del **Parc de les Aigües,** constituís una notícia de molt relleu per a Barcelona. El primer té quinze hectàrees, al costat del monestir de Pedralbes, i és un bosc quasi verge, format per dues finques: una amb les runes d'un castell, enderrocat durant la guerra civil, i l'altre és un lloc de cacera on fins fa pocs anys es mataven molts conills. El Parc de les Aigües, reivindicat pels veïns del Guinardó des de feia anys, està situat entre el carrer de les Camèlies i la Ronda del Guinardó, posseeix jardins de començaments de segle i vivers molt importants (a la fotografia, el parc del Castell de l'Oreneta.)

• **28.4.** A les Illes, el PSOE i el Partit Socialista cap a la unificació.
• Al Senat, aprovat el projecte de llei de les eleccions municipals.
• Cop d'Estat a Afganistan.

Dues escenes de la pel·lícula: Joan Miró i Josep Trueta.

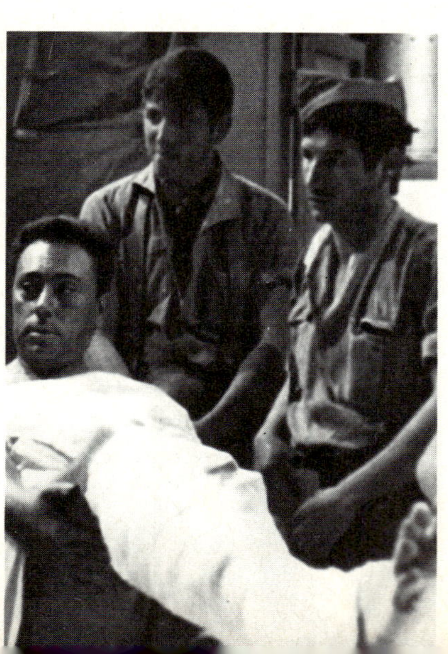

El director Antoni Ribas, que havia aconseguit un èxit tan extraordinari amb la seva **pel·lícula La ciutat cremada**, començà a rodar-ne una altra, de caràcter documental, sota el títol **Catalans universals.** Aquest film, d'una hora de duració, va ser patrocinat per "La Vanguardia", com a part d'un pla de finançació de vint-iddues pel·lícules a càrrec de vint-i-dos diaris i revistes de tot el món. Entre els protagonistes del documental de Ribas, s'hi troben Salvador Espriu, Pau Casals, Josep Lluís Sert, Antoni Tàpies, Joan Miró i el doctor Trueta.

Al teatre Bouffes du Nord, de **París**, el 3 d'abril els "joglars" **Albert Boadella i Ferran Reñé**, amb els seus advocats, en una roda de premsa informaren l'opinió pública mundial, representada per un centenar de periodistes i de gent de l'espectacle, sobre els fets que originaren la prohibició de **La torna,** el consell de guerra i l'exili de Boadella i Reñé. La història de Boadella en aquests últims mesos havia estat tan "teatral" com els seus espectacles. Al poc temps d'ingressar a la presó Model, passà a l'Hospital Clínic de Barcelona, per motius de salut. Un dia abans de celebrar-se el judici de guerra contra Els Joglars, Boadella demanà permís per a dutxar-se a la parella de policies que el custodiaven a la seva habitació del Clínic. Dintre de la cambra de bany, posà en marxa la dutxa i la màquina d'afaitar, es vestí disfressat, passà per la façana de l'edifici a la cambra de bany veïna, i sortí tot seguit al corredor per fugir ràpidament de l'Hospital. En aquell mateix moment tenia lloc una manifestació espontània als carrers barcelonins contra el Consell de Guerra. Boadella s'amagà. Per la seva banda, Ferran Reñé també desapareixia. Els altres membres del grup foren empresonats —Miriam de Maeztu, Arnau Vilardebó, Andreu Solsona i Gabriel Renom, aquest últim fou detingut a Girona moments abans de començar la representació d'**Una altra Fedra, si us plau,** de S. Espriu— i foren condemnats a dos anys de presó en el Consell de Guerra celebrat en un ambient de gran tensió. Mentrestant es rebien de tot el món adhesions de personalitats relacionades amb l'espectacle i es produïen assemblees pro alliberament d'Els Joglars. Reñé i Boadella travessaren clandestinament la frontera. A la roda de premsa esmentada, els advocats insistiren en el fet que la prohibició de **La torna** havia estat deguda a motius personals; com digué Marc Palmés, no era "l'honor militar allò que es defensava en el Consell de Guerra, sinó que es volia que aquest fos l'autodefensa d'unes persones que es consideraven insultades" perquè havien participat, de prop o de lluny, en els consells de guerra que condemnaren Heinz Chez i altres. Joan de Sagarra, per la seva banda, en nom del Comitè de Solidaritat, exigí l'alliberament dels detinguts, la dimissió del ministre de Cultura Pio Cabanillas i denuncià l'actitud del ministre de l'Interior Martín Villa. Boadella anuncià la creació d'una companyia, a Perpinyà, per muntar **La torna,** i Reñé i la seva muller, Elisa Crehuet, s'establien a París per crear un nou espectacle teatral.

• **29.4.** Bilbao: atemptat contra un teatre per motius laborals.
• Servei militar: Els fills seran causa de reducció de temps.
• El president Daoud, d'Afganistan, mort pels rebels.
• **30.4.** Es ratifica la fusió PSOE-PSP.
• Detinguts dotze membres del Partit Comunista Reconstituït, a Madrid
• Preocupació israeliana pel brot de nazisme a Estats Units.

MAIG

El Primer de Maig.
Presentació de models de Pierre Cardin.
Fira de Sant Ponç.
El Pla de l'Ós.
Comiat de Cruyff.
Manifestació de 3.000 mestres.
Homenatge a Joan Miró a Madrid.
CXIV Jocs Florals.
Taula de registre de noms en català.
Heribert Barrera al Congrés de Diputats.
Lliurament de premis a l'Institut d'Estudis Catalans.
Eleccions de president del C.F. Barcelona.
Felipe González a Barcelona.
Vicent Andrés Estellés, Premi d'Honor de les Lletres Catalanes.
50 aniversari de cinc intel·lectuals catalans.
Eurohoquei / 78.
La vida del rei Eduard II, de Marlowe, al Lliure.
El Zeleste.
Tamborinada-78.
I Festival de Mim a Vilanova i la Geltrú.
Marionetes de fil a l'Institut del Teatre.
Manifestació per salvar la platja, a Arenys de Mar.
Premi de la Crítica 1978 a J. Brossa i X. Benguerel.
Tirant lo Blanc, per "Terra d'Escudelles".
Arribada de les despulles de Vidal i Barraquer.
Congrés. Intervenció de Trias Fargas sobre la llengua.
Ballet Contemporani de Barcelona, al Tinell.
Congrés. Intervenció de M. Roca sobre les nacionalitats.
I Congrés de Comissions Obreres.
Dia Internacional dels Museus.
Vaga del metall, el tèxtil, la construcció i l'hoteleria.
L'encariment de la cistella d'anar a comprar.
25è aniversari de l'Orfeó Lleidatà.
Mercat del vaixell usat, a Blanes.
Campionat d'Europa de Muntanya d'automòbil, al Montseny.
Homenatge a Pau Claris.
Homenatge a M. Martí i Pol, a Roda de Ter.
Ocaña, retrat intermitent, de Ventura Pons.
L'ou com balla.
Assemblea de SEFES.
Els hare krsna a la Rambla.
Reivindicacions dels mutilats republicans.
Encontre de bastoners, a Sallent.
Intervenció de Maria Rúbies al Senat, sobre ensenyament.
Míting del PSUC amb la participació d'Enrico Berlinguer.
Premi d'Honor Jaume I a Ventura i Gassol.
XXXI Congrés Confederal de la UGT.
II Fira del Llibre.
El professor Prelog, premi Nobel de Química, *doctor honoris causa*
per l'Institut Químic de Sarrià.

• **1.5.** Per primera vegada a Espanya el 1r de maig legal després del 1939.
• Unió del PSOE amb el Partit Socialista Popular de Tierno Galván.
• Xina anuncia la visita dels reis d'Espanya.

El **primer de Maig,** legal per primera vegada des de 1939, tingué les característiques d'aquesta festa del treball als països occidentals, és a dir, amb notable participació de manifestants i pocs incidents, gràcies a la disciplina mantinguda pels encarregats de l'ordre. La majoria de les tensions fou provocada per la CNT, que volgué encapçalar les manifestacions amb pancartes de sentit diferent a les de la majoria, amb el cant de **Les barricades** en lloc de **La Internacional**, etc. La tònica general, però, foren l'ordre, les reivindicacions i la unitat entre les diverses sindicals.

En un recent concurs celebrat als Estats Units per designar el modista més important del moment, Pierre Cardin obtingué 19 vots, Yves Saint Laurent 13, i Marc Bohan 4... Doncs aquest **Pierre Cardin**, de nacionalitat doble, italiana (va néixer a Venècia) i francesa (viu a París des dels 12 anys), l'home del qual es deia que "és menys conegut que Napoleó però més que De Gaulle", visità Barcelona per tal de presentar **els seus models**, invitat per Joan Poch.

La tradicional **Fira de Sant Ponç**, al barceloní carrer de l'Hospital, potser tenia enguany més atractiu que en anys i dècades anteriors, perquè actualment la joventut havia tornat a descobrir l'aplicació de les herbes. La marihuana no era l'únic fenemen que denotava un retorn a la bruixeria dels pobles "primitius". Les herbes, remeieres o aromàtiques eren ara d'ús freqüent, i la visita als herbolaris, cosa pròpia d'una joventut que, enmig de la societat de consum, volia trobar d'alguna manera antigues arrels, escapçades pels medicaments i productes industrials. El dia 11 hi havia més gent que mai a la Fira, i també molts més joves.

- **2.5.** El Lute traslladat a una presó de règim obert.
- Benegas demana l'autonomia per a Euskadi Nord (França).
- Videla, reelegit president de l'Argentina.

El Pla de l'Ós, o de la mandra, antiga cruïlla de carrers on abans es trobaven els homes sense feina, els arlots i els jugadors i tafurs, al bell mig de la Rambla, continuava essent l'única part sense arbres d'aquest passeig, amb els quatre fanals, les motos estacionades, els venedors de tabac i loteria i els passejants. Alguns d'aquests s'hi aturaven per conversar, per mirar un home que amb un maniquí estrafolari demanava caritat, per prendre's la pressió arterial a càrrec d'un jove que havia posat un cartell anunciant-ho, per donar un duro a un llatinoamericà que vol "plata" amb la qual poder pagar-se el viatge de tornada, o per picar amb un martell el mosaic d'En Miró que, des de feia poc temps, animava el terra d'aquest indret... Plena sempre de cotxes, aquesta semiplaceta recull tot el sol per lliurar-lo als ramblistes i a aquells que des dels carrers del Raval enfilen cap al carrer de la Boqueria, com una dona, vella i ben vestida, que en un cotxet de nens porta menjar per als coloms, menjar que llança generosament en aquest "rovell de l'ou" de la Rambla.

Johan Cruyff, un dels més grans jugadors del futbol mundial, **s'acomiadava** el dia 7 **de l'afició** en la final de la Copa contra el València, que el Barça guanyà per 1-0, després de cinc anys de defensar el club blaugrana. Com a jugador, va donar als seguidors del seu equip i als mateixos enemics esportius, moments d'entusiasme inenarrable. El primer any portà al Barça èxit rera èxit. Però amb el temps, la seva genialitat amb la pilota i com a organitzador de l'equip es quedà moltes vegades en una genialitat sense resultats positius, en un art sense obres. El dia mateix de la final, Cruyff declarava: "He sentit el futbol amb una extraordinària passió. He jugat amb plaer i després es convertí en professió que em donà més del que jo podia esperar." Tot això era cert: la passió, la fama i els milions. Però Cruyff s'anà convertint també, amb el temps, en el seu propi **manager**. Prestà el seu suport a la candidatura de Núñez deixant suposar que si aquest era nomenat president del Barça, ell es quedaria un any més a l'equip català. Per això el dia del partit de comiat escoltà protestes per una part del públic. Cruyff no solament va deixar el Barça sinó que, havent dit que abandonava el futbol, entraria després a les files del Cosmos, el gran negoci futbolístic dels asos nord-americans. De l'ídol en restà un deixant alhora de primera figura i d'aprofitat. En això reflectia la mateixa realitat del futbol: esport i negoci. L'afecionat ho sentí més en el seu cas, perquè en ell la doble realitat hi era més patent.

• **3.5.** Reforma del codi de justícia militar: la justícia militar només pels militars.
• Nou director general de la Guàrdia Civil, tinent general C. Oliate.
• Nou capità General de Catalunya, tinent general Antonio Ibáñez Freire.
• **4.5.** el govern derrotat per l'oposició, en el projecte de llei sobre l'atur.
• Viatge oficial dels reis a Portugal.
• La Democràcia Cristiana promet clemència a les Brigades Roges.

Uns **tres mil mestres es manifestaren** pel matí del dia 3 per protestar contra la patronal del sector que no volia discutir temes tan importants com són el nombre d'alumnes per classe o la qualitat de l'ensenyament. Aquests mestres de l'Ensenyament General Bàsic, de centres no estatals, es reuniren primer davant la Delegació de Treball i, seguidament, anaren per les Rambles a la plaça de Sant Jaume, portant cartells amb eslògans com "Company, uneix-te", "Escoles públiques i gratuïtes", "Fora escoles negoci". Una comissió dels mestres s'entrevistà amb el conseller d'Ensenyament, Pere Pi-Sunyer, el qual els trameté la preocupació de la Generalitat pels seus problemes, així com la impossibilitat d'aquest organisme, abans del traspàs de poders, d'adoptar qualsevol política efectiva. El conseller esmentat s'oferí, però, a actuar de mediador entre els mestres i la delegació del Ministeri d'Educació.

Antoni Tàpies exposà al Centre d'Études Catalans de París una sèrie de pintures, gravats i aiguaforts, en nombre total de quaranta-una obres realitzades entre 1974 i 1977. La presentació del catàleg l'escriví Georges Raillard, autor de llibres sobre pintors contemporanis, entre ells Miró i el propi Tàpies, i el mateix crític donà una conferència inaugural en la qual destacà l'"estat de sofriment" en què semblaven submergits els seus objectes, i la influència d'obres literàries, sobretot **La nausée** de Sartre, sobre el pintor català. Per altra banda, i per celebrar el 25 aniversari de la seva primera exposició, l'octubre de 1953, s'anuncià una exposició de Tàpies a la galeria Martha Jackson de Nova York.

Poc després d'ésser guardonat amb la primera Medalla D'or de la Generalitat, **Joan Miró** arribà a Madrid amb motiu de la inauguració d'una **exposició antològica** del genial pintor en aquella ciutat. La mostra comprenia un centenar d'obres, algunes d'elles inèdites, i d'altres enviades de diferents països i corresponents a diverses èpoques de l'artista. Durant la seva estada a la capital, Miró i la seva esposa foren invitats a dinar al palau de la Zarzuela pels reis d'Espanya.

- **5.5.** La Comissió Constitucional comença els debats sobre l'avantprojecte de Constitució.
- Pio Cabanillas no vol parlar de corrupció a TVE.
- Bresnev negocia la distensió a Bonn.
- **6.5.** Constitució: El PSOE no vol fer de la República qüestió primordial.
- Consell de guerra a Burgos contra un membre del PTE.
- Devaluació de l'escut portuguès.

Sota l'eslògan "Noms en català, ara. Feu legal el vostre nom, amb el qual tothom us coneix", Unió del Centre de Catalunya llançà a Barcelona una campanya que va començar el 24 d'abril i que tingué molt d'èxit, ja que més de mil persones acudiren a les taules instal·lades pel partit per **catalanitzar el** seu **nom castellà per l'homònim català,** i que culminà el 7 de maig, dia de la Sardana, al Parc Güell, amb el mateix propòsit i igual èxit.

Per primera vegada d'ençà del 1936 se celebraren a Barcelona, al **Saló de Cent,** els **Jocs Florals,** com a retrobament dels que es feien a l'exili. Fou "un acte nostàlgic, poèticament maragallià, amb un aroma de segle dinou, no mancat d'un cert encant i sobretot ple de candidesa", segons deia el "Tele/eXpres". El mateix Ventura i Gassol, present a la festa, digué que els Jocs Florals "són potser anacrònics" i que, si foren foragitats per la política, és perquè sempre foren un acte d'afirmació patriòtica. Olga Xirinacs fou la guanyadora de la Flor Natural, i fou nomenada mestre en gai saber en el mateix acte puix aquest és el tercer premi que ha obtingut en els Jocs Florals.

Tant **Heribert Barrera**, per Esquerra Republicana de Catalunya, com Ortiz Letamendia, per Euskadiko Eskerra, rebutjaren el dia 8 globalment l'**avantprojecte de la Constitució.** En concret, Barrera el rebutjà, en nom de la minoria que representava, amb l'argument principal que "és inadmissible que s'hi hagi introduït la Monarquia sense consulta prèvia popular". Explicà que si es feia això ell defensaria la República com a forma d'Estat, però no pas al Parlament si la Monarquia sortís guanyadora. Demanà, doncs, un referèndum sobre la forma d'Estat, tot i que reconegué que la Monarquia tenia possibilitats de sortir-ne elegida. El dia 11, al Parlament, es va dedicar a discutir únicament i exclusivament l'article primer, que va quedar aprovat, amb petites correccions d'estil, tal com l'havia redactat la ponència: "Espanya es constitueix en un Estat social i democràtic de dret..." i "...la forma política de l'Estat espanyol és la Monarquia parlamentària". Heribert Barrera, però, fou conseqüent fins al final i lluità per la República com ni el PSOE ni el PC, o el PSC i el PSUC, varen fer.

• **7.5.** Judici a Alger contra els agressors de Cubillo.
• Primer Montejurra legal.
• L'etarra J. A. Garmendia, amnistiat, en estat de coma.

Heribert Barrera.

"Tarradellas, mitjancer entre Madrid i el País Basc."

"Avui", 14-V-1978.

"Tarradellas informà (13-V) que la seva visita a Le Boulou (12-V), en el sud de França, va tenir per objecte entrevistar-se amb el president del govern basc a l'exili, lendakari Jesús María de Leizaola. En el transcurs de l'entrevista Tarradellas establí un pla de negociació tripartita quant a Euskadi..."

"Mundo Diario", 14-V-1978.

"Mentre que el clima de violència ha continuat sense interrupcions aquest cap de setmana a Euskadi, les declaracions del president Tarradellas sobre la seva mediació entre Madrid i el País Basc no han estat ben acceptades ni per ETA ni pel Consell General Basc, tot i que el lendakari Leizaola hi ha manifestat la seva conformitat."

"Avui", 15-V-1978.

"... el Consell General Basc rebutja en els termes més categòrics la reiterada voluntat del senyor Tarradellas de fer-se present, mitjançant contínues ingerències, en els assumptes concernents al País Basc..."

"Avui", 15-V-1978, declaracions del Consell General Basc.

Per primera vegada d'ençà de la guerra, l'**Institut d'Estudis Catalans** celebrava el dia 2 la seva festa anual a la sala d'actes del seu primitiu estatge, a la Casa de la Convalescència de l'antic hospital de la Santa Creu. Sota la presidència de l'honorable Tarradellas, foren lliurats els **premis i ajuts de treball** que havien estat concedits nominalment el dia de Sant Jordi. Hi eren presents el president de l'entitat, doctor Alsina Bofill, el secretari, doctor Aramon i Serra, i altres personalitats, així com unes dues-centes persones que emplenaven la sala. El doctor Enric Casassas i Simó pronuncià el discurs reglamentari, sobre Química física de la calitja i la celístia, amb referència a la pol·lució.

Josep Lluís Núñez, "l'emperador dels xamfrans", fou elegit el dia 6 nou **president del Futbol Club Barcelona.** En principi acudien a les eleccions cinc candidats, Ariño, Casals, Casaus, Núñez i Sagi, però només tres es presentaren en l'últim moment: Ferran Ariño (al qual prestaven suport CDC i part del PSUC), Nicolau Casaus (que obtingué un dèbil ajut dels socialistes) i Josep Lluís Núñez (candidat de la dreta). Eren les primeres eleccions democràtiques del futbol espanyol i justament hauria de guanyar-les un home del franquisme i enriquit amb el franquisme amb l'empresa constructora Núñez y Navarro, moltes vegades criticada per la premsa i les Associacions de Veïns per la seva política constructora en contra dels interessos de la ciutat. Se suposa que Núñez es gastà uns cinquanta milions de pessetes en les eleccions i que fou ajudat per membres d'Alianza Popular i d'UCD. Tot i això, Núñez criticà els altres aspirants, al llarg de la campanya, per les seves relacions amb els partits. Obtingué també els vots favorables, abans de les eleccions, de Cruyff i Rexach. La majoria dels diaris barcelonins esperaven, però, que els socis blaugranes no es deixarien impressionar o comprar per aquest home de negocis sense cap tradició catalana; s'equivocaren. Núñez obtingué 10.352 vots, contra els 9.537 de Ferran Ariño i els 6.202 de Nicolau Casaus, quedant 243 vots en blanc i 153 anul·lats. Núñez declarava: "Jo sé a qui elegirà el soci, però aquí està el sensacionalisme d'alguns diaris." Un cop assolida la victòria, Núñez oferí un lloc a la junta directiva al seu oponent Casaus, però aquest declinà la proposta. Per la seva banda, Ariño digué: "Al Barça li hem fet avui una mica de mal." El temps s'encarregaria de dir si era així, i com i quant de mal.

- **8.5.** Lluita pel poder a l'interior d'UCD.
- Fi de la Lliga: R. Madrid, campió. Baixen a segona, Betis, Elx, Cadis.
- Esperances que Aldo Moro segueixi amb vida.

Encara que conegut i premiat moltes vegades, ja en la dècada dels cinquanta, amb obres tan extraordinàries com **Ciutat a cau d'orella, La nit, Donzell amarg**, el poeta valencià **Vicent Andrés Estellés**, actual redactor en cap del diari "Las Provincias", començà a ésser conegut pel gran públic a la dècada del setanta, en relació amb el gran augment de consciènciació valencianista dels últims anys. El cantant Ovidi Montllor musicà i cantà alguns del seus poemes més punyents. La gran qualitat de la seva obra fou que el jurat compost per J. Ainaud de Lasarte, Maria Aurèlia Capmany, Alexandre Cirici, Eliseu Climent, Alfons Cucó, Gregori Mir, Josep Faulí, Josep Lluís Sureda i Ernest Lluch li concedís, el dia 9, el **"Premi d'Honor de les Lletres Catalanes"**, instituït per Òmnium Cultural i dotat amb mig milió de pessetes.

Mentre el PC proposava la supressió del terme "leninisme" al seu programa, el Partit Socialista, per boca de **Felipe González**, en la seva visita **a Barcelona**, ho feia respecte del terme "marxisme". En el transcurs d'un sopar organitzat per l'Associació de la Premsa, el dia 9, amb la participació dels dirigents socialistes catalans J. Reventós, Triginer i Verde Aldea, el secretari general del PSOE proposà aquella supressió perquè, "des d'una òptica marxista crec que Marx seria el primer a desitjar que un partit socialista no es digués marxista avui, donat el sentit que aquest concepte té en una societat actual". Les reaccions en el si dels partits socialistes fou immediata. La Federació Socialista de Catalunya del PSOE declarà que les opinions de González "no coincideixen de cap manera amb la posició de la immensa majoria de militants"; el PSC, que "assumeix el marxisme com a mètode d'anàlisi i transformació de la realitat"; Pablo Castellano que "alguns són prou animalots per a saber que renunciar avui al marxisme és renunciar a coses com la llei de la gravetat"... Altres, però, com Alfonso Guerra i Enrique Múgica, justificaren la decisió.

El dia 11, **cinc intel·lectuals** d'allò més coneguts de Barcelona **celebraren el seu 50è aniversari** a la sala de festes Bocaccio. Altres escriptors i artistes complien també aquest any el seu mig centenari. Aquesta generació fou la que produí tot un terrabastall quan eren joves, als anys cinquanta, i era anomenada la generació de mig segle. Al Bocaccio hi era el "tot Barcelona" per escoltar, primer, la divertida i punyent presentació de Joan de Sagarra, actual delegat de Cultura de l'Ajuntament, i després per donar la mà, abraçar o besar en Josep Maria Castellet, José Agustín Goytisolo, Carlos Barral, Jaime Gil de Biédma i Antonio de Senillosa. Aplaudiments sorollosos i cordials quan el quintet encetà el gran pastís de cinc pisos.

• **9.5.** Madrid, 19 ferits en accident de metro.
• Processament contra "Combate", òrgan de la Lliga Comunista Revolucionària.
• OPEP: No hi ha augment del preu del petroli.

El gran actor Josep Maria Flotats, que tants èxits obtingué a França, retornà a Catalunya per representar el primer paper de **La vida del rei Eduard II d'Anglaterra,** obra de **Marlowe,** readaptada per **Brecht I Feuchtwanger** l'any 1924, i traduïda al català per Carme Serrallonga. Sota la direcció de Lluís Pasqual i escenificació de Fabià Puigserver, el **"Teatre Lliure"** obtingué un nou èxit amb aquest "gran espectacle d'actors", com digué el crític Benach.

Els dies 12 a 15 tingueren lloc a les instal·lacions del Club de Polo de Barcelona les competicions masculines i femenines de clubs campions nacionals de l'hoquei sobre herba europeu. **L'Eurohoquei 78** no produí resultats sorprenents ja que es repetiren quasi els mateixos dels dos anys anteriors. S'emportà el triomf el Southgate, d'Anglaterra, amb equip format per Owen, Cattrall, Whitaker, McGinn, Ekins, Cotton, Corby, Neale, A. McGinn, Brokeman i Western. En segon lloc, el Russelheim, d'Alemanya Federal, en tercer el Klein Zwerland, d'Holanda, i en quart el Real Polo, d'Espanya, amb l'equip següent: Towse, A. Fàbregas, Cabot, Padrós, Macaya, F. Fàbregas, J. Fàbregas, Serra, Borrell, Masana i Monegal, sortint posteriorment J. C. Camps. Es classificaren seguidament el Sloug, d'Anglaterra, el Royal Uccle, de Bèlgica, el Slavia de Praga, de Txecoslovàquia, el Rotweiss, de Suïssa, l'Edimburg, d'Escòcia, el Jedinstvoh, de Iugoslàvia, el Swansea, del País de Gal·les, i el Dínamo Alma Ata, de Rússia. La classificació de les competicions femenines fou guanyada per l'Amsterdam, d'Holanda, i l'equip barceloní del Polo quedà en l'últim lloc.

•**10.5.** L'avantprojecte de Constitució aprovat per unanimitat a la comissió.
• Donostia: Un guàrdia civil mort i tres ferits en un atemptat.
• Aldo Moro assassinat per les Brigades Roges.
• **11.5.** Onada de vagues i autolesions a les presons espanyoles.
• Cas Moro: Dimiteix el ministre de l'Interior.
• Israel celebra el XXX aniversari de la seva fundació.

Zeleste el primer local de Barcelona obert a la nova música en totes les seves direccions, creat per Víctor Jou, continuava essent notícia, després de cinc anys de vida al llarg dels quals s'havia concretat en fets la tradicional passió que Barcelona ha tingut per la música, en aquell local del carrer de la Plateria. Zeleste havia acollit tota mena de música, amb especial l'autòctona, encara que, en la primera etapa, prestava més atenció a l'actual. Ara, però, en començar la seva segona etapa, el local s'obria a la música clàssica i creava una escola de música com abans havia creat una marca discogràfica. Víctor Jou opinava que "en un termini de cinc anys Barcelona es convertirà en la capital europea de la música... Aquí s'està fent una revolució amb sang jove, nova, amb ganes de treballar i de treballar bé".

• **12.5.** Nou coordinador d'UCD, Rafael Arias Salgado. • Debat Constitucional: la Monarquia, forma pOlítica de l'Estat. • Dos etarres morts per la guàrdia civil.

La **Tamborinada 78** portà a Montjuïc uns trenta mil nens acompanyats de gent gran i de pluja. Organitzada per la Coordinadora d'Espectacles Infantils, al matí les cercaviles animades per la Cuca de Cardedeu, els Picatrons i Planxet i Cia conduïren els nens vestits de pirates, i, a la tarda, actuaren els grups Xesco Boix, Capsa Màgica, Els Estaquirots, Ara va de bo, Jaume Arnella, etc.

El Moviment Internacional de Mim, compost pels francesos Ives Riou, Jean Claude Cotillard i Pinok et Matho, el japonès Ikuo, el peruà Mario Valdez i el català Albert Vidal, es presentà al **I Festival de Mim i Pantomima,** dins el vuitè cicle de teatre, a **Vilanova i la Geltrú.** Amb les sis obres de mim actuaren també el Ballet Contemporani de Barcelona i el grup Els Comediants. Els mateixos grups de mim actuaren també a la Fundació Miró, de Barcelona, en la Setmana Internacional de Mim. Els grups francesos, deixebles i continuadors d'Étienne Decroux i de Marcel Marceau, formaven part de l'ampli moviment d'investigació dels espectacles basats en el mim. Albert Vidal, el mim més important català, presentà **El bufó,** amb el qual demostrà la seva gran habilitat i el seu inesgotable enginy. Mario Valdez presentà el seu **Kankunapac ama rimaspa,** de gesticulació molt simple, on cada gest designa un desig concret. Vilanova aprofità aquestes manifestacions culturals per demanar un Teatre Municipal adequat a les necesitats de la ciutat.

• **13.5.**
La Constitució garantirà les autonomies.
• Pau VI oficia els funerals per Moro.
• Alemanya Federal: Trasllat d'extremistes des de França i Holanda.

Les **marionetes de fil**, tan desprestigiades com els titelles de guant des de principis de segle, i de tan difícil manipulació, sembla que a la dècada del setanta adquireixen un nou atractiu en relació amb la recuperació d'altres arts desplaçades pel cinema i la societat industrial. A **l'Institut del Teatre** de Barcelona, H. V. Tozer i el seu equip donà dues representacions de **La llegenda de Sant Jordi i el dragó** —en versió catalana d'Albert Jané— amb titelles de fil construïdes abans de la guerra civil. El resultat demostrà les extraordinàries possibilitats d'aquesta mena de representacions.

Joan Brossa.

Els **Premis de la Crítica** foren concedits enguany al novel·lista català **Xavier Benguerel**, per la seva obra **Llibre del retorn** i al poeta **Joan Brossa** per **Poemes de seny i cabell**, ambdós llibres publicats l'any 1977, per decisió del jurat reunit a Saragossa. Els premis de literatura castellana correspongueren a José M. Caballero Bonald i G. Torrente Ballester.

- **14.5.** País Basc: Dos guàrdies civils i una noia ferits greument per ETA.
- Maniobra d'UCD per a aconseguir un sindicat propi.
- L'intervencionisme francès a l'Àfrica continuarà.

El diumenge 14 unes 7.000 persones es manifestaren a **Arenys de Mar,** amb el crit unànime de **"Salvem la platja"**, en un acte organitzat per Associacions de Veïns i partits polítics contra el responsable de la Prefectura de Costes, Aurelio González Isla, i la seva política de permetre la privatització de la platja. L'ira popular contra aquesta personalitat concreta, alhora que amb càrrec oficial, es devia al fet que ell mateix posseeix un xalet a Arenys de Mar.

El dia 13, el programa infantil "Terra d'escudella" de TV, emeté en directe, des de la plaça del Rei, l'últim capítol de **Tirant lo Blanc**, realitzat per Lluís M. Güell. L'interès de l'acte no residia només en l'obra, sinó, també, en el fet que aquesta vegada el programa es realitzava en presència d'uns set-cents nens. El resultat, que molts preveien perillós, a causa del possible guirigall de la mainada, resultà un èxit.

Arribada de les despulles de F. Vidal Barraquer a la catedral de Tarragona.

El dia 15 arribaren **a Tarragona** les **despulles** del que havia estat arquebisbe de la diòcesi de Tarragona, Francesc **Vidal i Barraquer**. Nat a Cambrils, Vidal i Barraquer estudià la carrera de Dret, que exercí a Barcelona, per entrar després al seminari. Començà a dir missa al cap de tres anys. Famós com a eclesiàstic, Vidal fou també un gran home a la societat civil, distingint-se de molts eclesiàstics del seu temps per les seves postures obertes, com es demostrà, sobretot, quan, essent ja arquebisbe i cardenal, refusà de firmar la carta col·lectiva dels bisbes espanyols, inspirada i escrita pel cardenal Gomà, que beneïa i consagrava l'alçament militar del 1936, refús que suposà l'exili definitiu de Vidal. Pocs anys després, el 1943, Vidal i Barraquer moria a Friburg, Suïssa, a la cartoixa la Valsainte on romanien fins ara les seves despulles. El 14 foren transportades en automòbil des de La Valsainte, arribant el dia següent a Cambrils, on foren rebudes per un nombrós públic enfervorit. A la tarda del mateix dia 15 la comitiva amb les despulles arribà a la catedral de Tarragona, on es trobaren més de quinze mil persones de tots els punts de Catalunya, així com tots els bisbes de Catalunya i els de Menorca i Castelló, presidits pel de Tarragona, doctor Pont i Gol. En aquell moment, els castellers de la província aixecaren un ventall de pilars, entre els aplaudiments del públic. El fèretre fou col·locat enfront de l'altar major mentre celebraven la missa tots els bisbes, abats i dos-cents sacerdots. A l'homilia, l'arquebisbe de Tarragona digué que Vidal i Barraquer havia estat un gran home de l'Església, amb una actitud constant de servei, de pau i de reconciliació, i llegí finalment alguns paràgrafs del seu testament. Mentre els fidels cantaven **Els Segadors** i el **Virolai**, les despulles foren dipositades a la capella de Sant Martí, en espera d'una sepultura definitiva.

- **15.5.** El govern cerca una treva amb ETA per a Euskadi.
- El francès Hinault, vencedor de la Vuelta Ciclista a España.
- Violents disturbis a l'aeroport de Tokio, Japó.
- **16.5.** País Basc: Leizaola abona Tarradellas; Rubial, en contra.
- Àmplia victòria de la DC als comicis municipals.
- Mobutu deixa de controlar el sud de Katanga.

Cambrils. Monument a F. Vidal Barraquer.

El 12, amb motiu de la discussió de l'article tercer de l'**avantprojecte de la Constitució**, que fa referència a la llengua, **Ramon Trias Fargas** féu una defensa científica de l'**obligatorietat de l'ensenyament de la llengua materna.** "Per a mi, digué, l'idioma és una qüestió de cultura i d'intimitat espiritual. El català és idioma feble (...) en primer lloc perquè ha estat perseguit secularment; en segon lloc, perquè no el parla tanta gent; i, per fi, sobretot, perquè rera la llengua competidora, el castellà, hi ha el prestigi que confereix ser l'idioma de l'autoritat de l'Estat." Trias demanà que el català (com el gallec i el basc en els seus territoris) fos l'oficial en exclusiva, "cosa que no vol dir que no pugui ser cooficial amb el castellà en els òrgans de l'Estat que actuïn en l'esmentat territori". El dia 16, la Comissió Constitucional del Congrés lliurà el següent text, que s'aprovà sense modificacions: "1. El castellà és la llengua oficial de l'Estat (...). 2. Les altres llengües d'Espanya seran també oficials a les comunitats autònomes d'acord amb els seus respectius estatuts. 3. La riquesa de les modalitats lingüístiques d'Espanya és un patrimoni cultural que serà objecte d'especial respecte i protecció."

Ramon Trias Fargas.

• **17.5.** La Constitució accepta l'oficialitat del català.
• Els etíops trenquen el setge d'Asmara.
• El Senat d'Estats Units aprova la venda d'avions a l'Orient Mitjà.

De les arts, cap tan abandonada com el ballet; tant que, per a la majoria, ja no compta com a art. En aquesta situació de quasi total indiferència, pública o de públic, cal citar el **Ballet contemporani de Barcelona,** dirigit per Ramon Solé. Mig subvencionat per l'Ajuntament, del dia 18 al 28 aquest ballet actuà **al Tinell,** amb públic no massa nombrós, encara que els preus no eren pas cars. Interessà particularment la coreografia, l'expressivitat i la plàstica, i el grup aconseguí els millors resultats en les peces de Rossini, Besses i Mestres Quadreny. L'equip de Solé era format per Rosa M. Arboles, J. Cassases, Mara Castejón, Immaculada Celaya, Beatriu Daniel, Toti Ferran, Marta Guerrero, Sílvia Munt, Luis Ruffo, Àngeles Lacalle, Ruth Noguera, Mercedes Núñez, Jordi Pascual, Maite Salado, Carme Sanromà, etc.

Miquel Roca Junyent.

El dia 13 la Comissió Constitucional del Congrés aprovà l'**article segon del projecte** que fa referència al tema de les **nacionalitats:** "La Constitució —diu el text— es fonamenta en la indissoluble unitat de la nació espanyola, pàtria comuna i indivisible de tots els espanyols, i reconeix i garanteix el dret a l'autonomia de les nacionalitats i regions que la integren i la solidaritat entre tots ells." Per arribar a aquest consens foren necessàries moltes hores de debat i d'estudi del gran nombre d'esmenes. Els socialistes procuraren limitar l'accent sobre el terme "unitat"; Heribert Barrera proposà la substitució de "nació" per "comunitat de pobles", i Roca Junyent, després d'observar que "nació" i "nacionalitat" volen dir el mateix, defensà el dret de cada poble de l'Estat espanyol a escollir el terme nacionalitat, terme nascut només per a emmotllar-se a la realitat política del moment.

Les **Comissions Obreres de Catalunya** (CONC) celebraren el seu **I Congrés** del dia 12 al 16, amb la participació de 1.048 delegats que representaven a més de tres-cents mil afiliats. El congrés significava una "reconstitució" del sindicat, car des de feia més d'un any l'assemblea general es definí per l'articulació com a central sindical. Nascudes a finals dels anys cinquanta, les CCOO creixeren extraordinàriament entre 1960-65, gràcies, en bona part, a la seva infiltració, i utilització, en el sindicat vertical. Ara, després de tants anys de lluites, processos i èxits, la CONC podia inaugurar el seu primer congrés a l'Hotel Reina Sofia, de Barcelona, per a prosseguir les reunions al Palau de Congressos de Montjuïc. En la primera sessió, el secretari general Josep Lluís López Bulla va fer un balanç de l'actuació de la central al llarg de l'últim any, amb particular menció de les eleccions sindicals, que tan favorables foren per a CCOO, i va demanar que els treballadors poguessin tenir una representació autèntica i decisiva a cada empresa. A la segona jornada el mateix López Bulla demanà que es "recollís la problemàtica dels minusvàlids i jubilats... la necessitat d'una conferència extraordinària sobre l'atur i la crisi, així com la urgència a exigir la devolució del patrimoni sindical". Les propostes foren aprovades majoritàriament. A la tarda del mateix segon dia, es presentaren les diverses ponències sobre unitat, organització, carta financera i estatuts, essent discutides i aprovades llurs conclusions el dia últim del congrés, en el qual López Bulla fou reelegit secretari general, i s'elegiren els organismes dirigents: Consell Nacional (de dos-cents membres), Comissió Executiva (cinquanta), Secretariat, Comissió de Control (cinc) i Comissió de Garanties (cinc). Tots els membres de l'Executiva eren del PSUC, excepte tres, del MCC, i dos de la LCR.

- **18.5.** Eleccions per al Senat a Alacant i Oviedo: triomf del PSOE.
- Inesperada dimissió de Vega Rodríguez com a cap d'Estat Major de l'Exèrcit.
- República Dominicana: L'exèrcit atura l'escrutini quan els resultats afavorien l'oposició.

Més de sis-cents mil treballadors de Barcelona i comarques, dels sectors del **Metall**, la **Construcció**, el **Tèxtil** i l'**Hosteleria**, feren **vaga** el dia 18 per tal de prestar suport a les negociacions dels convenis respectius que, en els quatre casos, toparen amb la duresa de la part patronal. La vaga de vint-i-quatre hores es reforçà amb la presència massiva de treballadors al recinte ferial de Montjuïc, on uns tres-cents mil assistents, segons estimacions sindicals, escoltaren la veu dels seus representants en relació a les negociacions, en un ambient de satisfacció i d'aire festiu. Algunes de les intervencions foren, però, particularment dures contra la patronal i el seu màxim representant Ferrer Salat. Comissions Obreres i UGT es mostraren totalment satisfets per l'èxit en la demostració de la força obrera unida. En acabar l'acte de Montjuïc, uns cent mil obrers marxaren en manifestació per l'avinguda del Marquès del Duero. En arribar a la Rambla la manifestació es dissolgué quan fou invitada per la policia a fer-ho, puix no era legal; un grup, però, d'uns tres mil manifestants, intentà continuar la marxa per les Rambles, en direcció a la plaça de Catalunya, i es produïren enfrontaments molt durs amb les forces d'ordre, dels quals resultaren diversos ferits. La CNT, per la seva banda, féu una crida a tots els treballadors a favor d'un atur indefinit i la celebració d'assemblees obertes a tots els obrers.

"El consell de ministres d'ahir (2-V-1978) acordà nomenar capità general de Catalunya al tinent general Antonio Ibáñez Freire... El nou capità general fou en el període 1963-66 governador civil de Barcelona. En aquest període s'inicià la represa cultural catalana, cosa que donà lloc a diversos conflictes."
"Avui", 3-V-1978.

• **19.5.** Desarticulació i detenció d'escamots d'ETA militar.
• República Dominicana: Cop d'Estat en marxa.
• Bèlgica i França envien contingents armats a Zaire.
• **20.5.** Tomás de Liniers, nou cap de l'Estat Major de l'Exèrcit.
• Màlaga: Atemptat contra un industrial alemany.
• Madrid: Expulsió d'un soviètic per espionatge industrial.

El 19 se celebrà la **Diada Internacional dels Museus** arreu del món, instituïda pel Consell Internacional de Museus de l'UNESCO. Amb tal motiu, la Delegació de Cultura de Barcelona organitzà una sèrie d'actes als diferents museus de la ciutat —Ceràmica, Art de Catalunya, Clarà, Art Modern, Tèxtil, Història, etc.—, amb visites comentades i gratuïtes per al públic, conferències, projecció de films i exposicions especials.

El mestre Oriol Martorell féu el pregó, com a vice-president dels orfeons de Catalunya, el dia 18, amb motiu del **25 aniversari de l'Orfeó Lleidatà**, un dels que més es destacà en la seva lluita per la normalització de l'ús del català, en la formació de corals a totes les comarques de Lleida, i en la preparació musical dels infants a colònies. Diversos actes, principalment concerts, donaren fe de la categoria d'aquesta entitat en les seves ''noces de plata''.

Esgotada en els darrers anys tota la capacitat dels humoristes per a representar amb humor negre l'**encariment de la "cistella de la compra"**, els preus continuaven parlant, amb el seu llenguatge escarit i seriós, a les parades dels mercats.

El dia 18 tingué lloc al port de **Blanes** la inauguració del **IV Mercat del Vaixell usat,** de deu dies de duració, amb assistència de les autoritats locals. Hom imposà a bord del pescamines Llobregat la medalla al mèrit naval al brigada Emilio Cuenca, zelador del port de Blanes.

• **21.5.** El PSOE fa una suposada depuració de ''marxistes''.
• Més d'un milió de pagesos de l'Estat elegeixen representants a les Cambres Agràries.
• Atemptat terrorista àrab a l'aeroport d'Orly: quatre morts.

El dia 21, amb mal temps, se celebrà la **XV Cursa en Pujada al Montseny,** del **Campionat d'Europa,** en la qual participaren 68 pilots dels 86 inscrits. Finalment se'n classificaren 62. Josep Trabal, sobre Porsche Carrera, s'adjudicà el primer lloc, amb 7 m, 28 s, 11 dècimes, a 96 quilòmetres/hora. Els resultats de la curva foren inferiors als dels entrenaments, a causa de la pluja, i el mateix Trabal va estar a punt de sofrir un greu accident quan, un cop passada la meta, el seu cotxe relliscà i topà violentament de manera que la part davantera del Porsche quedà destrossada. Els següents classificats foren: Juan Fernández amb Lola-B.M.W., Jean M. Almeras amb Porsche 935, Horst Schone amb B.M.W., Mauro Nesti amb Lola-Cebora, Juan Navarro amb Porsche-Carrera, Herbert Stenger amb Ford Escort, A. Martínez Noriega amb Simca Rally, Jacques Almeras amb Porsche Turbo, Herbert Hunter amb Ford Escort RS, i Cl. Jeanneret amb B.M.W. 318.

La barcelonina Via Laietana recuperà momentàniament el dia 25 el seu nom original, entre la plaça del Bisbe Urquinaona i la Gran Via. Aquell carrer fou retolat amb el nom de **Pau Claris** pels manifestants convocats pel Front Nacional de Catalunya en **homenatge** al qui fou president de Catalunya i a tots els catalans que protagonitzaren el Corpus de Sang del 1640.

Acte d'homenatge a Pau Claris.

• **22.5.** Pescadors espanyols acusats de bandidatge pel Polisario.
• Forta abstenció a Euskadi, Galícia i Catalunya a les eleccions de les Cambres agràries.
• Fi de la lluita a Kolwezi, Zaire.
• **23.5.** Punt culminant de la campanya anticatalana al País Valencià.
• Alfons Guerra: El PSOE no es plantejarà l'abandó del marxisme.
• Rescat i evacuació d'europeus a Zaire.

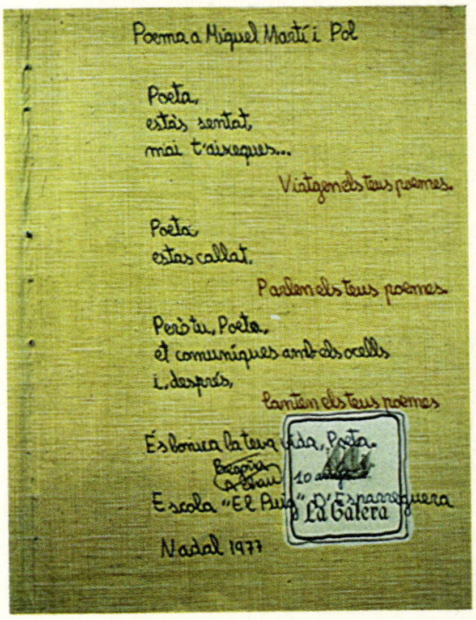

La comarca d'Osona organitzà un **homenatge al gran poeta Miquel Martí i Pol,** malalt des de fa anys, al seu poble de **Roda de Ter.** En primer lloc s'inaugurà una emotiva exposició: **Miquel Martí i Pol vist pels escolars,** amb textos i dibuixos, i després una trobada de poetes catalans a la plaça Major: V. Andrés Estellés, Pere Quart, A. Bartra, Anna Murià, Bru de Sala, J. Creus, F. Formosa, F. Vallverdú, Sarsanedas, entre d'altres, hi eren presents. El poble apareixia decorat amb plafons i murals al·lusius al poeta de la terra, del poble, del treball, de la fàbrica...

A la pre-estrena del film-reportatge de **Ventura Pons Ocaña, retrat intermitent,** al **cinema Maldà,** el públic esperava amb flors de tota mena l'arribada d'Ocaña. Aquest Ocaña, del qual va escriure Jorge de Cominges amb encert que és un exhibicionista però que rebutja els que el tenen per tal; que es vesteix amb mantó de Manila però que no vol ésser qualificat de "travesti"; que fa l'amor amb nois però que no vol ésser classificat com a homosexual; que fa "números" a tot arreu, però que només vol esser considerat com a pintor; que es declara contra l'Església, per declarar-se, tot seguit, fetitxista religiós... Aquesta ambigüitat era, en tot cas, allò que donava més interès a la pel·lícula que sobre ell va rodar Ventura Pons i que fou classificada per al Festival de Cannes, encara que fora de concurs. L'ambigüitat d'Ocaña era, sens dubte, l'ambigüitat de molts.

• **24.5.** Els preus al consum van augmentar un 1,7 al mes d'abril.
• Després de la vaga general, estat d'emergència al Perú.
• Gran Bretanya: Sondeig favorable als laboristes.

"Els veïns de La Rambla de Barcelona volen tranquil·litat... Els botiguers i veïns de la Rambla van convocar ahir a la tarda una conferència de premsa per donar a conèixer a l'opinió pública la situació de violència en què es viu i treballa en l'esmentat paseig... Els comerciants asseguren que el grup provocador és sempre el mateix i que àdhuc es coneixen els noms dels agressors."

"Avui", 4-V-1978, página 9.

Com interpretar aquest any l'espectacle de **"L'ou com balla"** al claustre de la catedral de Barcelona? Com un símbol de la fràgil però decidida voluntat de mantenir amunt la democràcia? Símbol de la Generalitat? De l'autonomia, de l'Estatut, de Catalunya?

- **25.5.** Exercici de les forces navals "Armada-78" en aigües canàries.
- Assassinat d'un taxista a Irún, per ETA.
- Aturs i protestes contra el govern, a Colòmbia.
- **26.5.** Inauguració d'un centre d'estudis socials a Mallorca pel PSOE.
- Ir Congrés de les Joventuts Comunistes, a Madrid.
- Vietnam expulsa 72 mil xinesos del seu territori.

Enfront d'uns sindicats catalans molt forts —Comissions Obreres, en primer lloc, i UGT com a segon— els empresaris sentien cada dia una més gran necessitat d'unir-se i crear patronals. **SEFES** fou una d'aquestes patronals, ben arrelada al **Baix Llobregat**, que aconseguí d'atreure molts empresaris d'altres comarques, com el Vallès Occidental, el Barcelonès i el Maresme. "La nostra idea —declararen els representants empresarials del Vallès— és crear unions patronals per rams a les comarques i unir-les després en una intersectorial comarcal. Un cop hagin estat constituïdes aquestes intersectorials, hom crearà una confederació empresarial de Catalunya, evidentment plantejada com a una alternativa al Foment del Treball." La SEFES del Baix Llobregat convocà el dia 22 un miler de socis per tal d'increpar al govern i atacar les centrals sindicals amenaçant-les amb respondre cada vaga amb el **lock-out**. Per altra banda, SEFES tampoc no veia amb bons ulls el gran empresariat agrupat al Foment, al qual consideren massa ambigu i pactista, massa compromès amb el govern de "consens" i amb qüestions polítiques no estrictament empresarials. SEFES, a més, no trobava un partit adequat als seus interessos: ni AP i UCD, amb tan poques arrels a Catalunya; ni Pujol, que mantenia una actitud indecisa. Carles Gelabert, president de SEFES, declarava: "El que no pot ser és que els treballadors tinguin els seus parlamentaris, partits polítics, corretges de transmissió, cèl·lules pròpies (els anomenats "escamots d'informació") i els empresaris no tenim quasi bé res... Per tot això estem disposats a prestar suport a una acció política seriosa que doni confiança a l'empresariat en un sentit europeu, sense demagògies. Abonarem un govern que governi i no un govern que jugui al consens."

Van vestits amb túniques color taronja, ells rapats a zero, elles amb el cabell recollit... són **els bonzos de Hare Krsna** (o Krishna). L'any 1978 eren uns cinquanta a Barcelona: catalans, aragonesos, bascs, andalusos i estrangers... Tenien una casa de tres plantes, prop de la Rambla, on vivien en comunitat, llevant-se a les quatre del matí, venent els seus llibres i propaganda pels carrers, donant de menjar a més de seixanta persones diàriament. La doctrina, molt ascètica, va ésser introduïda a l'Occident l'any 1966 i va obtenir un cert èxit dos anys després. Creuen en la transmigració de l'ànima no purificada, en la possibilitat d'arribar al nirvana etern, i en altres doctrines budistes. El seu fundador va ésser Baktivedanta Swami Prabhupada. Tenen prohibides les relacions sexuals fora del matrimoni, menjar carn, peix, ous; beure alcohol, fumar tabac o altres drogues; jugar a jocs d'atzar i moltes coses més.

• **27.5.** Tancada popular contra la campanya anticatalana del búnker valencià.
• Multes a Fuerza Nueva de tretze milions.
• Zaire: Mobutu contracta mercenaris francesos.

Les relacions diplomàtiques entre l'Estat espanyol i Mèxic, interrompudes l'any 1939 pel franquisme, a causa de l'ajuda mexicana a la República espanyola i d'haver estat **Mèxic** la seu del govern espanyol a l'exili, es reiniciaren l'any passat, de manera que ara s'ha establert el **primer consolat,** justament **a Barcelona.** El nou cònsol, senyor Elías Quintana, prengué possessió del Consolat general en un acte presidit per l'ambaixador de Mèxic a Madrid.

En el mes de maig es feren algunes passes importants a favor dels **mutilats i invàlids republicans** i de les vídues de guerra del costat de la República. Fins l'any 1976 aquestes persones que per motius polítics o simplement geogràfics pertanyeren a l'exèrcit derrotat, no reberen cap ajuda o, com a màxim, alguna almoina del sistema franquista. Aquell any es proclamà el primer decret de la Presidència del Govern, en aquest sentit, encara que les ajudes concedides eren molt inferiors a les que obtenien els mutilats i les vídues de l'exèrcit feixista. El 4 de maig d'enguany quedà constituïda una Comissió Interministerial que recollia la problemàtica de les vídues i dels mutilats republicans i el dia 31 els representants de la Lliga de Mutilats i Invàlids de Catalunya s'entrevistaven amb el president d'aquella Comissió, del qual reberen la promesa que molt aviat es presentaria un projecte de llei per a incorporar tots els mutilats a l'antic cos que fou prohibit pel franquisme i que es faria una reforma dels anteriors decrets per tal d'afavorir les vídues. Poc abans, el dia 28, s'aplegaren a Montserrat uns tres mil cinc-cents mutilats i vídues de la guerra civil per agrair a la comunitat benedictina el suport que els havia donat fins que es pogueren associar legalment a Catalunya.

El dia 28, uns cinc-cents **bastoners** s'aplegaren **a la vila de Sallent** per celebrar el seu **Tercer Encontre** d'àmbit català.

Al **ple del Senat** es produïren dues intervencions sobre incompliment dels pactes de la Moncloa pel que es refereix a **política educativa,** a càrrec dels senadors Monreal Zía, basc, i **Maria Rúbies** de l'Entesa dels Catalans. La senadora afirmà que quan no es respecta la llengua pròpia s'està violentant la persona humana. "Quina llibertat d'expressió poden tenir els nens i joves a les escoles de Galícia, Euskadi, Catalunya, País Valencià i les Illes —demanà—, si ni tan sols poden expressar-se en llur llengua materna, ja sigui perquè no els ho deixen fer, ja sigui perquè aquest preciós instrument de comunicació oral i escrita no se'ls ha ensenyat ni ensenya i se'ls ha obligat i obliga a aprendre'n una altra i utilitzar-la en el seu lloc?" La senadora analitzà les raons de tipus psicolingüístic, sociolingüístic i pedagògic per demostrar la necessitat que els nens s'eduquin en la seva llengua, i després es referí a la desigualtat dels drets dins l'Estat: "Els pares, tant si parlem castellà, com basc, o català, o valencià, o mallorquí, o menorquí, paguem tots a l'Estat els nostres impostos, i la nostra comunitat també. ¿Es just que el servei que l'Estat ens torna en educació i ensenyament sigui en una altra llengua que no és la nostra?" El ministre, en la resposta a la intervenció d'ambdós senadors, declarà que el pròxim curs escolar el català s'ensenyarà a totes les escoles.

Maria Rúbies.

• **28.5.** Andalusia: President socialista de la Junta preautonòmica.
• Las Palmas: Dos-cents milions de pèrdues en l'incendi d'un magatzem tèxtil.
• Primer Congrés de la Federació d'Organitzacions feministes a Madrid.

G. López Raimundo, D. Ibarruri i E. Berlinguer.

El 29, el PSUC inaugurà la temporada de **mítings** amb un ple total a la plaça Monumental de Barcelona. Unes 30.000 persones es manifestaren en un gran acte d'afirmació eurocomunista. El míting fou presentat per Gregorio López Raimundo i clausurat per la Pasionaria. Antoni Gutiérrez, secretari general del PSUC, analitzà la situació actual de Catalunya en relació a l'autonomia, i considerà que només serà possible d'assolir-la quan s'hagi aconseguit l'Estatut i s'hagin escollit un Parlament, un Consell i un president de forma democràtica. Enrico **Berlinguer**, màxim dirigent del PC italià, féu una referència, en català, als seus avantpassats catalans, després celebrà la fi del franquisme i analitzà el moment italià actual arran de l'assassinat de Moro. Finalment, Santiago Carrillo parlà de la crisi econòmica, de la Constitució, del terrorisme i criticà igualment la UCD i el PSOE. Un moment important de l'acte fou quan, durant la lectura del comunicat d'adhesió de l'Entesa dels Catalans, el públic, dempeus, cridà, mirant el senador: "Benet president."

La Fundació Jaume I, abans Fundació Carulla-Font, atorgà el dia 30, al Saló de Cent de l'Ajuntament de Barcelona, el **Premi d'Honor Jaume I** a institucions, a l'**Institut d'Estudis Catalans,** per haver estat "un símbol de continuïtat en l'esforç col·lectiu del redreçament cultural català", dit amb paraules del jurat; i el Premi d'Honor Jaume I a persones, a l'ex-conseller de la Generalitat **Ventura i Gassol.** Ambdós premis eren dotats amb mig milió de pessetes. El jurat estava format per J. M. Ainaud de Lasarte, J. Alsina, J. Benet, Oriol de Bolós, E. Climent, M. Coll i Alentorn, J. Maluquer, O. Martorell i J. Triadú. L'obra de l'Institut fou presentada per un text de Josep Benet, i la de Ventura i Gassol per unes emotives paraules de Coll i Alentorn.

Ventura i Gassol.

• **29.5.** Euskadi: Tres guàrdies civils ferits en un atemptat.
• Primera desfilada de les Forces armades en la democràcia.
• Enfrontament USA-URSS sobre la política africana.

Com el primer congrés, l'any 1888, també el **XXXI Congrés de la UGT** se celebrà a Barcelona, els dies 25 a 28. Tant l'acte inaugural com el de cloenda tingueren per marc festiu el Poble Espanyol, però les maratonianes sessions de més de dotze hores per dia foren al Palau dels Congressos de Montjuïc. Aquest era, per altra banda, el primer congrés de UGT que es feia en la legalitat des de la guerra civil. Les sessions consistiren en ponències i plenàries, en les quals es discutí sobre temes tan importants com la unitat d'acció i política d'aliances, acció reivindicativa, Pacte de la Moncloa, projecte de llei de l'Acció Sindical, l'atur obrer, i la transició a la democràcia i a les autonomies. A les sessions hi assistiren nombroses delegacions estrangeres, d'Europa i d'Amèrica. Després de la salutació de l'organització de la UGT catalana, el primer dia, el secretari general, Nicolás Redondo, llegí un amplíssim informe de la Comissió Executiva sortint, el qual, després d'ésser debatut àmpliament, fou aprovat per absoluta majoria. En el seu discurs, Redondo atacà els pactes de la Moncloa, UCD i AP, i Comissions Obreres i PC. El segon dia les reunions foren a porta tancada, per ponències, les conclusions de les quals foren debatudes a la sessió plenària del dia 27, en què foren aprovades successivament les ponències referents a jubilats, informació, premsa, formació, organització i estatuts, i quedà pendent d'aprovació la més conflictiva: la de política sindical. El darrer dia, diumenge, assistiren a l'acte de cloenda Felipe González, Joan Reventós, J. M. Triginer, J. Verde Aldea i el conseller de Treball de la Generalitat, Joan Codina. Triomfà, en resum, la línea de continuïtat, amb Nicolás Redondo com a secretari general, i s'elegiren els membres de la Comissió Executiva, de la Comissió Revisora de Comptes i de Conflictes.

Frederic Roda i Josep Maria Flotats.

Romà Gubern i Copi.

Del 26 de maig al 4 de juny, tingué lloc al passeig de Gràcia la **II Fira del Llibre**. L'any anterior la Fira fou un fracàs; enguany, sense haver estat un èxit, funcionà millor l'organització i l'assistència de públic fou considerable. Inaugurà la Fira el president Tarradellas i el conseller de Governació, Frederic Rahola, pronuncià el pregó. Molts dels llibres que no pogueren aparèixer el Dia del Llibre, a causa de la vaga d'Arts Gràfiques, atreien ara l'atenció dels lectors desitjosos de novetats. Els autors firmaren els seus llibres, i al pavelló instal·lat als jardins de la Gran Via s'organitzaren taules rodones i debats sobre literatura i oci —amb la participació de Copi, Romà Gubern, Núria Pompeia, Perich, Armando de Miguel i Antoni Martí—, teatre —amb Xavier Fàbregas, F. Roda, J. M. Flotats, i J. A. Cadena— llibres i mitjans de difusió, llibre català, dona i literatura, art, gastronomia, etc.; també en alguns dels **stands** les editorials celebraren taules rodones reduïdes.

• **30.5.** Entrevista del ministre d'Exteriors amb Gaddafi, a Líbia.
• Comença la cimera de l'OTAN a Washington.
• Fugida de l'activista alemany Till Mayer de la presó.
• **31.5.** Aragó refractari al transvasament d'aigües de l'Ebre.
• Carrillo rebut a la Zarzuela per Juan Carlos.
• Carter ataca l'URSS a la reunió de l'OTAN.

Vladimir Prelog, Nobel de Química 1975, investigador en el camp de l'estereoquímica, fou investit **doctor Honoris Causa a l'Institut Químic de Sarrià.** "Crec que tots ens hem de dedicar a treballar per tal d'aconseguir una millor qualitat de vida", digué l'il·lustre professor de l'Institut Politècnic de Zúrich.

JUNY

XLVI Fira de Mostres.
Campanya socialista "300 dies al Parlament".
Exposició de cireres a Sant Climent de Llobregat.
46 Exposició Internacional Canina 1978.
Mori el Merma, pel grup Claca, al Liceu.
Jordi Solé Tura al Congrés.
Reunió d'empresaris al Foment del Treball.
El Barcelona, vencedor del Campionat de Copa, de bàsquet.
Simposi gastronòmic a l'Escola Eina.
Carmen de Lirio al Teatre Espanyol.
Homenatge a Frederic Marés, al Tinell.
Recuperació del Fossar de les Moreres.
Jornades dels ex-presoners i represaliats polítics.
Loreta Strong, de Copi, al Saló Diana.
El museu al carrer.
VI Exposició del llibre català al Tinell.
A. Corgos, recordman europeu de longitud.
Medalla d'or de Sabadell a Pau Vila.
Debats sobre la guerra civil.
Jordi Ayza, campió de Catalunya d'escacs.
Col·leccionistes a la Plaça Reial.
Ball dels dimecres al Ritz.
Decret-llei d'ensenyament del català.
Ball dels dijous al Diana.
Primers traspassos de l'Estat a la Generalitat.
Festa del W.C. a la Quinta Amèlia.
Homenatge a Joan Miró i J. V. Foix.
Els focs de Sant Joan.
Exposició Francis Bacon a la Fundació Miró.
Taula rodona sobre la Constitució.
Partit de futbol entre periodistes i parlamentaris a Madrid.
Manifestació d'homosexuals.
Fusió de CDC i EDC.

El dia 2, el ministre de Comerç i Turisme inaugurà la **XLVI Fira de Mostres de Barcelona**, en la qual participaven quasi 3.000 expositors, ocupant una superfície de 250.000 m quadrats. En presència de les autoritats, el ministre digué en el seu discurs que la Generalitat tindrà un paper destacadíssim en les següents edicions de la fira, i que el futur econòmic es pot veure amb més optimisme que ara feia un any, gràcies a la lenta recuperació de la crisi.

- **1.6.** Martín Villa anuncia que les municipals podrien celebrar-se a finals d'any.
- Portugal: Detenció de militars del "25 d'abril".
- Comença a l'Argentina l'XI Copa del Món de Futbol.
- **2.6.** Banesto es fa càrrec del Banc Coca.
- García Valdés comença a aplicar la reforma penitenciària.
- Aprovació de la pre-autonomia per a les Illes, Extremadura i Castella-Lleó.

El **PSC-PSOE** inicià una **campanya**, sota el títol **Vint parlamentaris rendeixen comptes**, amb motiu de la qual publicà un opuscle, **Tres-cents dies en el Parlament**, en què s'informava sobre totes les interpel·lacions i els projectes de llei presentats pels socialistes al Parlament. Josep Maria Triginer, com altres líders del partit, contestà les preguntes del públic sobre temes polítics i laborals, a Sabadell, en un acte d'aquesta campanya.

Els dies 3 i 4 tingué lloc als jardins del Turó Park, de Barcelona, la **XLVI Exposició Internacional Canina**, amb la participació de gossos del país i estrangers, organitzada per la Reial Societat Canina de Catalunya. Amb tal motiu se celebraren els campionats C.A.C.I.B. per a mascles i femelles, segons les races.

En Lluís Salleras va tenir la peregrina idea de fer un concurs de **cant de grills**; d'això feia deu anys. Ara ja se celebrava el **X Concurs a Olot.** Concurs de femelles, ja que elles són les que fan el "cric-cric" per tal d'atreure el mascle en l'època de zel. És difícil de classificar, com a acte feminista o antifeminista, aquesta competició de quaranta grills en gàbies. Un silenci total es feia al passeig de Blai per escoltar i jutjar. Però moltes sopranos callaren com a formigues, passant-se així a l'enemic.

Per tal de potenciar la producció de les famoses cireres de **Sant Climent de Llobregat**, els dies 3 i 4 se celebrà **la II Exposició de cireres** a aquesta vila que en produeix un milió de quilograms per temporada. Hi participà l'Esbart Orfeó Badaloní, els Falcons de Sant Vicenç i hi hagué una ballada de sardanes.

• **3.6.**
L'ambaixador turc i la seva escorta morts per un grup armeni, a Madrid.
• Policia agredit per membres de Fuerza Nueva, a Madrid.
• Atemptat palestí a Jerusalem: cinc morts.
• **4.6.**
La Confederació Catòlica de Pares de Família contra la Constitució pel que fa a l'ensenyament.
• Argentina, Copa del Món: Àustria 2-Espanya 1.
• Nous poders per a reforçar l'autoritat del govern a Portugal.

"Quina meravella!", "He dormit més de mitja hora", "Avorrit, noi, avorrit", "Fora de sèrie!". Comentaris sentits en acabar la representació de **Mori el Merma, al Liceu**, el dia 8. Era un espectacle creat per **Claca Teatre,** grup independent dirigit per Joan Baixas, amb **ninots gegants, màscares i decorat de Joan Miró.** Les opinions contradictòries responien segurament a la valoració dels dos aspectes principals de l'obra que tracta del franquisme i de la seva fi: l'aspecte plàstic, positiu; el dramàtic, negatiu. El projecte va néixer de l'experiència de Claca, abans un grup de putxinel·lis, que ha fet moltes representacions, i la de Miró, que des dels anys vint havia fet dissenys i decorats per a diversos muntatges teatrals o de ballet. La idea inicial estava inspirada en l'**Ubú** de Jary, que interessava tant al pintor com al grup de Joan Baixas. L'espectacle fou llargament preparat a Sant Esteve de Palautordera i a l'Ametlla del Vallés. Miró es desplaçà al primer d'aquests pobles per pintar els ninots que els de Claca varen confeccionar seguint els dissenys del pintor. Al llarg de mesos i mesos, els actors, amb l'ajuda de Glòria Rognoni, intentaren de lligar una "història" que fos representativa alhora de la relació amb el poder viscuda per la totalitat del país com per cadascun dels actors que havien de representar-la. Història, però, que no va reeixir en el muntatge final. L'obra fou estrenada, amb música de Rafael Subirachs, a Palma de Mallorca, el mes de març, per representar-se després amb bon èxit de públic al Liceu. Amb aquesta obra el principal teatre de Barcelona s'obria a representacions fora del seu ambient elitista, com a possible però problemàtic principi d'una línia més oberta als interessos de l'actualitat. **Mori el Merma** s'hauria de representar després al Festival de Teatre de Berlín, a Roma, a París, a Belgrad, etc. i altres indrets de Catalunya i d'Espanya.

• **5.6.** El Ministeri de l'Interior contra la ultradreta.
• Pequín presta suport al Zaire.
• Triomf de la CDU a la Baixa Saxònia, Alemanya.
• **6.6.** Acte anticatalà d'afirmació valenciana, a València.
• L'avortament legalitzat a Itàlia.
• Avions nord-americans transporten tropes marroquines al Zaire.

El dia 2 de juny, a Barcelona, es constitueix l'**Associació d'Editors en Llengua Catalana**. Té per objectius bàsics la normalització de l'edició en català i l'enfortiment empresarial dels associats, per tal de millor contribuir a la seva funció cultural. Ha estat elegit president Romà Cuyàs, de Barcelona, i vicepresidents Eliseu Climent, de València, i Francesc Moll, de Ciutat de Mallorca.

El diputat del PSUC **Jordi Solé-Tura**, potser el membre comunista que en la primera etapa de la democràcia féu una carrera més brillant i ràpida, com a ponent de la Comissió constitucional, i com a portaveu de moltes iniciatives comunistes, plantejà el dia 6 una esmena **in voce** a l'article 85 de l'esborrany de la Constitució, referent al referèndum, esmena que fou abonada per Roca Junyent, de la Minoria Catalana, per Martín Toval, dels Socialistes de Catalunya, i per altres, essent aprovada per 33 vots contra 2 (els d'Alianza Popular). L'esmena de Solé-Tura, en essència, deia que l'article 85 contempla tres menes de referèndum: el relatiu a les lleis aprovades per les Corts, el referent a decisions polítiques de gran transcendència i el de derogació de lleis en vigor. Solé-Tura demanà que fos admesa solament la segona classe, ja que la primera i la tercera podien crear conflictes entre el Parlament, el rei i el govern.

Fins l'observador més obtús podia preveure que, davant la unió dels treballadors en sindicats forts, com Comissions Obreres i UGT, els patrons no trigarien a unir-se en patronals no menys decidides, i que la lluita entre aquells i aquestes donaria el caràcter a la nova etapa democràtica, potser més que les qüestions estrictament polítiques. Preveient aquella tendència, el **president Tarradellas** declarà en la seva **visita al Foment del Treball Nacional:** "Hem d'estar sempre disposats a pactar i a discutir fins al final", i afegí aquestes ambigües paraules: "...nosaltres tenim raó, però sovint cometem l'error de pensar que, perquè tenim raó, ens l'han de donar", proposant com a model de pactisme el que realitzava ell mateix a la Generalitat. Alfred Molinas, president del Foment, assegurà que els empresaris volen col·laborar amb el govern de Catalunya, però avisà de la possibilitat que la Generalitat incorregués en els mateixos errors que el govern central amb les seves reformes fiscals a curt terme. Alguns dies abans, Tarradellas es reuní amb les cambres de Comerç i Indústria, i poc després presidí l'acte inaugural del PIMEC, organització que reuneix els empresaris de la mitjana i de la petita empresa.

"Acolliment protocol·lari, sense públic ni senyeres. (...) Comentaris a nivell polític per a tots els gustos, amb el problema de l'aigua com a teló de fons i amb la decisió unitària que no és possible negociar, ni tan sols iniciar un diàleg cordial, si abans no es posen els fonaments per al desenvolupament sòcio-econòmic d'aquestes comarques i una ordenació racional del territori (...) A nivell del carrer hem de dir que no han agradat les manifestacions prèvies de Tarradellas."

Solsona Llop, "Mundo Diario", 1-VII-1978.

"Terres de l'Ebre. El viatge de Tarradellas podria ser el renaixement de la comarca. El president Tarradellas inicia avui, amb els consellers tècnics d'Obres Públiques, Agricultura, Sanitat i Economia, un viatge de tres dies de durada a les terres de l'Ebre. (...) Aquest viatge és qualificat de transcendental tant per la Generalitat com pels organismes locals, polítics i ciutadans de les comarques catalanes de l'Ebre."

"Avui", 30-VI-1978.

"... ningú no ha pogut impedir que la visita de Tarradellas i els seus consellers fos considerada per alguns como una ambaixada 'barcelonina' que viatja a 'negociar' la qüestió del transvassament (...) No, evidentment, Tarradellas no pot 'negociar' l'aigua de l'Ebre. Això ho podria fer Socias o algun batlle amb valentia. Per això el president ha situat el sentit de la seva visita en un ordre de coses molt més ampli i fonamental. Es diria que el seu breu discurs dirigit a la Comissió del Baix Ebre és el millor discurs que el Tarradellas viatger hagi fet fins avui."

Joan Anton Benach, "El Correo Catalán", 2-VII-1978.

- **7.6.** Potenciació de l'estructura defensiva de les Canàries.
- Madrid: Detingut un sargent per l'atemptat contra una llibreria.
- Itàlia: Assassinat d'un funcionari de presons.
- **8.6.** Copa del Món de Futbol a l'Argentina: Brasil 0-Espanya 0.
- Pròrroga en la declaració sobre la renta.
- Ofensiva de l'Església italiana contra l'avortament.

• 9.6. Els nacionalistes bascs per la sobirania fiscal. • Internacionalització del conflicte del Zaire. • Amnesty International: La policia tortura els detinguts a l'Ulster. **• 10.6.** Presons: García Valdés acorralat per les traves a la reforma. • Un pres mort a punyalades a Carabanchel. • Líban: Atac jueu contra una base palestina.

Més de mil seguidors del Real Madrid, i un número semblant de **fans** del Barça, assistiren a la final de la **Copa de basquet** entre els dos grans rivals, que acabaria amb el **triomf** rotund **dels catalans** sobre els castellans, per 103 a 96, **a Saragossa**. La gran figura fou López Abril, que rebé dels representants de la premsa el trofeu al millor jugador d'aquesta final, L'entrenador del Barça, Eduard Kucharski, i els altres jugadors, Ansa, Flores, Sibilio, Guyette, Solozabal, De la Cruz i Epi II, foren saludats amb els crits de L'afició: "Visca el Barça. Visca Catalunya. Ho hem aconseguit: el Barça ja és campió."

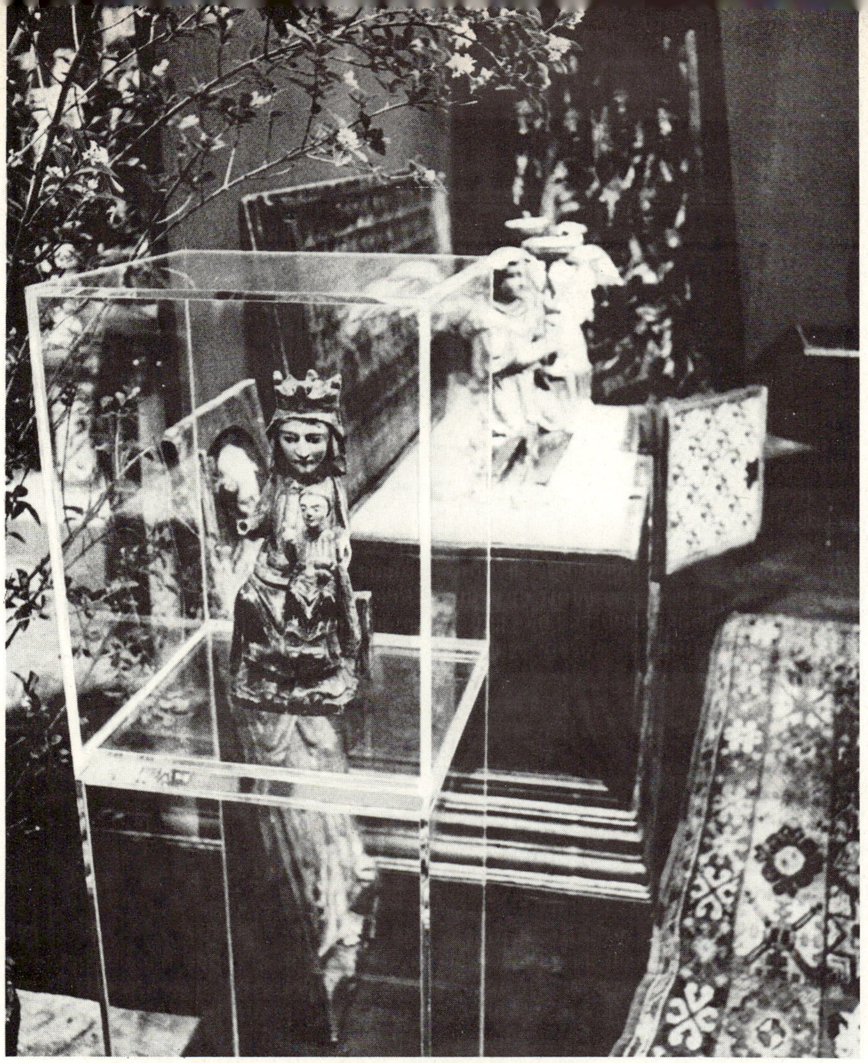

Antiquaris, llibreters i numismàtics del Barri Gòtic realitzaren una exposició de col·leccions particulars al **Tinell**, sota el títol **Art Antic**, organitzada per Barna Centre, en el marc de la qual es féu un **homenatge a Frederic Marés**, escultor, promotor del col·leccionisme d'antiguitats i creador del museu que porta el seu nom. Amb motiu de l'exposició, que durà una setmana, del 14 al 21, se celebraren una sèrie de concerts i conferències.

La **Carmen de Lirio** tornava a cantar. Aquella Carmen de Lirio de la nostra mitologia infantil, juvenil. Poc importa ja si ella fou o no l'amant del governador Baeza Alegría. El lliri (com després ho serien per motius ben diferents els clavells) es convertí en símbol de protesta en aquell 1951 de la vaga dels tramvies, de la gran revolta contra el franquisme i els seus virreis a Catalunya. Ella va servir de jòquer, amb causa o sense causa. Insinuant i atractiva, Carmen de Lirio fou, alhora, dels seus i dels nostres. Ara tornava a actuar, **a l'Espanyol**, de Barcelona, en **Chin Chin Felicidad**, una revista dels germans Ribas —els del Scala—, amb Ramon Riba, Ramón Corroto, Marta Flores... sota la direcció de Garinei i Giovannini.

Quatre intel·lectuals, professors de **l'Escola Eina** de Barcelona, que dirigeix Albert Ràfols Casamada, donaren un curset sobre gastronomia sota el títol **El gust a la cuina**. Davant de 30 alumnes, dels quals només una era "mestressa de casa", i un altre, professional de la gastronomia, els quatre professors desenvolupaven les seves teories entorn de l'art de menjar, mentre preparaven una "**Fricassée** d'oca amb sidra", un "Timbal de ceba", o una "Sopa de peix i **crêpes**". Així, el crític de cinema Joan Enric Lahosa explicava la gastronomia com a **hobby** manual a l'únic laboratori que hi ha a totes les cases; Miquel Espinet, arquitecte, com a exercici cultural; Llorenç Torrado, gastrònom, com a recuperació d'un antiquíssim art popular, i Xavier Olivé, grafista, com a ritual d'amistat.

- **11.6.** València: Motí a la presó per amagar un túnel.
- Sant Sebastià: Per primer cop un casino obre les seves portes.
- Suècia: Vint-i-dos morts en l'incendi d'un hotel.
- **12.6.** L'equip espanyol no es classificà a la Copa del Món, a Argentina.
- Retirada de les tropes franceses del Zaire.
- Itàlia: Poca participació en els referèndums sobre Ordre públic i finançació dels partits polítics.

Al costat mateix de Santa Maria del Mar, de Barcelona, hi ha un petit racó sota el passadís enlairat que va de l'antic palau del virrei a l'església, conegut pel **Fossar de les Moreres**. Antigament havia estat un bosquet de moreres, posteriorment cementiri parroquial i, en construir-se el passadís, esdevingué un carrer semicircular amb petites botigues, al segle XVIII, i ple de cotxes, de gats i de brutícia, actualment. En aquest cementiri o fossar foren enterrats els patriotes catalans que moriren en defensa de la ciutat l'any 1714, contra l'exercit de Felip V, tal com Pitarra relatà en un episodi en vers. El dia 6 d'aquest mes fou prohibit aparcar en aquest indret, tal com havia sol·licitat l'Associació de Veïns de la Ribera, per tal de recuperar "per a Catalunya un símbol que fins ara restava tapat per l'estacionament de cotxes". Pocs dies després, CDC faria un acte al Fossar, dins la campanya de recuperació de la nostra història, i el dia 30 se'n féu un altre, organitzat per l'Associació de Veïns, per a l'embelliment d'aquell històric racó, que fou presidit per l'historiador de l'art i senador Alexandre Cirici i Pellicer.

• **13.6.** Fa explosió un artefacte contra l'INP a Bilbao.
• Victòria del govern italià en el doble referèndum.
• Atac palestí fracassat a un assentament israelià.
• **14.6.** Madrid: Comencen els debats sobre les autonomies (Constitució).
• L'IRA destrueix vint autobusos a l'Ulster.
• Líban: Trenta-dos morts en lluites internes.

El gran humorista **Copi** —àcrata, rebel, amarg, crític, immoralista, esteta contra l'estètica— llegí al Saló Diana de Barcelona el seu text **Loreta Strong**, desmitificador i amb arrels en el dadà, entre l'alegria i la disbauxa dels espectadors de l'informal teatre del carrer Sant Pau.

Les **Jornades Internacionals d'Ex-Presos i Represaliats Polítics**, que se celebraren el 3 i 4 al paranimf de la Universitat de Barcelona, amb l'assistència d'uns tres-cents participants, tingueren com a acte primer la visita d'una comissió, presidida per Emilio Peidro i Walter Bloch, a la Generalitat, i com a últim, la publicació d'una declaració en què demanaven al govern la legalització de totes les entitats d'ajuda als ex-presos polítics, i que obligués totes les empreses a aplicar l'amnistia laboral de manera que readmetessin els treballadors amnistiats. En les jornades de treball, Agustí de Semir, de la ponència sobre Reforma penitenciària, manifestà que la reforma no seria eficaç si no comptava amb els presos i les seves famílies, i si no s'analitzaven les motivacions personals que són a la base de la delinqüència, i afegí que s'ha de derogar la Llei de Perillositat Social. En la ponència referent a la dona, l'advocat Magda Oranich assenyalà que durant el franquisme la repressió de la dona fou doble i equiparada al boig, al menor d'edat i al sord-mut. Francesc Casares, per la seva banda, insistí en la necessitat d'una amnistia laboral per als represaliats en l'exercici dels drets sindicals. Jordi Casas esmentà la urgència del fet que en endavant els presos no siguin privats de tots els seus drets com a ciutadans. Finalment, el diputat Roca Junyent digué, entre altres coses, que: "Si en el futur hi ha nous presos polítics per oposar-se a la democràcia, han de saber que els demòcrates no els pagarem amb la mateixa moneda que ells usaren per als qui lluitaren precisament pel restabliment d'un règim democràtic. Els seus drets seran respectats, al contrari del que succeí amb els vostres, que no ho varen ser."

• **15.6.** Els reis d'Espanya a l'Iran.
• Saragossa: Noia morta en la vaga de marroquineria.
• La conferència de Brussel·les acorda un ajut restringit al Zaire.
• **16.6.**
Constitució: Les comunitats autònomes podran tenir policia pròpia.
• Dimiteix el president Leone, d'Itàlia.
• Panamà: Morts i ferits abans de la visita de Carter.

Mil cinquanta llibres catalans foren editats en el curs del 1977-78, segons l'acurat Catàleg que fou presentat a la **6a. Exposició del llibre català, a l'antic Hospital de la Santa Creu**, els dies 6 al 18. La mostra incloïa uns quasi tres mil exemplars publicats a Catalunya, País Valencià, Illes i altres indrets de la Península, com a demostració de la vitalitat editorial de la nostra cultura. El dia 18, els exemplars foren venuts amb un 50% de descompte.

Pau Vila, noranta-set anys, fill de Sabadell, gran geògraf, un dels extraordinaris pedagogs que donaren fama a la pedagogia catalana d'abans de la guerra, exiliat molts anys a Veneçuela... va rebre la **Medalla d'Or de la Ciutat de Sabadell** a l'auditori de la Caixa d'Estalvis, en acte organitzat per la fundació Bosch i Cardellach. Amb tal motiu Lluís Casassas va donar una conferència, en la qual glossà la personalitat de l'il·lustre home de cultura que en els darrers anys s'ha fet admirar per l'opinió pública amb les seves declaracions d'una admirable joventut, lucidesa i modernitat progressives.

• **17.6.** Els reis d'Espanya a Pequín.
• Portugal: Prohibides les organitzacions feixistes.
• Canadà: Trudeau proposa una nova Constitució.
• **18.6.** Els reis a Xina: Firma del primer acord comercial.
• Vaga de zel de la policia que afecta el control de passaports a les fronteres.

A Sant Andreu, La Sagrera, el Guinardó, la Barceloneta, Sants, Nou Barris, Horta... es presentà consecutivament l'exposició **Imatges i Fets dels Catalans**, dins la campanya **El Museu al carrer**, organitzada per la Federació d'Associacions de Veïns de Barcelona amb la col·laboració de l'Ajuntament de Barcelona i el suport de la Caixa, per tal de sensibilitzar la gent pel que fa als museus, i establir uns lligams vius amb el present i el passat de Catalunya mitjançant les obres d'art.

Antoni Corgos, nascut a Barcelona l'any 1960, aconseguí el **rècord d'Europa junior de longitud**, a la ciutat polonesa de Bydgoszcz. El rècord suposava, naturalment, el d'Espanya. Sis vegades saltaren els joves atletes. Un polonès va fer, al primer intent, el millor salt. Però en el cinquè, Corgos sortí amb fúria i féu un salt sensacional, de 8,05 m, que els jutges amidaren una i altra vegada, incrèduls. Així aquest atleta es convertia en l'esperança més prometedora del país en aquesta modalitat.

El Centre de Treball i Documentació organitzà un interessantíssim **cicle de debats sobre la guerra civil**, al llarg de cinc jornades, del 12 al 16, al **Palau dels Congressos** de Barcelona, amb taules rodones i la projecció d'alguns films com **Sin novedad en el Alcázar** de Genina, **Tierras de España** de Joris Ivens, **España 36** de Buñuel, **L'espoir** de Malraux, **Granada, mi Granada** de Karmen, etc. Les taules rodones se centraren en els temes **Els intel·lectuals catalans i la guerra civil. L'Aliança d'intel·lectuals antifeixistes**, amb la participació de Pere Quart, Pere Calders, Avel·lí Artís, J. Molas i M. Aznar; **Brigades Internacionals**, el més esperat dels cinc debats, amb el txec Artur London, el iugoslau V. Begovic, Andreu Castells, P. Merino i J. Termes; **La dona durant la guerra civil**, amb L. Ricol, Rosario "la Dinamitera", Agustina Sánchez, Evangelina Santamaría i Marina Ferrer; **Guerra civil i cinema antifeixista**, amb E. Lahosa, P. Portabella, A. del Amo, F. Salanas i C. Lizzani; i **La repressió**, amb J. Benet, R. Fraser, I. Gibson, H. Southworth i J. Solé Barberà.

Artur London i V. Begovic.

Jordi Ayza, del club Vulcà, resultà **guanyador del campionat de Catalunya d'escacs**, disputat aquest any pel sistema lliga, és a dir, de tots contra tots. Ayza quedà així classificat per al campionat d'Espanya, amb Xavier Mateu, Àngel Martín, Manuel Nieto, Xavier Prada, Enric Piqueres i Josep Paredes que quedaren en els cinc llocs següents. El jove Xavier Mateu aconseguí, a més, el títol de mestre de la Federació Catalana d'Escacs.

Entre els **mercats** més curiosos de Barcelona —el d'ocells de la Rambla, el d'articles de contraban dels voltants de l'Estació de França, etc.— destaca el **de segells, monedes i vitoles de cigars a la plaça Reial** tots els diumenges al matí. Aquesta plaça (en aquells mesos tristament famosa per les seves bandes de delinqüents), que acull de nits alguns grups de gitanos, de joves "passats" i de poble anònim i contemplatiu, s'omplia com sempre de parades dels venedors i d'un públic col·leccionista i curiós del més pur costumisme intemporal.

• **19.6.** Reestructuració de la Direcció General de Seguretat.
• Revaluació de la pesseta entre un 6 i 7%.
• Fusió PSOE-Moviment Socialista andalús.
• **20.6.** Assalt frustrat d'ETA al govern militar de Donostia.
• Finalitza la vaga de zel de la policia.
• Greus enfrontaments antinazis a Alemanya.

A l'hotel Ritz de Barcelona se celebraren **balls**, el diumenge, oberts al públic, amb música actual i recuperada de la postguerra. A la tardor s'obriria la **parrilla**, amb restaurant i espectacle, on també es podria ballar. Tot un salt, passar del ball del Ritz al del Saló Diana!

Marta Mata.

• **21.6.** Congrés: Acabats els debats de la Constitució. • Andalusia i Extremadura: Vaga general contra la desocupació. • Tito dóna garanties per a després de la seva mort.
• **22.6.** Finalitza la visita dels reis a Xina. • Carter amenaça els qui no respectin els drets humans. • Policia assassinat a Gènova per les Brigades Roges.

Reial Decret-llei relatiu a l'ensenyament del català: Article 2n: "En tots els centres docents d'educació preescolar, general bàsica i batxillerat a Catalunya, l'ensenyament de la llengua catalana s'incorporarà obligatòriament als plans d'estudi." Amb enorme satisfacció Catalunya rebé l'aprovació d'aquest Decret pel Consell de ministres, el dia 23, que suposa la coooficialitat del català al Principat. El conseller de Cultura de la Generalitat, Pi-Sunyer, declarà que el decret arribava quan ja un 16% aproximadament de la població escolar rebia classes en català. I la diputada socialista **Marta Mata,** que havia tingut una actuació tan decisiva en els debats al Parlament per a la normalització del català, es mostrà preocupada per la situació i la capacitació del professorat en relació amb l'ensenyament del català, recordant, però, la labor ja desenrotllada per Òmnium Cultural, els ICE, Rosa Sensat i d'altres. El diari "Avui", en una editorial del dia 24, escrivia: "S'hi contemplen les dues vessants (en el Decret-llei): ensenyament del català a totes les escoles i la possibilitat optativa de l'ensenyament en català a totes elles. La primera és un factor d'entesa i integració de tots els ciutadans de Catalunya. La segona és un avenç cap a una de les fites que tota comunitat nacional ha d'aconseguir." "El Correo Catalán" destacava el fet que l'Estat aportarà 400 milions de pessetes fins a cap d'any per a l'ensenyament del català. "Mundo Diario", deia que "el Decret-llei (...) supera àmpliament el que s'estipulà en els acords entre els presidents Suárez i Tarradellas el passat 15 d'abril". I "La Vanguardia" remarcà que era el tema més important tractat al Consell de ministres. Una nova etapa començava per a Catalunya.

El president Tarradellas firmà els primers **nomenaments de directors generals:** Francesc Noy, el dia 6, com a director general d'Ensenyament; Tomàs Pou, de Governació, i Pere Comas, de Sanitat i Assistència Social.

Si l'enderrocament de la dictadura portuguesa portà al país veí les festes i els balls al carrer, la fi de la dictadura franquista fou celebrada aquí amb l'aparició de molts **balls a porta tancada:** diferències entre un final i l'altre. El Ritz va crear el seu ball, de senyors, i el del **Saló Diana** es caracteritzà pel seu públic informalista, divertit, antiautoritari i desitjós de recuperar, amb les músiques del present, les "camp" i "retro" dels anys quaranta i cinquanta.

"Ahir i avui són dies que estic molt content. Imagineu-vos-ho! Mireu en tants pocs mesos, el que hem obtingut", exclamà el president Tarradellas en la **roda de premsa** amb motiu dels **primers traspassos de l'Estat a la Generalitat,** a la sala de mapes del Palau, i a la qual assistiren també Josep Lluís Sureda i Josep Maria Bricall, vice-president de la comissió mixta i secretari general de la Generalitat, respectivament. Sureda, per la seva banda, explicà que després dels traspassos actuals (indústria, comerç, agricultura i urbanisme) es produiria una segona tanda de traspassos d'ensenyament, sanitat, arxius i biblioteques, i medi ambient. El president Tarradellas, preguntat pels periodistes, digué satisfet: "Tot això ho hem aconseguit sense tenir l'Estatut. Ara cal començar una nova etapa des de dins."

Festa d'orinals a Sarrià. Aparentment divertida, la festa responia a la **manca d'urinaris** als bonics **jardins de la Quinta Amèlia** d'aquest barri barceloní i que obliga el públic, principalment nens i vells, a fer les seves "necessitats" al costat d'un arbre amagat. Feia més de deu anys que els veïns demanaven aquests serveis; en vista, però, de la negligència municipal, es manifestaren, amb la concurrència del grup de titelles Naïf, el dia 18 al matí.

• **23.6.**
Els reis a l'Iraq.
• Creació d'unitats de policia judicial especialitzades.
• CEE: Pròxima entrada en vigor de la convenció dels drets humans.
• **24.6.** Acaba el viatge oficial dels reis per terres d'Orient.
• Dos-cents anys de presó per a les Brigades Roges italianes.
• França: El 58% de la població partidària de la pena de mort.

Poques festes tenen aquí una tradició tan antiga i complexa com la de la **Nit de Sant Joan,** que s'arrela en èpoques molt anteriors a la del cristianisme: el ritual del foc que venç l'última resta de nit en el moment del solstici d'estiu, el ritual dels sorolls d'origen guerrer, la recollida de verbena, l'herba propícia dels romans, l'arribada prometedora del foc del cel a la terra... A l'Alt Pallars, el Museu Etnològic de Barcelona intentà de recuperar enguany els antics costums de la Nit de Sant Joan: la processó del foc que baixa dels boscos als pobles, rebuda amb flors i cants. També el foc arribà a Barcelona, com abans es feia, des del Canigó (i no només a Barcelona sinó a totes les comarques), transportat pel grup TIC —Tradicions i Costums—: la flama de muntanya encengué primer la pira de la plaça de Sant Jaume, davant la Generalitat, per encendre després les dels barris. Així es recuperava una festa que mai no havia mort —la dels "castells de focs artificials", la de la "coca" que es menja fora de casa, la dels balls, la dels nens que cerquen fustes i mobles vells en competència amb altres nens per tal de veure quin grup fa un foc més gran—, una festa, però, que la civilització va dificultant més cada any.

• **25.6.** Jove morta al País Basc per trets de la guàrdia civil.
• Reial decret: La banca estrangera regulada.
• Estats Units retira el seu ambaixador de Xile.
• **26.6.** Copa del Món de Futbol: L'equip d'Argentina campió.
• Entrevista Hassan II-Suárez, a Fes.
• Sis morts en ensorrar-se un pont a Hernani.

Amb motiu dels seus **vuitanta-cinc anys,** el dia 22 es dedicà un **homenatge al gran pintor Joan Miró**, a la fundació que porta el seu nom, amb un espectacle ideat per Joan Brossa. El pintor, acompanyat de la seva esposa i d'altres personalitats, assistí a la inauguració de l'exposició de bombes de paper, gravats i fotografies antigues, muntada per Brossa, Josep Mañà i Isidre Valls. Seguidament, a l'aire lliure, el ninots de l'espectacle **Mori el Merma** —realitzats per Miró per al grup Claca— envoltaren el pintor en presència de molts nens i, finalment, foren engegades les bombes de paper. El **show** que Christa Leem havia de representar posteriorment amb un **streap-tease** no pogué dur-se a terme a causa d'una indisposició de l'actriu, però sí les actuacions del mim Albert Vidal, dels Germans Poltrona i del prestidigitador Hausson. Un mes més tard, el 30 de juliol, se celebraria, a la mateixa fundació, **l'homenatge al poeta Josep Vicenç Foix** amb motiu del seu 85è aniversari.

Lluís M. Xirinacs i Agustí de Semir.

Com a diàleg entre sords es podria definir el debat que, amb el títol **Taula de Debat Públic de la Constitució,** tingué lloc el dia 19 a la **Sala Villarroel** de Barcelona. Actuaven com a ponents el senador independent Lluís M. Xirinachs, el catedràtic de Dret Polític González Casanova, l'advocat i dirigent feminista Lídia Falcón, l'advocat independent Agustí de Semir i el diputat del PSUC Solé Barberà, amb Elvira Posada, d'ORT, com a moderadora. Es tractava de parlar sobre la Constitució, però el diàleg fou impossible entre la taula i el públic, que estava format en gran part per representants de partits extraparlamentaris, o minoritaris al Parlament, i que es dedicaren a atacar, sense massa coneixement de causa, per altra banda, els partits majoritaris a les Corts. Tothom en sortí tan decebut, que fàcilment es preveia que aquella taula seria la primera... i l'última.

Els **periodistes** acreditats al Congrés es venjaren, el dia 21 a Madrid dels **diputats** en un **partit de futbol**, per totes les hores que els primers havien hagut d'escoltar els segons en els debats sobre la Constitució. L'alineació periodística, que comptava amb el català Lluís Carandell, derrotà a la política, amb la notable participació de Joan Reventós, Jordi Solé-Tura i d'altres, per 4 gols a 3. Els tres gols dels polítics foren marcats pel diputat del PSUC.

La influència del pintor anglès **Francis Bacon** és tan gran en el moment actual que no cal ésser cap bon observador per a descobrir en molts dels nostres artistes, i dels de fora, la marca evident de la seva personalitat. Coincidint amb aquesta boga, tingué lloc a la **Fundació Miró**, del 2 de juny al 16 de juliol, una **exposició** de trenta-tres obres d'aquest artista, la semblança del qual fou feta pel professor Antonio Bonet Correa en la conferència inaugural.

- **27.6.** Illes: El PSOE demana el decret d'ensenyament del català.
- Converses de Hassan II i Suárez sobre Canàries.
- Atemptat dels nacionalistes bretons contra Versalles.
- **28.6.** Sant Sebastià: Un sergent mort i tres policies ferits.
- Constitució: El PSOE retira el vot en pro de la República.
- Suárez i Hassan II volen fer un túnel sota Gibraltar.

Dins la política d'unió de totes les forces de centre-esquerra de Catalunya, es produí la **fusió de Convergència Democràtica de Catalunya i Esquerra Democràtica de Catalunya,** que des d'abans de les eleccions del 1977 havien treballat units. Com a caps d'ambdós partits, Jordi Pujol i Ramon Trias Fargas, signaren, el 27, el document de la fusió davant el notari Pasqual Mas i Aluja. A partir d'aquell moment, Trias Fargas passava a ésser president del nou partit, que continuaria anomenant-se CDC, i Pujol conservava el lloc de secretari general. En una conferència de premsa, Pujol assenyalà que els punts fonamentals de la nova formació eren, per una banda, la ideologia socialdemòcrata, i, per l'altra, la recuperació del poder efectiu per a la Generalitat. Es referí, també, als contactes amb UDC i ERC, que no havien portat encara a cap resultat concret envers la fusió.

Jordi Pujol i Ramon Trias Fargas.

Amb eslògans com "L'Església no ens accepta, però Déu ens estima, per alguna raó ens va crear!", "No som maricons, som transexuals" i amb crits de "Llibertat sexual, amnistia total", **es manifestaren a Barcelona dos mil homosexuals,** el dia 25, diumenge, encara que la manifestació havia estat prohibida pel Govern civil. Sota l'organització del Front d'Alliberament Gai de Catalunya i el Col·lectiu de Lesbianes, se celebrà així el **Dia Internacional de l'orgull gai,** amb el propòsit concret de demanar l'abolició de la Llei de Perillositat Social i l'alliberament dels presos a causa d'aquesta llei retrògrada. La manifestació començà davant la catedral, i desfilà davant d'un públic curiós per l'avinguda de l'Angel, les Rondes, Pelayo i Rambles; en aquesta última via es produïren alguns enfrontaments de petits grups amb les forces d'ordre. Quinze membres del Front d'Alliberament Gai feren, durant els tres dies previs a la manifestació, una vaga de fam a la parròquia de Sant Miquel del Port.

• **29.6.** El periodista José María Portell mort per ETA a Bilbao.
• Visita oficial del president francès a Madrid.
• Boda de la princesa Carolina de Mònaco.
• **30.6.** El govern aprova les mesures antiterroristes.
• Ginebra: Remodelació de la conferència sobre desarmament.
• Àfrica: Nou atac etíop a Somàlia.

JULIOL

Escola d'Estiu a Bellaterra.
Don Jaume el Conqueridor, de Pitarra.
Elaboració de l'avantprojecte d'Estatut.
Volta en carro als Països Catalans.
Premi Sant Jordi de la Crítica al "Noticiari Català".
Setmanes Catalanes a Berlín.
Tragèdia als Alfacs.
Manifestació contra els fets de Pamplona.
6 hores de cançó a Canet.
Descobriment de pintures romàniques a Sant Joan de Boí.
Unificació dels socialistes catalans.
Baixada de l'Ebre en barca.
24 hores internacionals de moto a Montjuïc.
Hoquei sobre patins. El Barcelona, campió d'Europa.
Turisme. Sortida de vaixells cap a les Balears.
Actuacions de Rafael Subirachs, Núria Candela i Ovidi Montllor.
Congrés. Intervenció de Jordi Pujol sobre les nacionalitats.
Congrés. Denúncia d'irregularitats per Jordi Solé Tura.

XIII Escola d'Estiu. Milers de persones anaren a **Bellaterra** a l'acte inaugural. Milers de mestres assistiren als cursos, als actes i a les festes del dia 3 al 14. El tema general, del qual derivaven els temes específics, era "L'Escola catalana avui"; l'any 1932 havia estat "Problemes que planteja l'ensenyament de la llengua a Catalunya"; l'any 1968, "Escola i Societat", per posar dos exemples. Els altres temes d'enguany foren: "El model d'escola d'estiu", "Per un ensenyament mitjà català", "Cultura i immigració", "Gestió dels centres escolars", "Escola-comarca; escola-barri". La Generalitat patrocinava enguany, per primera vegada després del 1939, aquesta Escola d'Estiu, i Pi-Sunyer va inaugurar-la. El "Diari" anà donant compte, dia a dia, dels actes i activitats: les conferències de Pierre Vilar, Ll. Aracil, Dra. Tong, de Lima, M. Solà Morales, Marta Mata, Pau Villa...; actes a càrrec de J. Mañá, Xesco Boix, Germans Poltrona...; recitals de F. Formosa, J. Brossa, J. Arnella, Raimon, Maria del Mar Bonet, R. Subirachs...; taules rodones, projeccions cinematogràfiques, una festa major... Per dir-ho amb paraules del gran historiador francès: "L'Escola d'Estiu i en general tot l'esforç de renovació pedagògica que es porta a terme a Catalunya van en bona direcció."

— "Som conscients que els ensenyants no som els únics a fer sentir la nostra veu per una política d'educació, però també que no hi ha política d'educació si no es té en compte la nostra veu."
— "Pensem que totes les altres escoles haurien de fer Escoles d'Estiu."
— "L'Ensenyament, TU, JO, ELL, TOTS NOSALTRES SOM LA 13a. ESCOLA D'ESTIU."
— "Tots intentem assolir uns mateixos objectius generals: — un ensenyament mitjà català, científic i popular; — un ensenyament mitjà arrelat a la realitat cultural i lingüística dels Països Catalans; — i un ensenyament mitjà programat, gestionat i controlat des de cadascun dels Països Catalans."
— "El barri no sent l'escola com a cosa seva normalment, i això va relacionat amb el fet que no se senten tampoc del barri, o bé se'n donen vergonya."
— "Porteu tots el distintiu de l'Escola d'Estiu!"

Diaris de l'Escola d'Estiu a Bellatera, juliol 1978.

• **1.7.** Manifestació d'obrers del metall i tèxtil a València.
• Manifestació de periodistes per la llibertat d'expressió a Madrid.
• França: El Senat aprova la llei contra la violació sexual.
• **2.7.** Madrid: Incendi provocat al Centre Català.
• El president francès s'acomiada oficialment de l'Estat espanyol.
• Identificats els autors de l'atemptat de Versalles.

Sembla que fou en Pitarra qui escriví la famosa comèdia **Don Jaume el Conquèridor** que molta gent coneix encara de memòria. La gràcia d'aquesta peça breu consisteix a ridiculitzar els drames de capa i espasa que agradaven a la burgesia dels anys 1860. Fou representada sempre en locals privats i ara, per primera vegada, pujava a un escenari públic, el **teatre Barcelona,** reformada per J. Borràs i F. Andreu, dirigida per Adrià i Joan Gual, amb música de la Trinca i escenografia de Jaume Perich. La gràcia dels versos xarons, però, perdia força en un marc que no era el seu: el de la clandestinitat d'uns amics que es diverteixen dient barbaritats.

Per absoluta unanimitat els parlamentaris catalans, reunits al Saló de Cent de l'Ajuntament de Barcelona, aprovaren la composició de la comissió que hauria d'encarregar-se de l'**elaboració de l'avantprojecte d'Estatut d'Autonomia de Catalunya,** comissió que inclou 4 diputats del PSC, 3 del PSUC, 3 de CDC, 3 d'UCD-UCC, 1 d'ERC, 1 d'UDC, 1 d'AP i 4 de l'Entesa dels Catalans.

"Vint mil eucaliptus tallats en una nit. *Els ecologistes radicals que han dut a terme la tala, segons sembla han de ser nombrosos i ben organitzats, atesa l'amplitud de l'acció i el temps en què va ser feta. En cercles ecologistes de Girona es considera que això és un seriós avís, no solament a Torres Hostench SA i als propietaris que accedeixen a llogar-li els boscos, sinó també a ICONA i al Servei de producció vegetal del Ministeri d'Agricultura."*

"Avui", 30-VIII-1978. Article de Xavier M. Ylla.

"Girona: els eucaliptus tallats valen cinc milions."

"Avui", 7-IX-1978.

El dia 17 de juny **quatre carros amb vela** sortien de matinada de Lliçà de Munt, a la Vall de Tenes del Vallès Oriental, amb la intenció de realitzar una proesa fora de tota comparació: **recórrer els Països Catalans.** Més de cent dies més tard, el 2 d'octubre, els carros, arrossegats pels cavalls de tir "Navarro", "el Branques", "Menut" i "Bayo" eren rebuts entre l'entusiasme popular al mateix poble de sortida, després d'haver fet quasi tres mil quilòmetres. El viatge suposava uns itineraris d'uns 35 quilòmetres per dia, sense comptar el trajecte que hagueren de fer per mar en vaixells "convencionals", i defugint voluntàriament les grans ciutats. El descans es feia a fondes de poble o a cases de pagès, amb els cavalls a les quadres, i els equips s'anaren rellevant constantment per tal que la majoria de la població de Lliçà pogués participar en l'empresa. Els organitzadors, del grup "Pa amb tomàquet", editaren amb tal motiu un fullet, **La filosofia de la Volta en Carro**, en el qual es defensen principis ecològics i de gust de viatjar per viatjar, així com la voluntat d'afirmar l'existència dels Països Catalans, inclosa la Catalunya Nord (però no l'Alguer, que no pogué ésser visitat), i el reconeixement al carro, com a vehicle de llarga història, i al cavall. Alguns moments significatius del viatge foren la pujada del **Port de la Bonaigua,** l'hostilitat d'algun sector contra els viatgers, al País Valencià, o el pas de la frontera amb França. Un diari deixà constància de la proesa.

• **3.7.** ETA amenaça tota la premsa de l'Estat.
• Nou brot de les lluites armades al Líban.
• Crisi governamental a l'Índia.
• **4.7.** Comença el ple del Congrés per al text de la Constitució.
• L'extrema dreta reivindica l'atemptat a l'ex-líder d'ETA Etxabe.
• França: La policia desarticula els activivistes bretons.

El Premi Sant Jordi de la crítica fou atorgat enguany al **Noticiari Català.** El dia 27 feia exactament un any que per primera vegada es projectava a Barcelona aquest Noticiari, realitzat per l'Institut de Cinema Català amb ajuda de l'Ajuntament, que molt aviat es projectaria a vint-i-dos cinemes. "Mundo Diario", amb motiu del seu primer aniversari, escrivia: "Malgrat les amenaces de desaparició que en un moment donat es varen produir, el segrestament i la retirada de les pantalles respectivament dels films sobre presons i llibertat d'expressió, el 'Noticiari de Barcelona', conegut popularment per 'Noticiari Català', continua la seva tasca normalitzadora i una eficaç línia de denúncia de l'aclaparadora realitat de Barcelona i Catalunya." El noticiari sobre les presons fou fet pels realitzadors Francesc Bellmunt i Manuel Muntaner, acusats de propaganda il·legal; el dedicat a la llibertat d'expressió fou retirat pel mateix Ajuntament a causa d'unes declaracions de Lluís Llach, en el mateix noticiari, en les quals es referia a la "despreocupació de la Generalitat" davant el judici i els empresonament d'Els Joglars. El noticiari, en aquest primer any, intentà de donar una imatge del país ben diferent, per la seva qualitat i postura crítica, de la que tradicionalment donava el "No-do" franquista, sense oblidar, però, el seu caràcter informatiu sobre totes les realitats, com en el dedicat al **nou humor català.**

- **5.7.** Vagues al País Basc contra l'atemptat al matrimoni Etxabe.
- Còrsega: Trenta-tres atemptats contra França.
- **6.7.** País Basc: Coordinadora d'organitzacions abertzales demana la negociació de Madrid amb ETA.
- Ministre d'Azerbaitjan (URSS) mort a trets.
- **7.7.** Constitució: Abolició de la pena de mort i majoria d'edat als 18 anys.
- Cuba retira tropes d'Etiòpia.
- **8.7.** Diputats i base critiquen l'actual línia del PSOE.
- Un milió de desocupats a l'Estat espanyol.
- Nou sistema monetari del Consell d'Europa.

Els Comediants, al parc Flchmarkt a Berlín.

És impossible de resumir la complexitat de les **Setmanes Catalanes a Berlín,** del 25 de juny a l'11 de juliol, amb els seus aspectes organitzatius, econòmics, culturals i de participació catalana i alemanya, complexitat que demostra que les "Setmanes" foren potser la plataforma de difusió catalana a l'estranger més important dels últims anys. Per iniciativa del professor Til Stegmann, i amb la col·laboració d'intel·lectuales catalans i de les Berliner Festpiele, les "Setmanes Catalanes" es proposaren difondre la nostra cultura en tots els seus vessants, de l'art a la literatura, de la història a la llengua, de la política a l'etnografia, amb nombrosos actes en els quals participaren figures de primer ordre de la vida catalana, artistes, historiadors, polítics, escriptors, grups teatrals, de folklore, de música, cantants, cobles, i projeccions cinematogràfiques, exposicions d'art i d'urbanisme i mostres de la gastronomia catalana. Molts foren els catalans que es desplaçaren a Berlín per prendre part com a públic en els actes, i la població berlinesa hi participà amb un interès fora del que és comú. El resultat, amb excepció d'alguns moments mancats d'organització, fou positiu i en alguns punts un veritable èxit, de manera que es port parlar d'un abans i d'un després, pel que fa a la imatge que el alemanys tenien i tenen de Catalunya, com podria demostrar-ho qui hagués visitat aquell país abans i després de les "Setmanes Catalanes" a Berlín.

L'alcalde de Barcelona, Josep M. Socias, amb els directors de la Hochschule der Künste a l'exposició "Politische Stadtplanning in Barcelona 1859-1978", a Berlín.

Per a qui visitava l'estranger s'havia produït un canvi molt considerable pel que fa al coneixement que els europeus tenien ara de Catalunya, abans pràcticament desconeguda. Molts factors havien portat aquest canvi. Un d'ells era la tasca d'algunes institucions més o menys privades que treballaven per donar a conèixer Catalunya, com el **Casal Català, d'Amsterdam,** el qual, fundat l'any 1974, havia acollit un dels Jocs Florals a l'exili, i els membres del qual donaven conferències per tot el país amb patrocini de l'Ajuntament de la ciutat holandesa. El Casal, al carrer Rokin 52, publica un butlletí d'informació sobre les activitats catalanes a Holanda i sobre fets i figures de Catalunya.

- **9.7.** Pamplona: Greus atacs de les FOP als Sanfermines: 50 ferits.
- Consell de ministres: Don Juan de Borbó, almirall d'honor.
- Sandro Pertini, nou president italià.
- **10.7.** País Basc: Assassinat del jutge de pau de Lemona.
- Tothom condemna l'actuació policial a Pamplona.
- Chirac contra l'ingrés d'Espanya al Mercat Comú.

• **11.7.** Incidents greus a Vitòria i Sant Sebastià.
• Mor l'escriptor Alfonso Paso.
• Reaccions internacionals contra els processos de dissidents a Moscou.
• **12.7.** Condol internacional per la tragèdia del càmping d'Alcanar.
• Es cremen molts boscos de Mallorca.
• Sant Sebastià: Jove mort per bala en assalt a una caserna.

Restes humanes carbonitzades.

"La tragèdia de vacances més gran del segle després de l'enfonsament del Titànic." Així anunciava un diari alemany el que acabava d'ocórrer al **càmping "Els Alfacs"**, a Alcanar (Montsià) quan un camió cisterna, amb propilè, explosionà al quilòmetre 160 de la carretera N-340, de Tarragona a València, causant la mort del conductor i d'uns cent-cinquanta a dos-cents estiuejants, la majoria d'ells estrangers, a dos quarts de tres de la tarda del dia 11. Un altre titular de la premsa barcelonina: "Amb 100 pessetes això no hagués ocorregut", es referia al fet que aquesta mena de camions haurien de circular per les autopistes i no per carreteres que passen per l'interior de poblacions o al costat de llocs habitats, com aquell càmping que, en qüestió de segons, es convertí en un infern a causa de la bola de foc que calcinà els cossos i les tendes de campanya i va fer bullir la mateixa aigua de mar al costat de la costa, en una extensió de més de tres-cents metres d'amplada. "Sembla Hiroshima", digué el president Tarradellas en arribar al que feia unes hores havia estat un càmping. Els ferits, la majoria dels quals estaven condemnats a mort per l'horrible gravetat de les cremades, foren conduïts a centres sanitaris de Sant Carles de la Ràpita, Vinaroç, Amposta, Tortosa, València, Tarragona, Barcelona... Molts d'ells moririen en aquells centres; d'altres passaren a hospitals dels seus països respectius, de manera que mai no se sabria el nombre exacte de morts. Pel cap baix aquesta tragèdia serviria per a obligar les grans empreses de transport de productes perillosos que fessin circular els seus vehicles per les autopistes.

La protesta popular en relació amb la tragèdia d'"Els Alfacs" fou tan contundent, que l'Ajuntament de Barcelona dictà quasi immediatament un **decret sobre la regulació del transport de mercaderies perilloses** per la ciutat, a partir de l'estudi d'una comissió formada per representants de l'Ajuntament, Federacions de Veïns i transportistes afectats. Al decret s'assenyalaven les matèries més perilloses, com el clorur de vinil, l'acetat de vinil i el sulfur de carboni; els horaris de càrrega i descàrrega; els itineraris adequats; la velocitat màxima i les condicions de seguretat dels vehicles.

- **13.7.** Dos ferits per bala a Renteria (País Basc).
- S'ajorna la constitució del Consell de les Illes.
- Ocupació pacífica de finques i institucions a Andalusia.
- **14.7.** La policia fa destrosses a Errenderia (País Basc).
- L'INI vol vendre la participació de la SEAT a FIAT.
- Sentències de desterrament i presó als dissidents soviètics.

Mentre el ministre de l'Interior declarava: "Incomprensible i greu. Es castigaran aquestes conductes" —referint-se a l'actuació de policies que semblaven haver actuat pel seu compte contra la població de Pamplona (en els Sanfermines) i al País Basc, enfrontant per primera vegada el govern amb sectors ultres de les forces d'ordre públic—, a Barcelona, el dia 12 a la nit, entre tres i cinc mil persones es manifestaren a la **plaça de Sant Jaume,** convocades pels partits extraparlamentaris i altres organitzacions, **contra el terrorisme policial.**

La Trinca.

La **cançó catalana,** hereva de la Nova Cançó, demostrà un cop més el seu poder de convocatòria a la vuitena edició de les "Sis hores de Canet", sota el títol **Canet-78,** quan unes cinquanta mil persones s'aplegaren al Pla d'En Sala, el dia 15, per escoltar els autors i intèrprets Al Tall, Marina Rossell, Joan Isaac, Ramon Muntaner, La Trinca, Maria del Mar Bonet, Quico Pi de la Serra, Ovidi Montllor, Coses, Pere Tàpies i Els Pavesos. La festa havia començat amb revetlles populars i cercaviles, a càrrec dels grups Dekaros i Els Comediants, sempre pensant i actuant a favor de la llibertat d'expressió i en record d'Els Joglars, autèntica pedra de toc de la majoria dels actes públics d'actors i cantants d'enguany.

• **15.7.** A poc a poc es normalitza la vida al País Basc.
• Condemna de 120 anys a 40 feixistes italians.
• Pena de mort al dissident soviètic Filatov.
• **16.7.** Consell de ministres: Primeres transferències per al País Basc.
• Cimera a Bonn dels 7 països industrials més importants del món.
• Rhodèsia: els guerrillers arrasen un poblat i maten 17 persones.

"Després de les de Taüll, aquestes pintures són les més importants del romànic català", declararen els tècnics dels Serveis d'Arquitectura del Patrimoni Artístic, que les havien descobert a l'església de Sant Joan de Boí, poble veí de Taüll. Des de cinquanta anys abans se sabia que sota els afegits arquitectònics del segle XVIII hi devia haver pintures murals. L'any 1977 es realitzà la primera extracció de les pintures, i el 15 de juliol d'enguany, la segona, per tal de restaurar-les a Barcelona i retornar-les al lloc d'origen. Guillem Sàez, com a arquitecte, i Joaquim Pradell, cap dels serveis de restauració dels museus de Barcelona, dirigiren aquests treballs, gràcies als quals es recuperen uns 60 metres de murals de la segona meitat del segle XI, amb representacions de sants, de figures d'homes i d'animals i d'ornamentació.

A **Cadaqués,** antiga vila de pescadors, i refugi, des de fa molts anys, d'artistes, escriptors i de l'anomenada **gauche divine** del país i estrangera, se celebrà del 24 de juliol al 24 d'agost el **Festival Internacional de Música,** setena edició, organitzat pel Centre d'Iniciatives Turístiques i la Societat recreativa "L'Amistat", amb la participació d'intèrprets espanyols i estrangers com Albert Lysy, Rafael Ramos, Emmanuel Ferrer, Manuel Cid, Breda Zakotnik, Miquel Farré, Kiyoshi Shomura i altres.

"La fundació del Partit dels Socialistes de Catalunya significa un tombant històric en l'hegemonia dins del moviment obrer i la síntesi política més important que es coneix en la història del nostre país", digué Joan Reventós, primer secretari del nou PSC, en la cloenda de l'**acte de fusió del Partit Socialista de Catalunya (Congrés), de la Federació Socialista de Catalunya del PSOE i del Partit Socialista de Catalunya (Reagrupament),** el dia 17. Al llarg de dos dies, les tres agrupacions polítiques arribaren a un acord, no sense dificultats, principalment per part de la FSC del PSOE, que no acceptava la seva dissolució, després d'estudiar les propostes de les tres ponències sobre estatuts, protocol d'unitat i declaració de constitució del Partit dels Socialistes de Catalunya (PSC-PSOE). El nou PSC es defineix, segons la declaració final, com a "partit de classe, de masses, nacional i democràtic", que "assumeix el marxisme com a model d'anàlisi i transformació de la realitat" i que "lluita per una societat socialista autogestionària i per la conquesta de les llibertats nacionals". A la sessió de cloenda assistiren Felipe González i altres personalitats del socialisme espanyol i estranger.

• **17.7.** Sant Sebastià: Manifestació unitària contra l'actuació policial.
• Optimisme espanyol sobre Canàries davant la "cimera" de l'OUA.
• El Partit carlí accepta la Constitució.
• **19.7.** Negociació Rubial-Martín Villa per a una policia basca.
• Ja circulen els bitllets de cinc mil pessetes.
• Alemanya Federal: Congrés del poble gitano.

Els francesos Christian Léon i Jean Claude Chemarin foren els triomfadors de les **24 Hores de Montjuïc,** la quarta prova puntuable del Campionat d'Europa de Resistència d'enguany. La motocicleta Honda dels guanyadors, inscrita amb el número 1, mantingué el lideratge al final de cada una de les hores del recorregut. L'equip català, amb Ducati (format per Víctor Palomo i Benjamí Grau), quedà en sisè lloc, encara que fou el que donà constant batalla als líders. La caiguda simultània del vencedor Chemarin i de V. Palomo, féu obligatòria la reparació de les màquines, en uns quatre i vint-i-tres minuts, respectivament, que feren passar la Ducati del segon al sisè lloc, a causa que, a més, aquesta moto hagué de prescindir del carenat. Léon-Chemarin feren 763 voltes (bateren, així, el rècord de l'any anterior) i Grau-Palomo 745 voltes.

• **20.7.** Suárez presideix la Junta de caps d'Estat Major.
• L'afer Canàries divideix els africans.
• Fracassen les converses egípcio-israelianes a Leeds.
• **21.7.** Constitució: Suspensió dels debats sobre autonomies.
• Pugen les tarifes dels serveis postals.
• Bolívia: Eleccions anul·lades per frau del règim.
• **22.7.** Madrid: Assassinats dos alts militars.
• Aprovada la Constitució. Absència dels diputats del PNB.
• Mor al ring el boxejador Jacopucci.

En un petit bot Zodiac, amb motor de 9,9 HP, un grup de joves catalans, Xavier Sicart, Marcel Sicart, Guillermina Puig, Oscar Font, Joan Comitre i Josep Lorman recorregueren els **nou-cents quilòmetres de l'Ebre,** del 3 al 28 de juliol. Començaren el descens al naixement del riu Hijas, a la vall del Campó (Santander), vertader origen geogràfic de l'Ebre. La dificultad i la duresa de l'empresa obligà el grup a deixar de banda els seus propòsits culturals, per limitar-se a l'aventura esportiva. Alguns dies no pogueren recórrer més de vint quilòmetres, a causa dels freqüents perills de tota mena que presenta el riu. A partir, però, de Miranda d'Ebre, les etapes foren més llargues i còmodes, i arribaren finalment a l'Ampolla i a la mar oberta.

L'any 1973 posseïa el **rècord d'afluència turística** a les Balears i a tot el territori de l'Estat espanyol. Malgrat l'actual crisi, l'any 1978 desbancà aquell rècord, que de manera gràfica es podia veure al **port de Barcelona,** en el qual els estiuejants i els turistes envaïen els vaixells per passar uns dies de vacances a les Illes.

Després d'una temporada que els comentaristes d'esports han qualificat com la més brillant de la seva història, com ho demostra el fet d'haver guanyat la Lliga, la Copa (per sisena vegada en derrotar el Voltregà per 5 a 4) i el trofeu de Montreux, el **Barça** es proclamà **campió d'Europa d'hoquei sobre patins.** L'equip dirigit per Lorente i format per Trullols, Vila-Puig, Villacorta, Torres, Centell i Miró, derrotà, en el seu camp, el Sunday's, de Brussel·les, per 5 a 1, resultat que evidencià la superioritat del Barça.

• **23.7.** Suárez amb alts caps policíacs i militars.
• OUA: Les Canàries no són "territori colonial".
• Vaga de controladors aeris francesos.
• **24.7.** ETA reivindica la mort dels dos militars a Madrid.
• Forta davallada del dòlar.
• Pinochet foragita Leigh de la Junta.
• **25.7.** Dia de la Pàtria Galega: 50 mil manifestants.
• Conferència de països no alineats a Belgrad.
• Dimissió en bloc dels generals d'aviació a Xile.

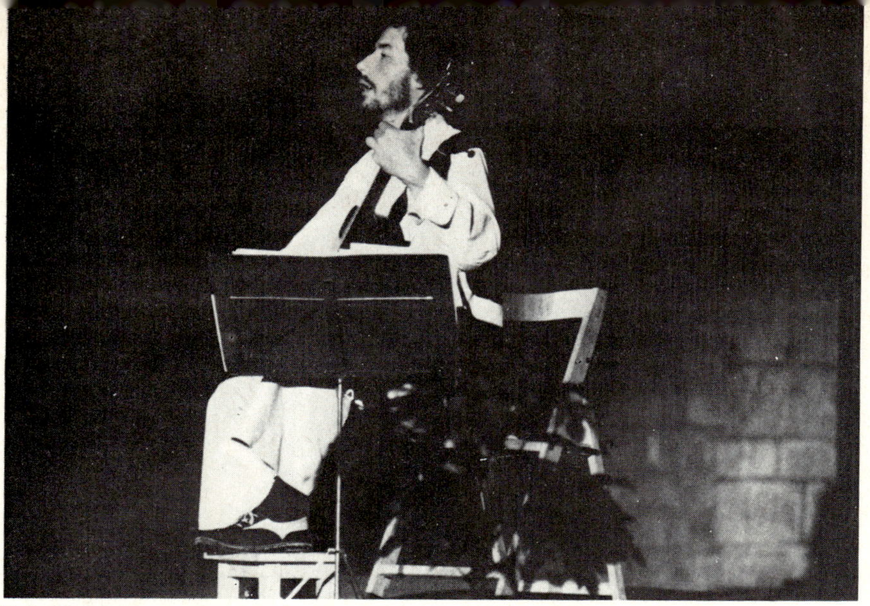

Rafael Subirats

Entre el 3 i el 21, se succeïren els recitals de cançó que la Delegació de Cultura de l'Ajuntament de Barcelona patrocinà al **saló del Tinell.** Els primers **recitals** foren a càrrec del músic i cantant vigatà **Rafael Subirachs,** amb un programa de cançons populars i d'altres sobre textos de Salvat-Papasseit, Ausiàs March i Jordi de Sant Jordi; seguidament actuà **Núria Candela,** amb un recital poètico-musical sobre textos de mossèn Cinto, amb el títol **En defensa pròpia,** i finalment hi participà **Ovidi Montllor** amb poemes del poeta valencià Vicent Andrés Estellés, musicats pel popular cantant i actor d'Alcoi.

En un ambient de poc entusiasme i migrada assistència de diputats, el dia 4 s'inicià el **ple del Congrés,** a Madrid, per a l'**aprovació del text constitucional.** Foren importants les intervencions d'Heribert Barrera, Anton Cañellas i **Jordi Pujol**. Aquest últim exigí en el seu discurs el reconeixement de la personalitat de Catalunya.

—Sotillo, diputat del PSOE per Castelló, respongué que "si es permetessin les federacions es podria donar el cas de la colonització d'una regió sobre una altra més feble". (Id.)
—Jarabo Payá, d'AP, "maldà per demostrar que el valencià no és català". (Id.)
—Pin Arboleda, d'UCD, "amenaça amb serioses reserves si es proposava un pacte polític al País Valencià des de Catalunya".
—"... L'integrisme valencià, que ara resulta que és tant de dretes, com d'esquerres, com de centre, oferí un espectacle lamentable en resposta a un discurs prudent i assenyat de Jordi Pujol." (...) "Cal remarcar que mentre les paraules de Jarabo Payá revelaven el punt de vista clar de tota AP, les de Sotillo produïen consternació dins les mateixes files del PSOE" (...) "Mentre això succeïa, els diputats de les Illes, tant de la UCD com els del PSOE, mostraven la seva identificació en la forma d'enfocar el problema que havia donat Jordi Pujol."

Article de Josep Melià a l'Avui", 20-VII-1978.

Discussió al Congrés, el dia 19, de l'article sobre federació de les comunitats autònomes.
—Jordi Pujol digué que "la identitat històrico-cultural de Catalunya, el País Valencià i les Illes és la que formen els Països Catalans".

"Avui", 20-VII-1978.

"Feta la llei (o l'electrònica), feta la trampa." Cada diputat posseeix una clau, en el seu escó del Parlament, per a votar, i el comunista **Solé Tura,** avisat des de la tribuna del públic, demostrà que el diputat d'UCD Juan Rovira havia votat, encara que era absent de la sala, per obra i gràcia del seu company d'escó, que premé dos botons alhora, en una votació fonamental per a les llengües no castellanes de l'Estat espanyol. Es tractava d'una esmena presentada pels Socialistes de Catalunya que deia: "Els poders públics posaran els mitjans perquè tots els residents en els territoris autònoms coneguin la llengua respectiva i garantiran el dret a usar-la", esmena a l'apartat II de l'article III de la Constitució. L'escàndol fou enorme, amb recíproques acusacions de **"trampes electròniques",** però que acabà, finalment, amb èxit, ja que s'acceptà la cooficialitat de les llengües autòctones.

• 27.7. Detencions a Madrid en relació amb l'assassinat de Jesus Haddad.
• Gran Bretanya: Neix una nena concebuda per mitjans artificials.
• 28.7. Congrés: Aprovades les lleis d'antiterrorisme i de policia.
• Portugal: El president Eanes destitueix Soares.
• ONU: Aprovada la independència de Namíbia.
• 29.7. El Consell illenc constituït al castell de Bellver.
• Mor el vell dirigent asturià Teodomiro Menéndez.
• 30.7. El comitè nacional del PNB no accepta el text actual de la Constitució.
• El Consell de les Illes fa pública la distribució de carteres.
• 31.7. Es crea la Federació de Gremis d'Editors d'Espanya.
• Cambotja demana ajuda a Xina contra Vietnam.

AGOST

Expedició Andes-Perú 78 pel C.E. de Bages.
XII Cantada d'Havaneres a Calella de Palafrugell.
40è aniversari de la Batalla de l'Ebre.
Festa Major de Gràcia.
XVII Premi Internacional del Dibuix Joan Miró.
Comissió dels Vint.
La platja del Castell, de Palamós, tancada per contaminació.
Marxa del Llobregat.
Prohibició de banyar-se a l'Ebre.
Concurs internacional de gossos de pastor a Castellar de N'Hug.
Festa Major de Vilafranca del Penedès.
II Congrés Mundial de Psiquiatria Biològica.
I Festival Internacional de Jazz, a Sabadell.
I Congrés Hispano-luso-americà de Psiquiatria.
Campionat d'Espanya d'escacs, a Centelles.
Inauguració del casino de Lloret de Mar.
Entrevista de Tarradellas amb els quatre governadors civils.
Incendis forestals.
Natàlia Mas, *recordwoman* D'Espanya de natació en 100 i 400 m lliures.
Olga Estefanell, *recordwoman* d'Espanya de 100 i 200 m braça.
A. Cirici Pellicer defensa l'abolició de la pena de mort al Senat.
Mort de J. M. Batista i Roca.

• **1.8.** Gutiérrez Mellado a Washington: sobre l'ingrés d'Espanya a l'OTAN.
• El PCE critica l'actitud dels comunistes francesos sobre l'entrada d'Espanya a la CEE.
• Es radicalitza la vaga dels controladors aeris a París.
• **2.8.** El Cercle d'Empresaris critica els aspectes econòmics de la Constitució.
• Comencen les vacances dels polítics.
• Atemptat contra un cap militar a l'Argentina.
• **3.8.** València: Desfalc d'uns cent milions a Ford-España.
• Fi de la vaga de controladors francesos.
• USA contra Pinochet: embargament d'armes.

El Centre Excursionista de la comarca de Bages va dur a terme amb èxit total, i enmig de grans dificultats i perills, l'"**Operació Andes Perú-78**". 18 alpinistes del Centre, dividits en tres grups, aconseguien realitzar la primera ascensió **couloir** de la vessant Est del Huascaran, i la tercera absoluta de l'aresta N.E. del Huascaran, a més d'altres ascensions importants (Huascaran Sud, 6.768 mts; Huascaran Nord, 6.654 mts; Chopicalqui, 6.354, i Nevado Pisco, 5.752). L'escalada del **couloir** començà el 16 d'agost a la vessant est del Mataràs, essent-ne les condicions tan dolentes que obligaren la cordada a fer vivac en ple pendent, i arribà al cim més alt de la Cordillera Blanca el dia 22.

"Batalla de l'Ebre. 25-7 al 16-11-1938. **40 aniversari.** En homenatge a tots els qui moriren en la guerra civil espanyola 1936-1939. 14 d'agost 1978. Associació d'Aviadors de la República." Aquest és el text de la làpida amb la qual es volgué commemorar aquells fets així com exaltar l'ànim de reconciliació entre els participants dels dos bàndols en la que tothom ha considerat la batalla més dura de la guerra. Quasi tres mil persones, de Catalunya i la resta d'Espanya, de França, d'Anglaterra i d'Estats Units, en la seva gran majoria de l'Exèrcit republicà, assistiren als actes de Gandesa i de Vilalba dels Arcs, on se celebrà un àpat de germanor i on, després de guardar un minut de silenci en memòria dels que allí moriren, se succeïren els discursos i declaracions. Citem literalment les paraules d'alguns: Jaume Mata, president de l'Associació d'Antics Aviadors de la República: "...resulta trist pensar que han hagut de transcórrer 40 anys sense que entre els que vivíem aleshores i els qui han nascut després haguéssim pogut reconciliar-nos." Ruiz, batlle de Gandesa: "Aquí s'aconseguí el primer moment de concòrdia entre els contendents, gràcies al vi de la cooperativa." Milton Wolf, de la 5ª Brigada Lincoln: "Tot ha canviat i, avui a Espanya i a tot el món, tots hem de treballar per la pau." Joaquim Costa, de la Bandera de Falange de Cataluña: "Avui es veu aquí un gran sentiment de reconciliació." Un que era simple soldat: "La batalla més ben guanyada va ser la de la pau." Pere Sampé, un altre falangista: "Avui som pocs dels que estàvem al costat nacional. Però a mi em són iguals els uns que els altres." Un capità d'infanteria republicà: "Ja era hora que puguéssim viure aquest dia."

Mils de persones assistiren el dia 5 a la XII **Cantada d'Havaneres a Calella de Palafrugell,** i entre elles els reis d'Espanya amb els seus fills. La qualitat dels cantants fou particularment alta enguany gràcies a la seva sobrietat, sense les floritures d'altres anys, i destacaren els grups locals Peix Fregit i Port Bo.

Pocs barris de Barcelona han mantingut amb més dedicació la **Festa Major** que l'antiga **vila de Gràcia,** i enguany no seria una excepció, ni pel que fa als balls i les festes d'infants, ni pel que respecta als recitals de cançó, amb Pi de la Serra, Maria de Mar Bonet, Raimon, Serrat i altres. Del 16 al 27, Gràcia visqué l'animada festa i participà també vivament en les discussions sobre el sentit futur de la seva Festa Major: popular i amb pocs mitjans econòmics, o bé escollit i pagant, el dilema del món actual que pugna entre la tradició i el consumisme.

- **4.8.** Els socialistes denuncien repartiment d'armes curtes al sometent de Cuenca.
- Manifestació a Londres a favor d'"Els Joglars"
- **5.8.** Declaracions del sots-secretari de Sanitat: Corrupció a la Seguretat Social.
- Diplomàtic soviètic expulsat de Suïssa, acusat d'ésser el cap de la KGB.
- **6.8.** Rafael Alberti, homenatjat a Roma.
- Sots-director general de Seguretat: "ETA no té solució policial."
- **7.8.** Navarra sense TV per un atemptat d'ETA.
- Mor el papa Pau VI d'una crisi cardíaca.
- El cardenal Villot, cap de l'Església fins al nou conclave.

"La **XVII edició del Premi Internacional de Dibuix Joan Miró** és un bon exemple de la crisi i el desconcert regnants a les arts plàstiques d'ençà que el periòdic llançament d'avantguardes mostrà el seu defalliment i impotència", escrivia a l'"Avui" el crític Daniel Giralt-Miracle, comentant aquesta edició a la qual havien concorregut quasi quatre-centes obres de pintors espanyols, europeus occidentals i orientals, i americans. El jurat, compost per Anna Bofill, Alexandre Cirici, Daniel Giralt-Miracle, Sílvia Gubern, Xavier Rubert de Ventós i Mercè Vidal atorgà el Premi Joan Miró 1978 a l'artista asturià, resident a Itàlia, Fernando Fernández Redruello, nat l'any 1950, i inscrit en l'experimentalisme dibuixístic, amb la seva obra **El món dels sentits**. Les quatre mencions foren per a Alberto Mendivil, de Madrid, Radu Stoica, de Romania, Doina Steflea, del mateix país, i la barcelonina Carme Aguadé.

Moltíssims actes de l'actualitat haurien de ser qualificats d'"històrics" en el sentit que encetaven una nova línia, fonamental per al país, després del 1939. El públic, però, té un límit per a l'assimilació de novetats, i més encara quan aquestes eren freqüentment borroses, a causa del tarannà moderat, pactista i poc amic d'escarafalls que s'havia imposat la majoria del país, que recordava bé la guerra civil i que ja havia entrat en les vies "assenyades" de les democràcies occidentals... Així és com la primera reunió de la **Comissió dels Vint** per a la **redacció de l'Estatut d'Autonomia,** que ja havia tingut un pròleg a Madrid, no despertà tot l'entusiasme popular que en ocasions més enfervorides hauria sens dubte tingut. El dia 2, i convocats per president de la Comissió, Josep Andreu i Abelló, es reunien al Saló de Cròniques els polítics sobre els quals recauria la responsabilitat de redactar un nou Estatut que no desmillorés l'obtingut l'any trenta-dos. Els seus noms passaran a la historia: del PSC: Verde Aldea, Solé Sabarís, Triginer, Martín Toval, Subirats, Sobrequés i Andreu i Abelló; del PSUC: Solé Barberà, Dolors Calvet i Solé-Tura; de CDC: Alavedra, Roca Junyent i Sendra; l'independent Benet; d'UCD: Sàrraga i Moreta; d'UCC: Güell de Sentmenat; d'Esquerra Republicana: Arana; d'Unió Democràtica: Cañellas; i d'AP: López Rodó. Amb 16 vots a favor, un en contra i tres abstencions, la Comissió acordà constituir-se en ponència (que començaria les sessions de treball un mes després), i tractà de dos temes conflictius: la incorporació als debats dels grups no parlamentaris, així com la intervenció de Tarradellas i de la Generalitat al procés de redacció.

- **8.8.** Es trenca el consens entre UCD i PSOE al Senat sobre la Constitució.
- Estats Units: Nova nau espacial a Venus.
- Condol mundial per la mort del papa.
- **9.8.** No és aprovada la llei antiterrorisme al Senat.
- Sadat i Begin accepten la invitació de Carter per a un tractat de pau.
- No existeix cap candidat segur com a nou papa.
- **10.8.** Els llibres de text escolar pugen en un 12 per cent el seu preu.
- Els controladors francesos comencen una nova vaga.
- Da Costa, home d'empresa, nou primer ministre de Portugal.

Al llarg de l'estiu quedà **tancada la platja de Castell, de Palamós,** a causa de l'elevat grau de **contaminació** produïda per la riera d'Aubí que recull les aigües de claveguera de Palafrugell, Mont-ras i Vall-llobrega. La depuradora d'aigües, proposada i en bona part finançada pel Ministeri d'Obres Públiques, no va ser aprovada pel consistori de Palamós.

- **11.8.** Assemblea de futbolistes anuncien la vaga.
- Martín Villa: "No hem encertat a resoldre el problema ETA."
- Treva al Líban.
- **12.8.** Gasolineres, taxis i pescadors en peu de vaga.
- Constitució: El referèndum no se celebrarà el 15 d'octubre
- Es fa públic el testament del papa.
- **13.8.** Marchais anuncia canvis interns en el PCF.
- La URSS s'oposa al tractat d'amistat Xina-Japó.
- Sirians i libanesos no respecten les treves de foc.

A causa de l'alt grau de contaminació i davant la possibilitat d'adquirir febres tifoides, el govern civil **prohibí banyar-se a l'Ebre,** des del dia 22, muntant-se un servei de vigilància als marges del riu.

• **14.8.** Rumor: Possible govern UCD-Convergència Democràtica de Catalunya.
• Futbol. Trofeu "Teresa Herrera": el Madrid, campió.
• Beirut: Una bomba causa cent morts en un local palestí.
15.8. Valladolid: Els pagesos cremen 75 mil kg. de patates.
• Mor l'actor José María Prada.
• Colòmbia: Guerrillers assalten un camp de futbol: dos policies morts.

L'ecologia i la participació popular eren dos dels aspectes més evidents de l'etapa pre-democràtica, i ambdós coincidiren en l'anomenada **"Marxa del Llobregat",** que començà, sense autorització del govern civil, el dia 20, per acabar vint dies després. La marxa tenia per objecte la reclamació d'un "riu més viu", és a dir, d'un Llobregat lliure de totes les deixalles industrials o humanes, que converteixen aquest eix de la industrialització catalana en una claveguera oberta. La marxa s'inicià a Castellar de N'Hug, a les fonts del Llobregat, per a anar baixant a peu al llarg de tota la ribera fins a la desembocadura tot recollint mostres, de les escombraries trobades, en sacs de plàstic, com a demostració palpable del sentit ecològic de la manifestació, llegint públicament el manifest dels promotors, i organitzant altres actes, com la projecció de diapositives sobre la contaminació del riu, la presentació d'audiovisuals, la celebració de col·loquis, i la participació en ballades de sardanes. Alguns cotxes feren cap a Castellar de N'Hug per tal d'acompanyar els marxaires riu avall. Dues observacions d'un vell de la Pobla de Lillet poden servir de mostra de l'opinió popular sobre la marxa: "Sort que en el món sempre hi ha quatre xavals que tenen dos dits de front", i "El principal és no embrutar el riu, perquè netejar-lo ja costa més." A l'alt Berguedà els marxaires feren públic el seu manifest, alguns dels punts del qual són els següents: "Deixadesa dels ajuntaments, que no hi han instal·lat papereres, bidons i altres mitjans de recollida d'escuralles en els llocs on la gent s'esplaia; amuntegament de despulles d'animals sota l'escorxador municipal de la Pobla de Lillet; canalització abusiva del cabal d'aigua del riu per part d'algunes indústries; vessament de desfets i productes químics per part de les indústries papereres; abocament de detritus de les granges... Davant d'aquests atemptats ecològics exigim: Ràpid traspàs de competències a les conselleries de la Generalitat per tal que es creïn òrgans de poder comarcal, que acostin més els centres de decisió als directament afectats", i altres exigències als municipis i al poble.

No és infreqüent d'un capellà dir que és pastor. I capellà i pastor és un navarrès que fa d'animador a tots els concursos de gossos de pastor que se celebren al País Basc i a Catalunya. Ell va fer de **spiker** al **XVI Concurs Nacional de Gossos d'atura** que se celebrà el 20 d'agost **a Castellar de N'Hug,** en el qual participaven nou bèsties del Principat i dues basques, i on Xoc, un gos de Pardines, resultà el guanyador, seguit del Pinxo, de l'Estartit.

• **16.8.** Carabanchel: Pres mort en una baralla amb un altre intern.
• Sevilla: Clemente Rodríquez, del Palmar de Troya, nomenat "papa".
• Portugal: Crisi governamental.
• **17.8.** González Seara: La matrícula de la universitat s'apujarà un 20 per cent.
• Senat: Milloren les perspectives constitucionals.
• Romania: Triomfal arribada del president del PC xinès.
• **18.8.** Senat: S'inicien els debats constitucionals.
• El PSOE vol impedir el viatge oficial del rei a l'Argentina.
• República Dominicana: El nou president introdueix canvis en l'exèrcit.

• **19.8.** Dos funcionaris de Carabanchel lliuraven drogues als reclusos.
• EIA contra la Constitució.
• Afganistan: Detingut el cap de l'Estat Major de l'Exèrcit.
• **20.8.** Grans mesures policials a Txecoslovàquia als deu anys de la invasió soviètica.
• Comença a perfilar-se el nou govern de Da Costa a Portugal.
• Bombes de l'IRA contra quarters britànics.

Com cada any, a final d'agost, tingué lloc la **Festa Major de Vilafranca del Penedès,** festa que data del 1700 però que recull tradicions més antigues com la dels gegants, del segle XIII, la del drac, dels balls populars, dels diables i dels castellers. Amb notable assistència de públic foraster, enguany Vilafranca oferí, a més de les demostracions tradicionals, les actuacions de la Moixeranda d'Algemesí, de la banda d'Alzira, d'en Raimon, de l'Orquestra Plateria, del grup Claca (amb **Mori el Merma**), i exposicions de fotografies i pintures sobre la masia catalana. Punt central, com sempre, foren els castells, a càrrec, enguany, dels grups més destacats: Colla Vella dels Xiquets de Valls, Colla Jove dels Xiquets de Valls, Nens del Vendrell i Castellers de Vilafranca.

Organitzat pel club de Jazz de Joventuts Musicals, del 24 d'agost al 21 de setembre se celebrà el **Festival Internacional de Jazz, a Sabadell,** amb la intenció manifesta de donar a conèixer aquesta modalitat musical en un moment en què el jazz, a Barcelona, a Terrassa i ara a Sabadell obtenia un favor popular creixent. Hi intervingueren el Modern Jazz Sextet, Tete Montoliu Trio, La Locomotora Negra, Lucky's Quintet —grups integrats pràcticament per artistes catalans—, i el trio André Conduant, Lou Bennet i Peer Wiboris.

Del 31 d'agost al 6 de setembre se celebrà al Palau de Congressos de Montjuïc, el **II Congrés Mundial de Psiquiatria Biològica,** organitzat pel comitè de metges E. Cuenca, Carles Ballús, Enric Gonzàlez Monclús, J. Pujol, Josep Corominas, Mariano de la Cruz i R. Pons-Bertran, i presidit pel doctor Obiols. La presidència d'honor li fou oferida a Juan Carlos I i la vicepresidència a l'honorable Tarradellas. L'acte inaugural consistí en una presentació del Congrés, a càrrec del secretari general de la Federació Mundial de Psiquiatria Biològica, Dr. Gabay, i a les sessions de treball participaren psiquiatres de diversos països del món.

Tete Montoliu.

"El tema central que ens reuneix en el nostre Congrés és precisament el d'assentar les bases mínimes i imprescindibles per a l'assistència psiquiàtrica planificada, recollint les investigacions en ecologia i epidemiologia de les malalties mentals, així com els recursos tècnics que la facin possible", digué el doctor Manuel Ruiz en l'acte inaugural del **I Congrés Hispano-luso-americà de Psiquiatria**, que tingué lloc a Barcelona en els últims dies de mes i que atragué uns cinc-cents psiquiatres, psicòlegs, sociòlegs, ATS i infermers. A les diverses ponències parlaren psiquiatres espanyols, argentins, cubans, canadencs, dominicans, etc., com Ramon Vidal Teixidor, Mauricio Knobel —fundador de la Societat Hispano-Luso-Americana de Psiquiatria—, Guillermina Barrientos, Jesús García Besteiro i molts d'altres.

Doctors Ramon Vidal Teixidor i Mauricio Knobel.

• **21.8.** Cantàbric: Crisi en el sector pesquer.
• Atemptat israelià de revenja a Beirut, contra un camp de refugiats.
• Iran: 400 morts en un suposat atemptat en un cinema.
• **22.8.** Mallorca: Vacances de la família reial.
• País Valencià: Els partits polítics decidiran la bandera.
• Mor Jomo Kenyata, president de Kenya.
• **23.8.** Dos pesquers bascos capturats a França.
• Onada de forta calor a tot Espanya.
• Islàndia: Primer ministre comunista.

"Facin joc, senyors." Amb aquesta invitació d'un dels cent **croupiers** del **Casino de Lloret de Mar**, i la primera intervenció de la senyora Tallada, s'inicià el dia 18 el joc en aquest local, **primer del Principat** des de la seva prohibició pel franquisme. Fins ara, els catalans havien d'anar als casinos francesos o alemanys per fer apostes als jocs d'atzar; a partir d'ara s'obria aquest antic hotel, reorganitzat amb 11 ruletes franceses, una d'americana, 5 **blackjacks**, 2 **boules**, 2 "ferrocarrils" i un **baccarà**. L'empresari, Salvador Tallada, un **self-made man** de la vila, es presentava com a cap visible de Casino de Lloret S.A., amb participació estrangera, que dóna feina a més de duescentes persones, la majoria també estrangera a causa de la manca de personal preparat del país, i amb la presència constant d'un funcionari de la Interpol, dos funcionaris del cos de policia i altres vigilants.

L'honorable **Tarradellas** considerà que "el fet que ell pogués convocar els governadors civils i que ells, en canvi, no el poguessin convocar" significava "el reconeixement d'una personalitat ben definida per a la Generalitat". En efecte, el president **convocà**, el dia 18, **els governadors** civils de Barcelona, Girona, Lleida i Tarragona al Palau de la Plaça de Sant Jaume, en virtut de l'ordre donada pel ministre de l'Interior, el 26 de juliol, seguint les instruccions del president Suàrez, que facultava Tarradellas per a fer aquestes convocatòries. Al final de la reunió, en la qual es tractà principalment de l'estructuració del poder polític, Tarradellas celebrà una roda de premsa, com a primera autoritat civil de Catalunya, en la qual declarà, tanmateix, que "el capità general, els governadors i, naturalment, el president de la Generalitat, exerceixen la representativitat (de l'Estat), encara que cap d'ells no en té l'exclusiva". I resumí la reunió amb els governadors dient que "els traspassos de serveis no serien res sense una partícula de poder polític. Ja la tenim".

• **24.8.** Nicaragua: La seu del Palau Nacional en mans dels guerrillers sandinistes. • Nous enfrontaments arreu del Líban. • Ian Smith acusat de la matança d'Umtali. • **25.8.** Vaticà: Comença el conclave. • Managua: Els guerrillers sandinistes aconsegueixen la llibertat dels companys empresonats. • Tractat de cooperació Pequín-Belgrad.

Ben Larsen.

Amb la participació de cinc clubs catalans, dos canaris, un madrileny i un bilbaí, tingué lloc a la vila de Centelles, entre el 19 i el 27, el **Campionat d'Espanya d'Escacs,** de primera divisió, organitzat per la Penya d'Escacs Centelles, resultant campió la Unión Deportiva Las Palmas, amb el gran mestre internacional Ben Larsen; subcampió el Vulcà de Barcelona, i, en tercer lloc, l'Olot. Altres mestres que hi varen participar foren els espanyols Diaz del Corral, Calvo, Medina i Pomar, el colombià Castro i el peruà Orestes Rodríguez.

Tres membres de les forces d'ordre públic van resultar ahir morts en tres atemptats que es produïren gairebé simultàniament a Barcelona, Santiago de Compostel·la i Mondragón (Arrasate).

"Avui", 29-VIII-1978.

Tarradellas: "Ens oposarem a tota acció destinada a destruir Catalunya i els altres pobles d'Espanya."

"Avui", 29-VIII-1978.

No deixa de resultar curiós que el tipus de terrorisme que es dóna al nostre país, nuvolós, d'estranya ideologia, amb sigles que apareixen i desapareixen com per encant, agressiu i indiscriminat, solament es produeix als països que han estat vivint sota un règim feixista o parafeixista: Alemanya, Itàlia i Espanya.

"Mundo Diario", 30-VIII-1978.

Estem dolorosament farts. (Nota de la Junta Nacional de la Asociación Profesional de Funcionarios del Cuerpo General de Policía).

"La Vanguardia", 30-VIII-1978.

No sabem qui són els autors materials dels atemptats, però sí sabem molt bé a qui beneficien directament: els enemics de la democràcia.

"Mundo Diario", 30-VIII-1978.

De veritable "infern" podria ser qualificat l'any 1978 pel que respecta a **incendis forestals.** A finals d'agost s'havien cremat unes 23 mil hectàrees de boscos, de les quals 8.500 a Tarragona, 6.400 a Girona, 5.300 a Barcelona i la resta, quasi 3.000, a Tarragona. ICONA, responsable directa dels boscos, es veié desbordada per a afrontar l'onada impressionant d'incendis, molts dels quals, es deia sense base suficient, havien estat provocats per piròmans, caçadors descontents amb els vedats privats i especuladors de terrenys. La Diputació barcelonina creà el Servei Provincial de Prevenció i Extinció d'Incendis, i la Generalitat estudià un avantprojecte, en el mateix sentit, per a tot el Principat. Particularment espectacular fou l'incendi a **Sant Fost de Campcentelles,** al Vallès Oriental, el dia 17.

Canvis importants es produïren en el camp de la natació: una generació nova desplaçava l'anterior, amb la particularitat, visible arreu del món, de la gran joventut dels nous campions, entre 15 i 17 anys. Al **LXVIII Campionat d'Espanya de Natació,** a Orense, quedaren en primer lloc la Federació Catalana, categoría masculina, i la Federació Catalana, categoría femenina, destacant la nedadora del C.N. Terrassa, **Natàlia Mas,** que aconseguí el rècord espanyol de 200 mts lliures femenins en 2 minuts, 8 segons i 4 dècimes, i el de 400 mts en 4.27.0, de manera que millorava en les dues proves l'anterior rècord d'Espanya i se situava per a participar als Mundials. També la nedadora catalana Olga Estefanell va batre el rècord d'Espanya de 200 mts braça.

Natàlia Mas.

Els arguments ecologistes guanyaven terreny dia a dia, encara que, en molts casos, es tractava de defensar simplement els paisatges naturals contra l'especulació més evident. La costa, i en particular l'empordanesa, ha quedat degradada de la manera més vergonyosa a causa de la caòtica urbanització dedicada al turisme, amb l'aquiescència de les autoritats locals i governamentals. Un exemple és el dels **Aiguamolls de Castelló d'Empúries.** L'any 1974 l'empresa Port Llevant S.A. obtingué l'aprovació definitiva del pla d'ordenació de la zona i dos anys més tard li va ser autoritzat l'accés per mar. L'opinió pública, però, volgué salvar els aiguamolls com a parc natural, per evitar la destrucció d'un paisatge encara no tocat per l'allau del turisme i per considerar, d'acord amb el Grup de Defensa dels Aiguamolls, que aquests suposen uns inmensos dipòsits naturals d'aigua dolça, aportada pels rius Fluvià i Muga. Una llarga polèmica enfrontà els interessos empresarials amb la voluntat popular, abonada per una trentena d'associacions i partits polítics. El dia 8, el Consell de la Generalitat donava el seu suport a la protecció dels aiguamolls, i el 19 el Ministeri de Cultura acordava la immediata suspensió de les obres, amb caràcter provisional, fins que DEPANA (Lliga per a la Defensa del Patrimoni Natural) veiés solucionat el seu recurs d'alçada contra les obres. El dia 20, i en un ambient enrarit per les posicions dels partits que en principi defensaven els drets populars sobre els aiguamolls, se celebrà una concentració-manifestació a la qual només assistiren unes dues-centes persones i alguns representants d'associacions, partits i grups ecologistes.

- **26.8.** Aprovada la dissolució dels sometents.
- País Basc: Mor el dirigent del PNB Juan Ajuriaguerra.
- Suïssa: Avió segrestat mitjançant un missatge.
- **27.8.** El cardenal Luciani, papa, amb el nom de Joan Pau I.
- Iran: Dimiteix el govern del xa.
- Greu incident armat sino-vietnamita.
- **28.8.** L'aeroport de Ciutat de Mallorca tancat per saturació de les pistes.
- Llançament del "Soyuz-31" soviètic amb dos tripulants, un d'ells alemany.
- Augmenta la tensió sino-vietnamita.

Personalitat polifacètica, la de **Josep Maria Batista i Roca.** Treballà en tants fronts que no seria fàcil resumir tots els camps de les seves activitats: L'any 1917 fundà l'Arxiu etnogràfic i cercà testimonis de la tradició oral per a la gran "Obra del Cançoner"; el 1918 publicava un catàleg de les obres Llullianes a Oxford; el mateix any fou secretari del Segon Congrés Universitari Català. A l'època de la Dictadura de Primo, ajudava els exiliats i feia estudis topogràfics amb mires quasi militars. L'any 30 figurava com un dels fundadors dels Minyons de Muntanya. En el temps de la República Catalana de Companys formà una mena de guàrdia cívica del president. Al llarg dels quaranta anys d'exili, del 1940 al 1976, fou professor d'Història del Trinity College, de Cambridge; fundà, amb altres, l'Anglo-Catalan Society; fou un dels impulsors de la Unió Federalista de les Comunitats Ètniques Europees: col·laborà en el Consell Nacional de Catalunya; estudià la situació dels exiliats catalans en els segles XIX i XX... Sense ésser home de partit, Batista i Roca posseïa una arrel única per a totes aquestes activitats tan diverses: el seu catalanisme entusiasta, intransigent, obsessiu. El dia 27, després de llarga malaltia, Josep Maria Batista i Roca **va morir, a l'Hospital de Sant Pau,** i el seu nom, desconegut per les masses, saltava a la primera línia de les informacions i recuperava l'atenció que mereixia.

Encara que els equips espanyols no feren bon paper al **Campionat del món de natació,** a Berlín, on els Estat Units, la URSS, Austràlia i Canadà foren els protagonistes indiscutits, la catalana **Olga Estefanell** va assolir un **nou rècord d'Espanya** en la modalitat de braça, tant als cent metres, en 1 minut i 16 segons, com als dos-cents, en 2.45.26.

• **29.8.** País Basc: Assassinat de dos guàrdies civils. • Pren possessió el nou govern portuguès. • Willy Brand contra l'amnistia als nazis alemanys. • **30.8.** ETA i GRAPO reivindiquen els morts del dia 29. • Somoza fa avortar un possible cop d'Estat a Nicaragua. • El president del partit comunista xinès a Teheran. • **31.8.** Misteriós atemptat contra un cap d'ETA Militar, Sulibarria. • Sánchez de León: "Estatut únic per al personal de la Seguretat Social." • Tensió i clima de guerra a Nicaragua.

L'**Entesa dels Catalans,** per mediació d'Alexandre Cirici, obtingué el dia 24 una victòria fonamental encara no aconseguida en la majoria dels Estats del món: l'**abolició de la pena de mort.** A la Comissió Constitucional del Senat, l'Entesa féu aprovar, amb gran habilitat, una esmena al text de l'article 14 de la Constitució, aprovat pel Congrés, segons la qual la pena capital quedaria reservada als temps de guerra.

SETEMBRE

Diada Nacional de Catalunya.
XIV Dia Internacional del cant coral.
Vè Festival Internacional de dansa.
Jordi Llopart, campió europeu de marxa.
Els cantants i poetes catalans commemoren l'11 de Setembre.
Entra en servei el dic sec del port de Barcelona.
Violència a la Rambla.
La Comissió dels Vint, a Sau.
A. Cirici, president de l'Associació Internacional de crítics d'art.
Festa de la Mercè.
Premis Ciutat de Barcelona.
Exposició de roses i art floral al Born.
51a Travessia del Port de Barcelona.
75è Saló de la Moda Espanyola.
Premis FAD - Sebastià Gasch de *music-hall.*
Començament del curs escolar.
Fira del llibre d'ocasió antic i modern.
Debats "per canviar la vida", organitzats per "Viejo Topo".
M-7 Catalònia, pels Joglars, a Perpinyà.
X Festes Populars de Cultura Pompeu Fabra, a Prada de Conflent.
Intervenció de Ll. M. Xirinacs, al Senat.
Aniversari dels afusellaments del 27.9.75.
Antaviana, de Pere Calders, a la Sala Villarroel.

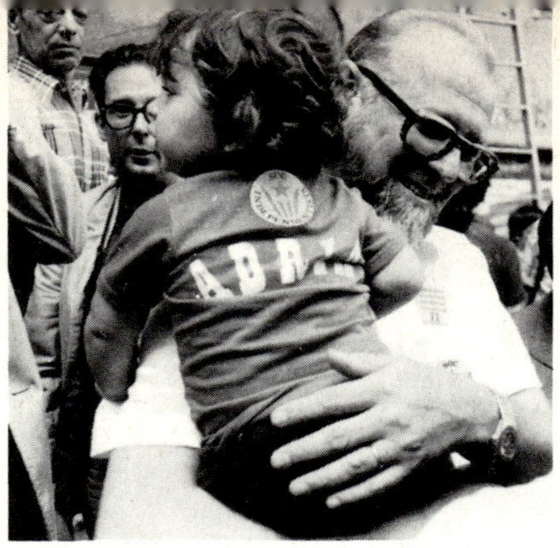

Jordi Carbonell, al Fossar de les Moreres.

• **1.9.** El Ministeri de l'Interior obra expedient a membres de la policia.
• ETA amenaça de mort Martín Villa i Fraga Iribarne.
• S'endureix l'oposició al nou govern portuguès de Da Costa.
• **2.9.** Sis policies contusionats en una manifestació a Pamplona.
• Pugen els preus de la llet: entre 29 i 32 pessetes.
• Cimera nacionalista sobre Zimbabwe (Rhodèsia).

La Diada a Esparreguera.

El Fossar de les Moreres.

La **Diada Nacional de Catalunya** tingué un pròleg, el dia 10, a Barcelona, quan unes deu mil persones es concentraren al matí al **Fossar de les Moreres,** convocades pels grups independentistes FNC, PSAN, PSAN-P, Estat Català i Esquerra Nacional, tots ells contraris al text Constitucional a causa que no inclou el reconeixement al dret de l'autodeterminació. El senador Lluís M. Xirinachs, Josep M. Llompart, Vicent Ventura i Fèlix Cucurull s'adreçaren a la multitud en aquest sentit. A la tarda, Esquerra Republicana reunia en el mateix lloc unes dues mil persones que escoltaren els discursos d'Heribert Barrera, Manuel Cruells i Josep M. Poblet. La Diada pròpiament dita, l'onze, celebrada a tots els indrets de Catalunya, tingué com a acte principal les ofrenes florals de l'Ajuntament i del president de la Generalitat al **monument del conseller Rafael de Casanova,** que foren seguides per constants ofrenes dels milers de manifestants al llarg de tot el dia i de les diferents agrupacions polítiques parlamentàries i extraparlamentàries, de les sindicals i d'altres entitats culturals, esportives i laborals, amb dues representacions, una flamenca i l'altra basca. La manifestació, que havia sortit de la plaça Urquinaona poc després de les vuit del vespre, encapçalada pels líders dels partits polítics, es calcula que aplegà unes tres-centes mil persones, amb milers de banderes i pancartes, sota el lema comú: "Per un Estatut que asseguri les plenes llibertats nacionals de Catalunya" encara que, seguint la tònica del dia anterior, molts es manifestaren a favor de la República i contra la Constitució mentre els altaveus repetien el comunicat de les forces polítiques que havien convocat la manifestació.

Concentració al monument de Rafael Casanova.

Rebuig a la Constitució.

- **3.9.** Cimera dels alts càrrecs de Seguretat espanyols, a Madrid.
- Comença el nou pontificat del papa Joan Pau I.
- Somoza acusa els Estats Units de dirigir una campanya mundial en contra d'ell.
- **4.9.** El Govern prepara un nou pla econòmic.
- Terratrèmol a Alemanya Federal: quinze ferits.
- Somoza es referma en el poder, a Nicaragua.

Els dies 1, 2 i 3 es reuniren a Barcelona agrupacions corals d'arreu del món per celebrar el **XIV Dia Internacional del Cant Coral** organitzat per la Junta Municipal del Districte III de Barcelona. El primer dia, les agrupacions foren rebudes pel batlle de la ciutat, i les audicions tingueren lloc a Barcelona, Castelldefels, Cornellà, Esparreguera, el Prat, Sant Cugat, Sant Boi de Llobregat, Cerdanyola i també —com es veu a la foto— als jardins de Vilajoana de Vallvidrera.

Amb la participació dels grups János Bihari, d'Hongria, Baskiria, de la URSS, Pienita, de Romania, Zicmi Cucszynskicj, de Polònia, Federico Angelica, d'Itàlia, Merkezi, de Turquia (a la fotografia), del Centre Gallec de Barcelona i de l'Esbart Lluís Millet, organitzador de la trobada, se celebrà els dies 14 a 16 el **Vè Festival Internacional de Dansa,** a la plaça de la Catedral i al Palau de la Música Catalana, de Barcelona.

• **5.9.** Comença la cimera de Camp David, entre Carter, Sadat i Begin.
• 15.000 morts a l'Índia per les inundacions.
• Els supervivents d'un avió sinistrat, morts per la guerrilla, a Rhodèsia.
• **6.9.** Constitució: El Senat serà Cambra territorial.
• "El 093", nova revista "groga".
• El problema policíac en vies de distensió.
• Alemanya Federal: S'inaugura el Congrés de la Unió Interparlamentària.

En 3 hores 53 m 29 s, l'atleta **Jordi Llopart** pujà al graó més alt com a **triomfador dels 50 km. marxa** a la cinquena jornada dels **Campionats d'Europa d'Atletisme,** a Praga, seguit pel soviètic Soldatenko i el polonès Ornoch. Nat a Barcelona l'any 1952, Llopart es convertia amb aquesta victòria en el primer atleta espanyol que aconseguia um triomf d'aquesta importància.

Sense cap acte oficial s'inaugurà el dia 11 el nou **dic sec** de Tallers Nuevo Vulcano, **del port de Barcelona,** amb l'entrada del petroler de CAMPSA "Campoalegre", de 4.838 tones de pes mort. El nou dic té una capacitat per a vaixells fins a 50.000 TPM. La inauguració, per tant, constituïa una data històrica per al port barceloní.

Joan Brossa.

Ovidi Montllor.

"Hem volgut reunir els cantants i poetes que durant aquests anys han estat els capdavanters en la lluita per la supervivència del nostre poble", declararen el Front Nacional de Catalunya i el Partit Socialista d'Alliberament Nacional, organitzadors del festival **"Els cantants i poetes catalans commemoren l'Onze de Setembre"** que se celebrà el dia 9, al Palau dels Esports de Barcelona, amb la participació de figures tan conegudes com Agustí Bartra, J. Andrés Estellés, J. M. Lompart i Joan Brossa (a la fotografia, entre el públic), i Ovidi Montllor (a la fotografia actuant), Rafael Subirachs i Teresa Rebull, entre d'altres.

• **7.9.** El president Suárez a Cuba i Veneçuela.
• Els rectors de les universitats espanyoles, reunits per tractar de l'autonomia universitària.
• Ofensiva empresarial per l'acomiadament lliure.
• **8.9.** Banc d'Espanya: Reducció del creixement de les disponibitats liquides.
• Control administratiu de la indústria d'explosius, segons nou reglament.
• Nobre da Costa presenta el seu programa de govern, a Portugal.

L'11 de Setembre a la plaça Urquinaona.

La Diada a Sant Boi de Llobregat.

• **9.9.** La vaga de centres de la Seguretat Social afecta un 50% de metges.
• Catalunya Nord: els pagesos de Perpinyà contra l'ampliació del Mercat Comú.
• Iran: Dos-cents cinquanta morts en una manifestació a Teheran.
• **10.9.** El president Suàrez rebut per Castro i una gran gernació a Cuba.
• L'expulsió de R. Fabre, president dels Radicals francesos, pot dividir aquest partit.
• El xa d'Iran suspèn els viatges a l'estranger a causa dels greus aldarulls.

La **Diada de l'Onze de Setembre** tingué un **epíleg tràgic,** amb la mort d'un noi de setze anys, Emilio Gustavo Muñoz, al carrer de Fivaller, prop de la plaça de Sant Jaume, de Barcelona, a causa d'un tret de la policia. El PCE (I) havia convocat una manifestació a la Rambla i a la plaça de Sant Jaume, que provocà la força pública. Aquesta, però, actuà amb una violència desproporcionada, com el mateix pare del noi mort —que no pertanyia al PCE (I)— i els partits i les centrals sindicals manifestaren. USO, per exemple, declarava en un comunicat: "...estem en contra de les actuacions dels grups minoritaris que provoquen el pànic en el nostre país, però considerem que l'actuació de la policia no hauria d'ésser la de disparar a matar. Tanmateix, esperem que hom actuï enèrgicament respecte a les actuacions de la policia i dels grups violents." Per altra banda, a la Rambla foren llançats còctels molotov contra els vehicles de la policia i es van col·locar barricades a diversos punts dels voltants, amb el resultat de dos ferits. A Sabadell, una senyora de seixanta-dos anys rebé una fortíssima pallissa per part de dos homes que despenjaven banderes catalanes i contra els quals ella s'havia manifestat.

El Parc Natural del Montseny fou reconegut com la primera i més significativa **reserva natural de la Mediterrània** pel comitè MAB —sigles angleses d'Home i Biosfera—, organisme de la UNESCO.

De la mateixa manera que l'Estatut de l'època de la República fou anomenat "Estatut de Núria", perquè fou a Núria on es reuní la legació que n'elaborà l'esborrany, l'actual passaria a anomenar-se popularment **Estatut de Sau** perquè fou al parador nacional de Sau, a 15 quilòmetres de Vic, on es reuní per redactar-lo la **Comissió dels Vint** els dies 12 a 15. L'esperit amb què començaren les sessions dels parlamentaris era molt positiu; en paraules del seu portaveu, Verde Aldea: "Cal no oblidar que fem un Estatut en un marc polític determinat, però que en molts aspectes millora el de Núria." L'esperança, però, de concloure la redacció de l'avantprojecte a Sau no va poder acomplir-se, i les sessions haurien de continuar la setmana següent a l'Ajuntament de Barcelona. Un senador de l'Entesa, en un article, resumia el que s'havia aconseguit a Sau: "Hem superat la redacció dels títols que estableixen els principis bàsics, les competències, i els referents a la Seguretat pública, Ensenyament, Seguretat Social i Sanitat, Justícia i relacions amb altres Comunitats Autònomes. Sobre institucions (President, Govern, Parlament) i Hisenda autonòmica, cada una de les opcions polítiques en presència té propostes escrites que facilitaran la culminació dels nostres treballs" («Tele/eXpres»). Dels vint parlamentaris només dinou hi foren presents —Josep Benet era al Senat, a Madrid—, Macià Alavedra, Lòpez Rodó, Martín Toval, Roca Junyent, Andreu Abelló, Triginer, Solé Sabarís, Sobrequés, Subirats, Solé Barberà, Sendra, Solé Tura, Dolors Calvet, Verde Aldea, Moreta, Cañellas, Arana, Sàrraga i Güell.

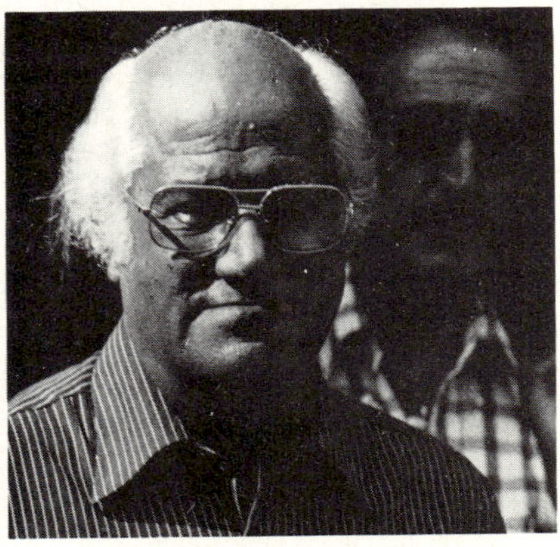

Per primera vegada un català accedia al lloc de **president de l'Associació Internacional de Crítics d'Art** (que depèn de la UNESCO i que fou fundada l'any 48) en la persona de l'intel·lectual, crític, professor i senador **Alexandre Cirici Pellicer,** en un acte celebrat a la seu parisina de l'Associació.

• **11.9.** Acaba la vaga de metges.
• Fidel Castro promet venir a Espanya.
• El xa d'Iran aplica la llei marcial amb tot el rigor.
• **12.9.** La coordinadora decideix seguir la vaga de sanitat.
• Diversos caps i oficials de la policia armada destituïts.
• Rebel·lió generalitzada a Nicaragua.

Josep Lluís Sert.

J. M. Socias i Joan Miró.

• **13.9.** Constitució: No a la federació de les autonomies.
• Dos milers de persones en l'homenatge a Allende, a Ciutat de Mallorca.
• Violència parlamentària contra el govern portuguès.
• **14.9.** Cultura i Sanitat propagaran els anticonceptius.
• Centenars de morts a Nicaragua.
• Orient Mitjà: Aràbia estudia l'augment del preu del petroli.

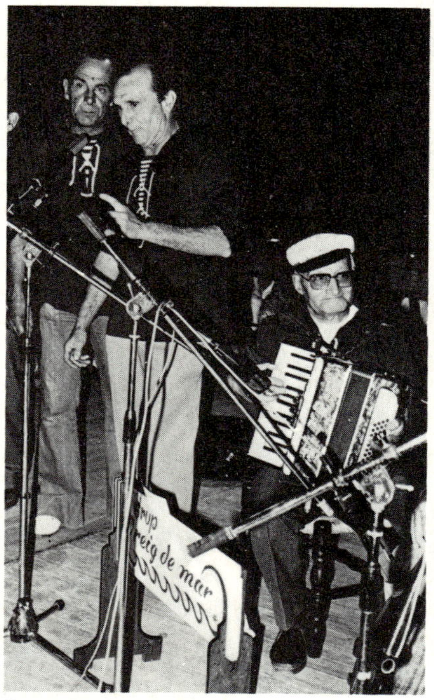

Cantada d'havaneras.

Música a la "golondrina".

L'auca del senyor Esteve.

Desembarcament de pirates a la Barceloneta.

Focs artificials al port.

Semblava com si les **Festes de la Mercè** volguessin recuperar la tradició marinera per a Barcelona, des de fa tantes dècades d'esquena al mar, sempre mirant com la ciutat puja muntanya amunt. Ja el comunicat del programa de festes, a càrrec de la delegada de serveis, Elisa Lumbreras, es va fer en una "golondrina", amb la presència de l'alcalde Socias. Un gran ball popular se celebrà al moll de Bosch i Alsina. Quasi bé tots els actes tingueren lloc als barris mariners: Poble Nou, Barceloneta, La Ribera: representacions teatrals a càrrec dels grups Roba Estesa, del Teatre de l'Envelat —amb la presentació de **L'auca del senyor Esteve**—, d'una formació de "pirates" i d'una altra de jubilats, i de la companyia "Ziasos"; concerts de música i cant, un d'una coral marinera, i altres de "Jam Session" —de jazz—, d'havaneres, pels grups "Jacomet", "Cadaqués" i "Oreig de mar"; més balls populars; elevació del globus captiu "Rodamón" i concursos d'estels i festes infantils; actuació de grups folklòrics; gran missa de pontifical a l'església de la Mercè oficiada pel cardenal Jubany; concurs de colles sardanistes; la XXVIII Copa Barcelona de Pescadors Esportius, i, finalment, una gran fi de festa amb focs artificials sobre el mar. El dia 22, el gran arquitecte Josep Lluís Sert llegí el Pregó al saló del Consell de Cent i l'alcalde imposà la medalla d'or de la ciutat a Joan Miró. "Miró i Sert —digué Socias— han estat sempre catalanistes i demòcrates; i és per això que ara que Catalunya està recuperant les seves institucions i les llibertats que li foren arrabassades, i ara que tornem a tenir una democràcia com a sistema de govern, és quan Miró i Sert han acceptat de molt bon grat aquest homenatge." Festes, per tant, marineres, populars i recuperadores d'un passat que, afortunadament, encara és present en algunes de les seves figures.

- **15.9.** Senat: Acaben els debats a la Comissió constitucional.
- Els sindicats convoquen a la desobediència contra el decret sobre dedicació exclusiva dels mestres.
- Itàlia: Detenció del cap màxim de les Brigades Roges, C. Alunni.
- **16.9.** Conflicte laboral a la central nuclear de Lemóniz.
- Aragó: Esclata la "guerra del tomàquet".
- Nicaragua: Internacionalització del conflicte.

Amb la presència a la Delegació de Cultura de l'Ajuntament de l'escriptor i **enfant terrible** de la cultura catalana Joan de Sagarra, era d'esperar que canviés totalment el signe dels **Premis Ciutat de Barcelona,** en un sentit més democràtic i atent a la realitat cultural del país. Això no vol dir que en edicions anteriors els premis de la ciutat s'haguessin concedit —especialment en els últims anys— d'esquena al país, ni que el present quedés fora de tota discussió. Com acostuma a ocórrer a les democràcies, les eleccions —i també els premis— queden subjectes a més dubtes i objeccions, justament perquè és possible reflectir-los-hi. El dia 10, el delegat de Cultura donava a conèixer els veredictes dels jurats, en total vuit premis de cinc-centes mil pessetes cada un, encara que divisibles **ex aequo.** El "Premi de Literatura catalana" fou atorgat a l'obra **Poesia escènica 1958-1962,** de Joan Brossa, un dels valors més ofegats pel franquisme. El de "Literatura Castellana", a **Años sin excusa,** segon volum de les importants memòries de Carlos Barral. Els premis de "Música" foren per a **La rosa dels vents,** de Joan Guinjoan, i **Three Shakespeare songs,** de Josep Soler i Sardà. **El jo poètic de Carles Riba,** de Mercè Boixareu, i **Centones virgilianos cristianos,** de Josep Lluís Vidal i Pérez reberen el d'"Investigació". El Premi als mitjans de comunicació fou dividit en sis parts: a Mercè Vilaret per la realització televisiva de "Si preguntan por ti" —obra de la qual és autor Ramón Gil Novales—; al "Noticiari Català" de l'Institut de Cinema Català; a l'equip de repòrters del diari "Tele/eXpres"; a l'Equip responsable de l'«Informativo de las 8» de Ràdio Barcelona; a Rudolf Sirera per la seva obra dramàtica **Plany en la mort d'Enric Sirera,** i a l'equip informatiu de RTVE "Giravolt". Pere Lluís Espinosa, arquitecte de la restauració del Born, Maria Girona, per la seva exposició a la Galeria "Adrià", el "Teatre Lliure" i el seu realitzador Fabià Puigcerver, i Jorge Castillo per les cinc exposicions realitzades a Barcelona, obtingueren el premi d'«Arts Plàstiques». Castillo, però, rebutjà el seu premi, donant peu, així, a una lamentable polèmica ciutadana. Finalment, el Congrés de Cultura Catalana fou guardonat com la millor aportació col·lectiva de caràcter cultural.

• **17.9.** Cimera d'ordre públic: professionalitat i eficàcia en els cossos de seguretat.
• Cadena d'atemptats sense víctimes al País Basc.
• Nicaragua: Els bisbes demanen la retirada de Somoza.
• **18.9.** 15.000 morts per terratrèmols a Iran.
• Acaba la cimera de Camp David.
• Violentes manifestacions contra el nou aeroport de Tokio.

Des que es va tancar el **mercat del Born,** la tan barcelonina dita de "Roda el món i torna al Born" havia quedat sense sentit literal. El 23 de setembre, però, amb l'edifici restaurat, els barcelonins podien "tornar al Born", que s'inaugurava amb una **exposició de roses i art floral** organitzada per Jardinova, amb més de cinquanta varietats de roses i moltes flors cultivades a les comarques de Barcelona.

Sota el títol "Emoció, xafogor i brutícia a la **travessia del port,** l'"Avui" comentava la **51 edició** d'aquest certamen anual, que enguany fou guanyat, com era esperat, per Rafael Escalas, de Club Natació Palma, i per Carme Montero, del Sant Adrià, essent els guanyadors de la cursa infantil Antoni Andurell, del Sant Adrià, i M. Pilar Barceló, del C.N. Barcelona. La cursa gran constava de 3.800 mts., i fou seguida per "un bon nombre d'afeccionats que resistiren un sol bleïdor mentre els nedadors, grans, joves i petits travessaven unes aigües plagades de brutícia i de dificultats, com eren trossos de fusta surant tranquil·lament, que provocaren les queixes de més d'un participant". La competició fou organitzada —com sempre— pel Club Natació Atlètic, de Barcelona.

• **19.9.**
Es constitueix la Comissió 9 d'Octubre en defensa del País Valencià.
• Cap de setmana dels reis d'Espanya i de Jordània a Mallorca.
• França: Victòria socialista en eleccions parcials.
• **20.9.** Un milió de persones sense feina en tot el país, segons INE.
• Baixa el preu del cafè.
• Jordània no subscriu l'acord de Camp David.

El **Saló de la Moda Espanyola** celebrà **al Ritz** de Barcelona les seves Noces de diamant els dies 14 i 15. Amb motiu d'aquest **75è aniversari,** la Cooperativa d'Alta Costura, que comprenia vint firmes —17 d'alta costura i 3 de pelleteria— en els seus començaments, i que en compta actualment només amb deu, presentà les tendències del 78-79 en alta costura i moda-selecció, amb menys relleu, però, que quan celebrà les Noces d'or i amb dos factors tristament negatius: la mort recent del gran creador Pere Rovira i la crisi empresarial del president de la Cooperativa, Pere Rodríguez.

• **21.9.** Espanya, vice-presidenta de l'Assemblea de l'ONU.
• Fuga d'un etarra detingut a Behobia.
• L'ajuntament de Sant Sebastià "cessat" per ordre ministerial.
• **22.9.** Ple del Senat: els sometents suspesos, però no suprimits.
• França: Els controladors aeris tornen a la vaga de zel.
• URSS: El filòsof Zinoviev desposseït de la nacionalitat soviètica.

En el marc retro-modern d'El Molino, a Barcelona, i a la mitja part de l'espectacle "Arriba las faldas", es lliuraren els **Premis FAD-Sebastià Gasch de Music Hall,** concedits enguany a l'artista **Christa Leem,** que aparegué amb el poeta Joan Brossa, i al mantenidor de **l'establiment "El Rei de la Màgia"** i a l'il·lusionista **Joan Forns Li-Txang.**

El senyal més evident de tot país modernament desenvolupat és, sense cap gènere de dubtes, l'educació. Barcelona, però, **començà el curs 78/79,** a mitjan mes de setembre, amb el retard del nomenament d'uns dos mil mestres i de l'aplicació del decret de l'ensenyament en català. Tot això, unit a la manca d'escoles, a l'encariment de les despeses, a la baixa qualitat de l'ensenyança i a molts altres factors, continuava produint un defecte de base cabdal que repercutia en totes les manifestacions de la vida civil, professional i cultural del país.

"Segons una anàlisi realitzada per "El Noticiero Universal", 32.000 pessetes constitueixen la despesa mitjana per escolar i any a Barcelona. En aquestes despeses no s'inclouen ni les estrictes de l'ensenyament ni les de transports de casa a l'escola. El vestuari mínim de l'escolar... representa una despesa mínima de 4.175 pessetes. La bata en costa 300... Les activitats culturals i esportives oscil·len entre 2.000 i 5.000 pessetes... els preus dels llibres de text poden oscil·lar entre les 1.300 i les 1.500 pessetes."

"Tele eXpress", 15-IX-1978.

El **decret reial sobre l'ensenyament del català,** aprovat pel consell de ministres el 23 de juny, apareixia finalment **al BOE,** el dia 2, és a dir, amb dos mesos i deu dies de retard. A partir d'aquest moment tan esperat, el català es convertia en matèria obligatòria a tots els centres docents de pre-escolar, bàsica i batxillerat de Catalunya. Tots els mitjans de comunicació donaren a primera plana la important notícia. "El Correo Catalán": "Curs 1978-79, Català a l'escola"; l'«Avui»: "El decret del català, finalment en el BOE"; "Mundo Diario": "Per fi, català a l'escola", etc. Posteriorment, el dia 18, apareixia una Ordre del Ministeri d'Educació i Ciència desenvolupant i regulant l'aplicació del decret, i el dia 27 tenia lloc la reunió de la Comissió Mixta Generalitat-Ministeri d'Educació per a la seva aplicació concreta, primera reunió d'una sèrie que funcionaria amb les següents subcomissions: una per a cada una de les províncies catalanes, i una altra sobre llibres de text, a més de la permanent.

"Dos-cents mil analfabets i un milió d'adults sense certificats d'estudis primaris" a la província de Barcelona és el lamentable resultat que denunciaren les tres centrals sindicals UGT, CC.OO. i CNT en un comunicat en el qual reivindiquen "una millor qualitat en l'ensenyament per als adults de la nostra província". Enfront de les dades per a Madrid, que per a "unes necessitats semblants es compta amb més de 300 places per a mestres", a la província de Barcelona n'hi ha "sols 71 per a mestres dedicats a adults".

"La Vanguardia", 20-IX-1978.

Amb una menció molt especial dels que són i han estat grans llibreters de Barcelona, Josep Maria Cadena féu el Pregó inaugural de la **XXVII edició de la "Fira del Llibre d'ocasió antic i modern",** que tingué lloc al passeig de Gràcia, de la ciutat comtal, del 18 de setembre al 4 d'octubre, amb la participació d'una cinquantena de llibreters catalans, valencians, andalusos i madrilenys, i que atragué un nombrós públic, encara que les vendes no foren, a causa de la crisi, particularment importants.

- **23.9.** CEE: Acord favorable a l'Estat espanyol sobre pesca.
- Nicaragua: L'oposició crea un triumvirat per substituir Somoza.
- El president de Síria es nega a rebre el secretari d'Estat nord-americà.
- **24.9.** Vitòria: Un policia mort i dos de ferits greus.
- Aeroport de Mallorca: Anuncis de sortides i arribades en català.
- Somoza accepta negociar amb l'oposició.

La revista "El Viejo Topo", títol extret d'un text de Marx, que en els seus dos anys d'existència ha estat la més punyent publicació sobre temes de teoria "postmarxista", i que s'edita a Barcelona, celebrà els dies 29 i 30 de setembre i 1 d'octubre el seu **I encontre** "Per a canviar la forma de produir, de viure, de consumir... **Per a canviar la vida",** amb una sèrie de taules rodones, projeccions de films, actuacions musicales i presentacions de figures, com la del Lute. Les trobades foren un èxit de públic que ompliren de gom a gom les dues places del Poble Espanyol de Montjuïc, àdhuc el dia 30 a la tarda, en què caigué un fort temporal de pluja sobre la ciutat. Entre les nombroses personalitats que prengueren part en els debats sobre "eurocomunisme", "marginació de la dona", "qüestió nacional", "antipsiquiatria", "països de l'Est", "literatura i política", "crisi del marxisme", "presons" i "crisi econòmica", cal esmentar Fernando Claudín, Alain Krivine, Pilar Bravo, Magda Oranich, Francisco Letamendía, Lucio Colletti, K.S. Karol, Ernest Mandel, Carlos Franqui, Etienne Balibar, Jorge Semprún, Alfonso Guerra, José Agustín Goytisolo, Avel·lí Artís-Gener, Marc Palmés, Gunder Frank, etc. Foren projectades les pel·lícules **Por qué perdimos la guerra** de Diego Abad de Santillán, **Las dos Memorias,** de J. Semprún, **Informe General,** de Pere Portabella, i **Raza,** del general Franco i de J.L. Saez de Heredia. Així mateix actuaren la Companyia Elèctrica Dharma, Los Sirex, Ovidi Montllor, Manolo Sanlúcar, Sisa i Tequila.

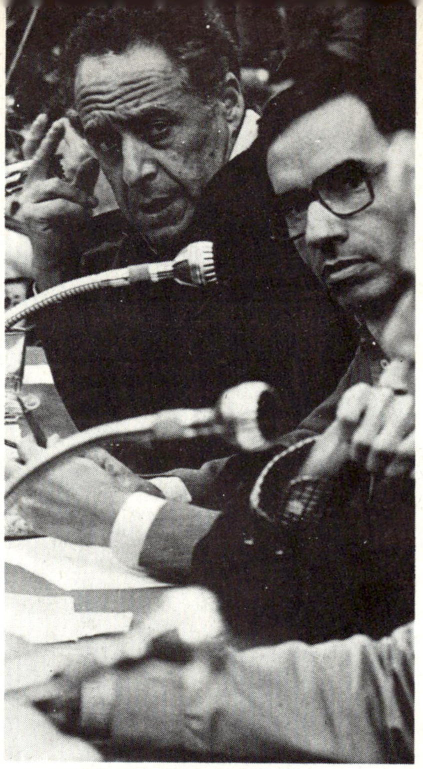

Lucio Colletti i Alfonso Guerra

Avel·lí Artís, José A. Goytisolo i J. M. Carandell.

Ernest Mandel.

Jorge Semprún i Étienne Balibar.

• **25.9.** Felipe Gonzàlez a Belgrad.
• Sant Sebastià: Dos guàrdies civils assassinats.
• Somoza domina la rebel·lió: assassinats massius.
• **26.9.** Constitució: El Senat reconeix les nacionalitats.
• Anglaterra trava l'acord pesquer d'Espanya amb la CEE.
• La conferència de Damasc anatematitza Sadat.

Seguint un itinerari semblant al de Tarradellas, la **nova obra dels** nous **Joglars,** sempre amb la figura de l'exiliat Albert Boadella, titulada **"M 7 Catalònia"** s'estrenà primer a França —Perpinyà, 27 de setembre—, després a Madrid, el 5 d'octubre, per arribar posteriorment a Catalunya. La nova peça, que uneix la pantomima amb el guió literari, és una visió "retrospectiva" de Catalunya, i potser més de la Catalunya Nord, des d'un futur indeterminat en què la nostra cultura ja ha desaparegut del mapa i és tractada pels científics com una recuperació etnològica, fitxada amb el número 7. La nova peça, considerada com una de les millors produïdes per aquest grup tan lligat en els seus èxits i desastres a la cultura catalana, fou representada per Anna Barderi, Carme Periano, Pitus Fernandez, Rafael Orris, Ramon Teixidor, Antoni Vicent Valero, sota la direcció d'Albert Boadella.

A principis de segle només hi havia un barri "Chino" a Barcelona, batejat amb aquest nom oriental als anys vint. Des de la postguerra n'hi ha dos: el tradicional del Raval i l'anomenat "Barri Chino Perfumat", a l'**illa limitada pels carrers Buenos Aires, Urgell, Londres i Borrell.** L'Associació de Veïns d'aquesta part "alta" de la Ciutat Comtal (i menys que comptal) realitzà una assentada el dia 21 per protestar per la presència i l'augment de la **prostitució** en aquella illa. En un comunicat, l'Associació, després d'emmarcar aquest fet en el quadre sociològic de la manca de mitjans econòmics i educatius de moltes famílies, observava que la prostitució, "com que no és admesa, no és tampoc regulada ni sotmesa a cap mena de control. Això dóna lloc a fets com el que ara ens ocupa; la prostitució al carrer amb totes les conseqüències des de la sanitària fins a l'increment de la prostitució de menors, passant pels desordres al carrer".

En el trentè aniversari de la mort de **Pompeu Fabra,** ordenador de la llengua catalana, i dedicades a la seva memòria, se celebraren **a Prada** de Conflent les **X Festes Populars de Cultura,** amb forta assistència de catalans del Principat i de la Catalunya Nord. Francesc Català, davant la tomba de Fabra, féu esment que "aquesta tomba s'està convertint en un lloc de peregrinació, com Cuixà". En altres actes es féu un recordatori de la cultura catalana en temps del feixisme i en l'actual etapa "pre-democràtica". Intervingueren en els parlaments, personalitats com Joan Triadú, el batlle de Prada, Gipoló, Ramon Gual —principal organitzador de les festes d'enguany—, i Pere Verdaguer. Seguidament es lliuraren els premis del concurs literari, amb Pere Taillant, Joan Barceló, Joan Pau Saquè, M. Rosa Esteve i Joan Jaume Amigó com a guanyadors, i la cloenda se celebrà amb un dinar de germanor en què hi hagué nous parlaments dels senyors Bladé Desumvila, Coll i Alentorn i Brazes.

- **27.9.** PSOE i AP units contra Suárez i Carrillo.
- Televisió: Acceptació del sistema de color PAL.
- Visita oficial dels reis de Bèlgica.
- **28.9.** El Ministeri de l'Interior posa dificultats als llatino-americans exiliats a Espanya.
- Bilbao: Un escamot d'ETA rescata un company de l'hospital.
- Mauritània: El Polisario perllonga la treva.

"Per tal que la successió no quedi al caprici d'un espermatozoide i un òvul" **el senador** del Grup Mixt **Lluís M. Xirinachs,** es manifestà **a favor de la República** i contra la Monarquia, alhora que demanava per a Espanya la forma d'**Estat confederal** a fi i efecte que tots els pobles ibèrics gaudeixin de la mateixa entitat i dels mateixos drets. Contestà al senador català —que en un moment donat s'expressà en l'idioma matern—, el senador d'UCD, J.A. Escudero, amb les paraules següents: "Fa massa segles que som junts per a tractar-nos com si ens acabéssim de conèixer", i afegí que "el senador català sembla que s'hagi equivocat de país" i que el federalisme seria com "introduir un germen d'autodestrucció i d'autoanihilament". A la votació de l'esmena de Lluís M. Xirinachs, en aquesta segona sessió del Senat, el dia 25, sobre el projecte constitucional, cent vuitanta-tres senadors es manifestaren en contra, dos (Xirinachs i Bajo Fanlo) a favor, i setze s'abstingueren.

"Els debats dels articles de les autonomies, que formen part del títol vuitè, van produir la primera trava greu en aconseguir el senador centrista Ricardo de la Cierva que li fos aprovada una esmena segons la qual l'Estat podrà crear centres per a la protecció de la cultura comuna."

"Avui", 14-IX-1978.

"...El que és clar és que al Senat s'intenta retallar l'autonomia de les regions i nacionalitats."

"Mundo Diario", 14-IX-1978, manifestacions d'A. Cirici Pellicer a Europa Press.

"Què volen? —es preguntava J. Solé Tura—, que l'Estat construeixi a Catalunya escoles o universitats en llengua castellana i ens digui que la Generalitat pagui com pugui les escoles catalanes?"

"Tele eXpress", 14-IX-1978, manifestacions de Jordi Solé Tura a Sau.

Un dels fenòmens més estranys de la nostra cultura és l'extraordinari interès pel teatre i la manca de textos teatrals, tant clàssics com actuals. Els mitjans de difusió dediquen espais diaris al teatre, però és infreqüent veure una obra d'interès. Més d'una vegada els directors escènics han cercat el material literari no en textos dramàtics, sinó en altres gèneres. Un d'aquests casos és el muntatge de l'obra **Antaviana pel grup Dagoll Dagom,** estrenada a la Sala Villarroel de Barcelona, basat en quinze contes del magnífic escriptor **Pere Calders.** Comentant l'obra del col·lectiu (en la qual intervingueren Mas Tarragona, Assumpta Rodés, Anna Rosa Sisquella, Berti Tovias, Miquel Periel, Pere Rubianes i Joan L. Bozzo, com a actors, Isidre Prunés i Montse Amenós com a escenògrafs, Jaume Sisa com a músic i Agustí Ros com a coreògraf), el crític Josep Maria Loperena resumia així el món d'**Antaviana**, encertadament recreat per Dagoll Dagom: "Els records de la infància i alguns altres, el real i l'imaginatiu, s'enllacen amb la protesta, la crítica d'una societat real, però amb humor, amb ironia, mitjançant l'enfrontament de l'esperit amb la realitat."

• 29.9. Es preparen els nous pactes de la Moncloa, amb forta oposició patronal.
• Ple del Congrés: La nacionalització siderúrgica a debat.
• L'extrema dreta amenaça de mort set polítics.
• 30.9. Mor el papa Joan Pau I, elegit el 26 d'agost.
• Consell de ministres: 4 dies de dol per la mort del papa.
• Estrany carregament d'armes destinat a l'Estat espanyol, retingut a Anglaterra.

Amb excepció del funeral a l'església de Sant Andreu, foren prohibits tots els **actes en memòria dels últims afusellats de l'època del franquisme** —el 27 de setembre de l'any 1975—, entre ells el de Juan Paredes Manot, un extremeny de l'ETA que fou ajusticiat a Barcelona. En primer lloc estava previst un acte al Col·legi d'Advocats de Barcelona, amb la participació de Marc Palmés, defensor de Paredes (Txiqui), Mikel Castells, advocat dels altres judicis del mateix etarra, Iñaki Esnaola i l'exconseller de Governació del Govern Basc a l'exili, Telesforo Monzón (a la fotografia). A la roda de premsa que substituí aquest acte prohibit pel govern civil, Monzón declarà que la mort del Txiqui "s'ha convertir en símbol per a tots els que han vingut al nostre país (Euskadi) en busca de treball". Tampoc l'acte que havia de celebrar-se davant de la tomba que durant un temps contingué les despulles de Paredes no pogué dur-se a terme, a causa dels forts contingents de la policia d'antidisturbis, que impediren l'arribada dels centenars de persones que es traslladaren al cementiri de Cerdanyola.

OCTUBRE

Festa boletaire a Berga.
Presentació del núm. 1 de "Play Boy".
Ciclisme. Escalada al castell de Montjuïc.
Eladi Vallduví, campió del món de tir.
Nou president a l'Institut d'Estudis Catalans.
Jordi Maragall, director general de Cultura.
Centenari del naixement de l'escultor Clarà.
Conferència Internacional del Pen Club.
XX Setmana Internacional de Cinema.
Rodatge de la pel·lícula *Procés a Catalunya.*
Jeroni Albertí visita Barcelona.
Dimissió de Frederic Rahola.
Festival Internacional de Música.
L'armari en el mar, de Brossa, al Lliure.
Encontre dels dos coprínceps d'Andorra.
Layret, de M. A. Capmany, a la Televisió.
X aniversari de la mort de l'abat Escarré.
Juneda. Centenari de l'arribada del ferrocarril.
Trofeu Comte de Godó, de tennis.
Premi Planeta a Joan Marsé.
Bread and Puppet, al Tinell.
I Setmana d'Estudis de Marginació Social.
Manuel Ortínez, nou conseller de governació.
Aparició d'"El Periódico".
Moda del Mediterrani.
B. B. King.
Núria Espert, premi Margarida Xirgu 1978.
28è aniversari de l'execució de Lluís Companys.
Generalitat. Primeres transferències.
Nicolàs Guillén a Barcelona.
Setmana universitària llatino-americana.
Xavier Cugat a Barcelona.

Hi ha qui té un do particular per a trobar bolets, com hi ha qui el té per a la pesca amb canya o la cacera. Josep Tubau collí 27 quilos de bolets en el **XII Concurs Boletaire de Berga** que se celebrà a Puigventós el diumenge dia 1. De set a onze del matí, els cent cinquanta concursants repassaren la muntanya: Moisès Genescà trobà el rovelló més gros, Jordi Carreres el més original, Josep M. Vert guanyà el concurs de cuina, Antònia Capelleres el de millor presentació gastronòmica, i el de micologia se l'emportà Jaume Morera. Mentre es feia una ballada de sardanes, els nens celebraven un concurs de dibuix de bolets verinosos i es cremava una falla boletaire.

• **1.10.** Es retorna a l'horari d'hivern amb el retard de seixanta minuts.
• 50 aniversari de la fundació de l'Opus Dei.
• Nicaragua: Somoza accepta la mediació d'Estats Units, Guatemala i R. Dominicana
• **2.10.** Vint mil ultres recorden el Caudillo a València.
• Gran festa del PCE a la Casa de Campo de Madrid.
• Un milió de persones desfilà davant el cadàver de Joan Pau I.

"A Montjuïc, Pollentier exhibició", "Pollentier, rei", i "Pollentier arrasà a Montjuïc" són alguns dels titulars de premsa que comentaren la proesa del belga Michel Pollentier, el dia 12, en la **XV Edició de l'escalada internacional de ciclisme de Montjuïc**, en la què aquest ciclista obtingué tots els premis: per equips (amb Saronni), contra rellotge i el premi de la Muntanya. "El triomf ha estat difícil —comentava l'as— perquè he corregut poc últimament i no em trobava en la millor forma." Per segona vegada guanyador de l'escalada barcelonina, Pollentier ho aconseguia en 48 minuts i dotze segons, seguit d'Eulali Garcia, Belda, Galdós i Saronni.

"Són per a veure, no per a tocar", diu l'eslògan de "Playboy" sobre les seves noies "conillets" o **bunnies**, eslògan que expressa a la perfecció el sentit de "Playboy": excitar la imaginació eròtica d'una manera passiva, que no invita a l'acció. Ara **"Playboy"**, la revista inventada i dirigida per Mr. Hefner, amb una tirada de cinc milions d'exemplars als Estats Units, **presentava a l'Hotel Ritz** de Barcelona **el número 1 de l'edició espanyola**, amb un sopar el dia 20 al qual foren presents Mr. Hefner, l'editor Lara, que és qui l'edita, Josep Ilario, el seu promotor, Ivan Tubau com a director, i moltes personalitats de la vida social i cultural del país. Amb aquesta edició, "Playboy", que ja compta amb edicions anglesa, italiana, francesa, alemanya, japonesa, grega, australiana i mexicana, a part de l'americana, arribava al públic espanyol amb tot el seu prestigi de revista eròtica però amb pretensions intel·lectuals, on el nu femení es combina amb intervius a polítics i amb contes de grans escriptors.

- **3.10.** Assassinat d'un guarda d'ICONA a Tolosa.
- Denunciat a Madrid un militar per la fabricació de bolígrafs-pistola.
- Acord Suárez-Castro: Retorn de Cuba de repatriats espanyols.
- **4.10.** Assassinat d'un cap de Marina, a Bilbao.
- Expedient a sis alts càrrecs de la residència de la SS "La Paz", de Madrid.
- Gran Bretanya: Callaghan amenaça amb restriccions econòmiques.

El director general dels Museus de Catalunya, pertanyent a una família que ha donat importants personalitats a la cultura catalana, fou elegit **president de l'Institut d'Estudis Catalans**, el dia 5, en substitució del doctor Alsina i Bofill. Creat per Enric Prat de la Riba l'any 1907, l'Institut fou un dels grans motors de la cultura catalana fins a la guerra civil, a partir de la qual realitzà una tasca de caràcter acadèmic per la supervivència. Ara, de nou a la legalitat, i en els locals de la Casa de la Convalescència, necessitava un nou president amb gran preparació organitzativa, com era el cas de **Joan Ainaud de Lasarte**.

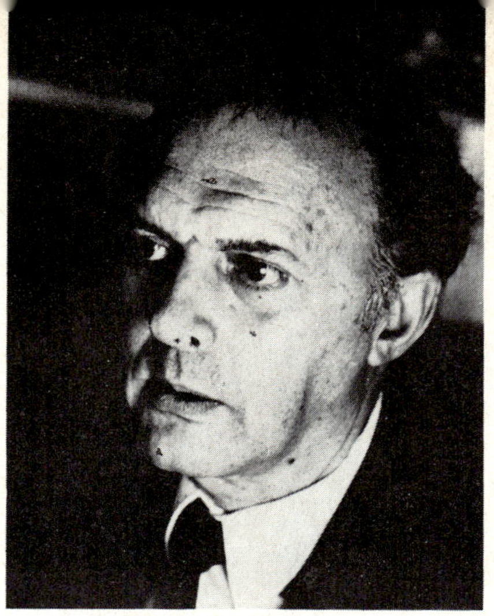

Per primera vegada es tradueix a l'anglès la gran novel·la clàssica catalana del valencià Joanot Martorell, i acabada per Martí Joan de Galba, **Tirant lo Blanch**. Un escriptor i poeta nord-americà, David Rosenthal, que ja havia fet el doctorat al seu país amb una tesi sobre aquella novel·la i que havia traduït **La plaça del Diamant**, de Mercè Rodoreda, i una dotzena de poetes catalans, ara ha emprès l'ingent treball de traduir l'obra de Martorell i Galba, amb el propòsit de fer-ne dues edicions: una d'acadèmica, amb tot l'aparell erudit, i una altra de popular, amb la part més sucosa i atractiva del llibre.

Dues arts es repartien en aquests anys el lloc de la "Ventafocs", el ballet i l'escultura. Encara que hi continuava havent notables escultors, aquest art no obtenia el favor popular, com es demostrà en l'homenatge al gran **Josep Clarà**, amb motiu del **centenari del seu naixement.** L'exposició "Clarà i la seva època" —Clarà havia nascut a Olot l'any 1878 i va morir a Barcelona l'any 1958—, inaugurada el dia 9 al palau de la Virreina, va passar pràcticament desapercebuda, encara que s'hi presentaven nombroses obres mestres de l'autor de "La deessa" i moltes altres dels seus contemporanis com Casas, Rusinyol, Anglada Camarassa, Togores, Pablo Serrano, Sorolla, Bagaria, Benlliure, Hugué i altres.

Jordi Maragall i Noble, últim fill del poeta Joan Maragall, rebé el dia 6 el nomenament de **director general de Cultura**, de la Conselleria de Cultura i Ensenyament de la Generalitat. Nat l'any 1911, Jordi Maragall es dedicà principalment a la filosofia, i ha estat deixeble dels filòsofs Serra Húnter, Xirau i Mirabent.

Nou campió del món del tir al plat: el reusenc **Eladi Vallduví**, amb un *score* de 198-200. A les proves disputades a Seül, Corea, Vallduví, que ja tenia el títol de campió d'Europa de l'any 1973, obtenia la medalla d'or, seguit de l'italià Silvano Basagni i de l'australià Ellis. La canadenca Susan Nattras obtenia la d'or femenina, mentre que les de plata i bronze foren per a la italiana Gentiletti i l'espanyola M. del Carmen García. Pocs dies després, el director general del Consell Superior d'Esports concedia a Vallduví la Medalla d'Or al Mèrit Esportiu.

• **5.10.** La direcció de la policia de Sant Sebastià acusa alguns membres de les forces d'ordre públic.
• Partit de futbol de la Copa d'Europa de Nacions; Iugoslàvia 1-Espanya 2.
• Guatemala: 7 morts en les manifestacions a causa de la pujada dels autobusos.
• **6.10.** ETA reivindica la mort del cap de Marina.
• Derrota del PNB a la fi dels debats constitucionals.
• Isaac Bashevis Singer, Premi Nobel de Literatura.

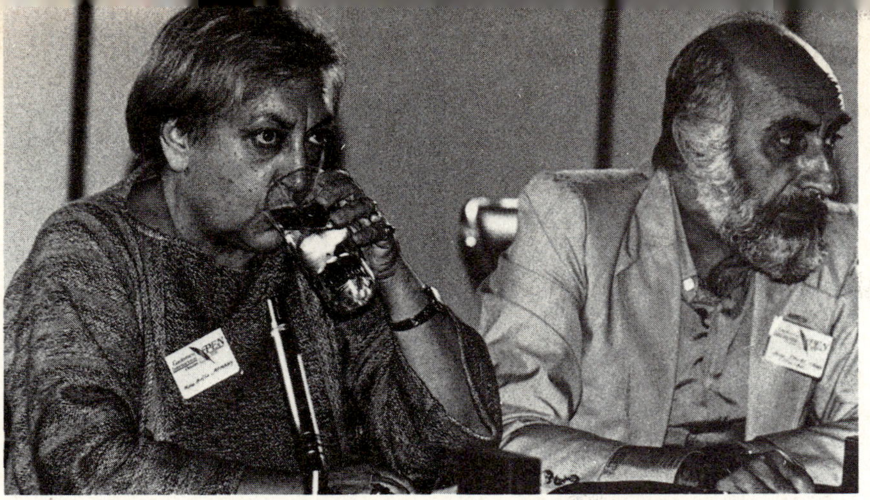

La **"Conferència Internacional del PEN"**, organitzada pel Centre Català del PEN, dirigit pel poeta Palau Fabre, tingué lloc a la Fundació Miró de Barcelona els dies 11-13, precedida per l'"Encontre UNESCO-PEN" que estudià la "Promoció de la literatura en la societat contemporània". A la Conferència del PEN assistiren més de cent escriptors, de quinze països, sota la presidència de Mario Vargas Llosa i la presidència d'honor del poeta català Josep V. Foix. La reunió fou útil per a donar a conèixer el PEN a Catalunya, i per a donar a conèixer la cultura catalana al PEN, així com per a discutir sobre la necessitat de promoció de la cultura i, en concret, de les cultures d'àmbit restringit, i altres temes d'actualitat. En els debats sobre cultures minoritàries, participaren un bon nombre d'intel·lectuals catalans, entre ells, com mostra una de les fotografies, Maria Aurèlia Capmany i Palau Fabre.

La **"XX Setmana Internacional de Cinema de Barcelona"** tingué enguany com a principals novetats les **"Jornades de Cinema Català"** (com a continuació dels treballs de l'Àmbit de Cultura Catalana del CCC) i la **"Setmana als Barris"** en què s'atorgà, a més, el premi Fructuós Gelabert a càrrec de la Federació Catalana de Cine-Clubs. La XX Setmana, del 9 al 15, dedicà una atenció particular al cinema en relació amb la televisió, i es projectaren diverses obres de grans realitzadors per a TV, com ara Rossellini i Goddard. Entre els films projectats hom pot destacar **Despair**, de Fassbinder, **Rancheador**, del cubà Sergio Giral, **La muerte de un presidente**, de J. Kawalerowicz, **Gran Hotel des Palmes**, de Memé Perlini, **The nacked civil servant**, de Q. Crisp, **La tortue sur le dos**, de L. Beraud, **Toi Ippon no michi**, de Sahiko Hidari i **Disturbis al regne dels cels**, de Wan-Lai-Ming. A les Jornades cal esmentar la presentació del "Front del cinema català" format per sis entitats i tres cineastes independents (vegeu foto), els debats sobre pedagogia, televisió pública i privada, la presentació de la Central del Curt, cinema infantil i juvenil, l'homenatge als primitius cineastes catalans (vegeu foto), la projecció de curtmetratges i l'elaboració d'un manifest final. El primer premi de curtmetratges recaigué en l'obra catalana **Volem l'Estatut**, de Manuel Barberà i Àngel Cuxart. Cal referir-se també a l'homenatge a l'Institut Nacional Audiovisual, organisme estatal francès. La pel·lícula **Salo**, de Passolini, només es va poder projectar a la sessió de tarda, ja que poques hores després era segrestada per "atemptar contra la moral" per l'autoritat judicial. L'obra del malaguanyat escriptor i director italià rebé el premi d'Art i Assaig com a protesta pel nou atemptat a la llibertat d'expressió.

- **7.10.** Importants manifestacions de jubilats a Madrid i al País Basc, per pensions dignes.
- Dos presos morts en un incendi a la presó de Segòvia.
- Contacte urgent Carter-Brejnev per a una treva immediata al Líban.
- **8.10.** País Valencià: conflictiva celebració de la Diada Nacional, amb uns 100 mil manifestants.
- Es confirma que Espanya envia armes a Xile.
- Guatemala: dotze morts més.
- **9.10.** S'anuncien les visites del rei a Marroc i de Suárez a Algèria.
- El 50% dels socialistes francesos a favor de Rocard.
- Nou ambaixador de Moscou a Madrid.

A finals del mes de setembre, s'inicià la filmació de la **pel·lícula en català Procés a Catalunya**, que narra la vida de Lluís Companys des de la seva detenció al refugi de La Baule (França) per la Gestapo, fins al seu afusellament el 15 d'octubre de 1940 a Barcelona, acusat de ''rebel·lió militar'' —quan ell fou un dels homes que més lluità contra els militars rebels del juliol del 36. Dirigida per Josep Maria Forn, amb guió d'Antoni Freixas i J. M. Forn, fotografia de Cecílio Paniagua, ''Procés a Catalunya'' té com a actors Luis Iriondo, en el paper del president de la Generalitat, Pau Garsaball, Ovidi Montllor, Agustí González, Marta May i Andreu Abelló (que interpreta el seu propi paper), entre d'altres.

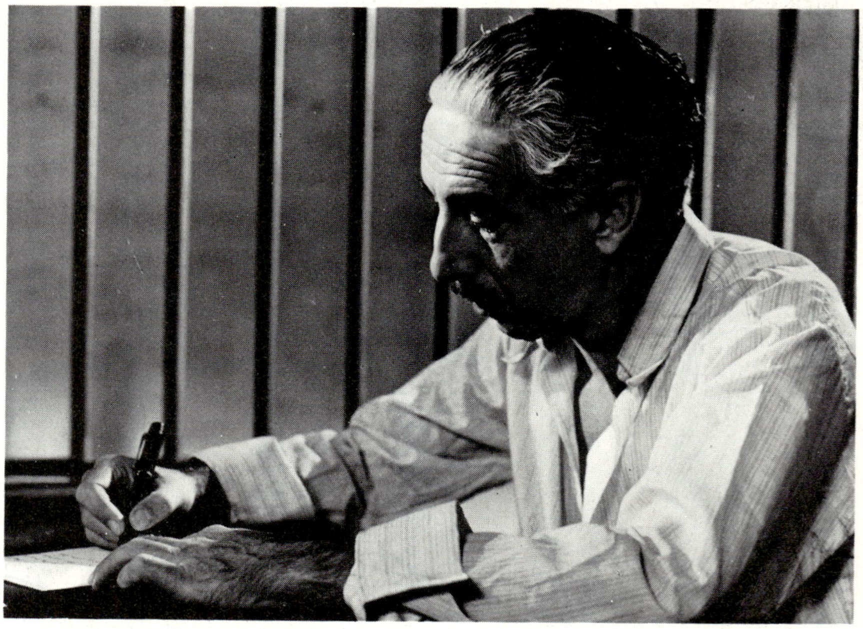

• 10.10. Dos guàrdies civils morts en atemptats al País Basc.
• París: Mor el popular cantant Jacques Brel.
• La coalició governamental guanya posicions a l'estat de Hesse, Alemanya.
• 11.10. Marroc reclama Ceuta, Melilla i Canàries.
• Les Brigades Roges assassinen un alt càrrec judicial italià.
• Zimbabwe: abolició de la segregació racial.

Si entre el País Valencià i el Principat existien fortes tensions, i sectors importants del primer contemplaven amb desconfiança el centralisme del segon, entre les Illes i Catalunya les relacions a nivell polític i popular eren en general de cooperació i de simpatia en aquesta etapa pre-autonòmica. Això es demostrà palesament en la **visita** de tres dies que el **president del Consell interinsular de les Balears, Jeroni Albertí** va fer **a Catalunya**, a partir del dia 16, durant la qual s'entrevistà amb les autoritats de la Generalitat, amb l'abat de Montserrat i amb personalitats de la vida cultural catalana. Albertí destacà, en canvi, les tensions existents entre les diverses illes balears, i el bon camí que l'autonomia suposa per a superar-les, gràcies al caràcter ''interinsular'' del Consell General.

Amb la inauguració, al Palau de la Virreina, el dia 2, de l'exposició dedicada a l'introductor de la guitarra moderna, Ferran Sors, en el II centenari del seu naixement, començà el **Festival Internacional de Música de Barcelona** que per tercera vegada organitzava Fòrum Musical amb el patrocini de diverses entitats. Vint-i-sis concerts, al Palau de la Música, al Tinell i a alguns punts de la ciutat, com a projecció del Festival als barris, reuniren nombrosos intèrprets del país i estrangers —amb l'accent posat principalmente a la música pre-clàssica i clàssica— tals com Rosalyn Tureck, Narciso Yepes, Giorgio Questa, "I Musici", l'Escolania de Montserrat, Ars Musicae, Esbart de Rubí, Edith Mathis, Cuarteto Amadeus, Orquestra Filharmònica d'Ostrava, amb el seu cor, Orquestra Filharmònica de Berlín, Orquestra Nacional d'Espanya, etc. Els recitals de música actual es donaren al Teatre Lliure, amb obres de Rodríguez Picó, Llorens Balasch, Benet Casablancas i Mestres Quadreny. Paral·lelament se celebraren actes al Conservatori de Música —un curs de direcció coral a càrrec de Michel Corboz—, cinc sessions de cinema a l'Institut Francès, i diversos col·loquis i conferències a les escoles de la ciutat per la promoció de la música entre els escolars. A la fotografia, el London Oratory al Tinell interpretant una missa barcelonina del S. XVIII, de Francesc Valls, el dia 16.

Dins del Festival Internacional de Música, es presentà al Teatre Lliure l'espectacle **L'Armari en el mar**, de **Joan Brossa**, amb música de **Mestres Quadreny**, interpretació de Carles Santos i mínima participació simbòlica d'Antoni Tàpies. Aquesta obra és de caràcter desmitificador, inconformista i com a antídot de la rutina musical decadent, amb números de "music-hall", de transformisme, de **strip-tease** i de distorsió surrealista.

La tensió en el si del Consell Executiu de la Generalitat, entre els partits d'esquerra, amb majoria a Catalunya, i l'honorable Tarradellas, originada en l'actitud presidencialista d'aquest, arribà a un punt d'excitació màxima a mitjan mes arran de la destitució de la secretària del conseller d'Obres Públiques per ordre de Tarradellas, i de la **"dimissió"** —més aviat cessament— **del conseller de Governació, Frederic Rahola**. Rahola, després "de més de 42 anys d'estreta amistat i col·laboració" amb Tarradellas, adreçava una carta al president, feta pública el dia 19, en la qual es queixava que "des de fa tres mesos no he tingut ocasió de despatxar amb vós els afers del departament" i constatava que "aquests últims dies la premsa ha expressat reiteradament el rumor que per part vostra hi havia interès que jo sol·licités la dimissió del meu càrrec de conseller de Governació, manifestacions que fins aquest moment no han estat desmentides per la Presidència". Finalment, afegia que "per a clarificar la meva situació, doncs, us adreço aquestes ratlles, amb les quals poso a disposició vostra el meu càrrec de conseller".

- **12.10.** El rei ajorna el viatge al Marroc a causa de les reclamacions territorials.
- El PNB demana poders coercitius per a lluitar contra la violència.
- Arístides Royo, nou president de Panamà.
- **13.10.** David Rockefeller viatja a Madrid per a la instal·lació d'un banc.
- UCD negocia amb el Polisario el retorn dels pescadors capturats.
- Esclaten quatre bombes a l'exprés Dublín-Belfast.
- **14.10.** Dos membres de la policia armada morts a Sant Sebastià en un atemptat.
- Aprovat el pressupost de l'Estat: Un bilió set-cents trenta-dos milions de pessetes.
- Alliberats els pescadors capturats fa sis mesos pel Polisario.

El muntatge teatral de **Maria Aurèlia Capmany** sobre l'advocat laboralista Francesc Layret, assassinat al carrer Balmes de Barcelona el 30 de novembre de l'any 1920, arribava ara a la televisió sota el títol **Preguntes i respostes sobre la vida de Francesc Layret**, amb direcció de Lluís Maria Güell i la interpretació del personatge de Layret per un dels millors actors de l'escena catalana actual, **el poeta Feliu Formosa**, juntament amb Maria Josep Andany, Carles Sales, Joan Matas, Francesc Lucchetti, Josep Minguell i altres actors. La filmació es realitzà al llarg del mes d'octubre.

El dia 8 de setembre de 1278 es reuniren **a Andorra** el comte Bernat de Foix i el bisbe Pere d'Urg per tal de signar els pariatges, fonament de les tradicions del petit país pirenaic. Vuit segles després, el 20 d'octubre de 1978, **els coprínceps** Valéry Giscard d'Estaing i el bisbe monsenyor Martí i Alanís, tornaven a trobar-se a les Valls. La presència dels coprínceps amb el poble andorrà no era sols un fet extraordinari a causa que es retrovaben per primera vegada després de tants segles, sinó perquè suposava el començament d'una nova etapa de reformes polítiques, desitjada per la majoria del poble de les set parròquies i públicament expressada pel síndic Julià Reig.

- **15.10.** Incidents en els funerals pels policies assassinats a Bilbao.
- Trasllat forçós de part de la guarnició de Bilbao, a causa dels incidents.
- Comença el conclave per a elegir nou papa.
- **16.10.** Lekeitio: nou guàrdia civil assassinat per ETA.
- El general Figueiredo, nou president de Brasil.
- Itàlia: Segons una estadística, un atemptat cada tres hores al llarg de l'any.

El dia 21 es complien **deu anys de la mort de l'Abat Escarré** a l'exili. Els mitjans de comunicació de Catalunya dedicaren a la memòria de l'abat de Montserrat molt d'espai en record de l'etapa dificilíssima en la qual Aureli Escarré, del 1941 al 1961, des de posiciones reaccionàries arribà a la més decidida defensa del poble català, gràcies al seu cristianisme obert i al seu sentit humanista que li feren intuir l'aparició de noves forces progressives a Catalunya. A l'Arboç, poble natal de l'abat, se celebrà una festa multitudinària d'homenatge amb la inauguració d'un monolit, obra de l'escultora Maria Àngels Rosas, i parlaments de diverses personalitats de la política i la cultura del país.

Entre les obres presentades enguany al **Premi Planeta**, en la seva **XXVII edició**, n'hi havia una firmada per Joan Faneca, com a pseudònim, que resultaria ésser la guanyadora. Curiosament, però, Joan Faneca és el nom autèntic de **Joan Marsé**, ja que pocs dies després que la seva mare morís, en Joan passà a ésser fill del matrimoni Marsé, que l'adoptaren. Aquesta ambigüitat nominal és present a la novel·la guanyadora, **La chica de las bragas de oro**, que narra la correcció que un feixista fa de les seves memòries escrites a l'època franquista i que vol publicar a l'època democràtica. Quatre milions de pessetes corresponGueren a Marsé pel premi, i dos més a l'escriptor andalús Alfonso Grosso, com a finalista, amb **Los invitados**. La concessió dels premis se celebrà a l'hotel Princesa Sofía de Barcelona.

El **Trofeu Conde de Godó**, creat l'any 1953 i que es compta entre els grans torneigs del tennis mundial, celebrava enguany la seva **XXVI edició** amb el subtítol comercial d'"Open Marlboro", corresponent als XI Campionats Internacionals d'Espanya de Tennis. Amb les importants absències de l'equip nord-americà de la Copa Davis, d'Orantes i de Barazutti, el campionat enfrontà destacades figures d'aquest esport com ara Higueras, Eddie Dibbs, González, Nastase, Clerc i Tarockzy, i en resultà vencedor indiscutible aquest últim jugador, que és hongarès, i que, contra tot pronòstic, guanyà a l'ídol Nastase en cinc sets. Balasz Tarockzy s'emportava així el milió cinc-centes mil pessetes de premi, mentre la guanyadora d'individuals femenins resultà ésser la senyoreta Mandlikova. El president Tarradellas assistí a la final amb el comte de Godó. La fotografia recull un moment del partit final entre Nastase i Tarockzy.

El diumenge dia 29, la vila de **Juneda** es disposà a rebre un comboi de vuit unitats i una màquina de vapor —que arribà a Barcelona amb un petit retard—, per tal de celebrar el **centenari de l'arribada del primer tren**. Les corals i el poble de Juneda donaren la benvinguda al comboi en el qual viatjaven mig miler de membres de l'Associació d'Amics del Tren, i l'enginyer en cap de la V Zona de Renfe, Josep M. Fortuny.

- **17.10.** Arribada a Bilbao de noves forces de la Policia Armada.
- 25 membres de la policia armada de Bilbao, arrestats.
- Nou papa: el cardenal polonès Wojtyla, Joan Pau II.
- **18.10.** Luxemburg: Obertura de negociacions per a la integració de Portugal a la CEE.
- Sorpresa mundial per l'elecció d'un papa no italià, després de quasi cinc segles.
- 6 països àrabs d'acord per a pacificar el Líban.

Amb ponències de tanta actualitat com "Drogaddicció", "Delinqüència juvenil", "Reclusos", "Homosexualitat", "Prostitució", "Vellesa", "Disminuïts físics" i "Comunitats terapèutiques" se celebrà la **"I Setmana d'Estudis sobre Marginació Social"**, organitzada per l'Institut de Potencial Humà de Barcelona, que dirigeix Salvador Guasch, i que començà el dia 23 a l'Ajuntament. Les sessions, a la Fundació Miró, corrien a càrrec d'especialistes en els temes —psicòlegs, sociòlegs, educadors, assistents socials, periodistes, etc.—, com Raimon Bonal, J. M. Hierro, Amparo Moreno, Maria A. Renom. A la taula sobre homosexualitat hi participaren els doctors Joan Corbella i Lluís Serrat, J. M. Sagarra, Alvarez Cruz i el travestí Samanta, que apareixen a la fotografia.

La minicrisi creada per la dimissió de Frederic Rahola com a **conseller de Governació** trobà una solució de recanvi en la persona de **Manuel Ortínez**, resident a Madrid, ex-director general de l'Institut de Moneda estrangera, amic personal de Tarradellas i el seu anfitrió quan el president va fer el seu primer viatge a Madrid des de l'exili. Ortínez es traslladà a Barcelona el dia 16, retornà a Madrid per mantenir converses amb alts càrrecs governamentals i finalment prengué possessió del càrrec el dia 30, després d'haver estat ratificat el seu nomenament per l'assemblea dels parlamentaris catalans, tal com és previst en els acords de Perpinyà, i encara que alguns d'aquests s'abstingueren.

Al llarg de quatre dies, a partir del 20, la companyia nord-americana **Bread and Puppet**, creada per l'alemany Peter Schumann, presentà alguns espectacles al Tinell. Els seus ninots impressionaren el públic per la seva força expressiva a partir d'una gran simplicitat gestual. Dos dels espectacles eren de la primera època —corresponents a la guerra del Vietnam—: **Un home diu adéu a la seva mare** i **La història del gran guerrer**, i l'altre, **L'home mort s'aixeca**, és un conte misteriós i màgic, ple de poesia.

Després d'una llarga polèmica entre els responsables del **teatre Diana** de Barcelona i el delegat de Cultura de l'Ajuntament, Joan de Sagarra, la Comissió Municipal Executiva decidia l'**expropiació** de les cases del carrer de Sant Pau on es troba el popular teatre contestatari. "Fan una expropiació que no és legal", deia Lluís Lucena, responsable de la gestió teatral del Diana; "hi havia un acord entre la Delegació d'Urbanisme i l'Associació de Veïns sobre la no expropiació". El senyor Solans, de la Delegació d'Urbanisme, en canvi, declarava: "Aquest local necessita una inversió quantiosa... La nostra solució va ser accelerar els tràmits d'expropiació i fer una inversió pública en terrenys públics."

- **19.10.** Comença a Madrid el primer Congrés d'UCD.
- Nova fórmula tributària per a l'Església espanyola.
- Els militars que cometin delictes comuns passaran a la jurisdicció ordinària.
- **20.10.** Els socialdemòcrates guanyen posicions al congrés d'UCD.
- Comença, sense gran èxit, la vaga general del transport per carretera.
- Karpov derrota Korchnoi a Filipines, i continua com a campió mundial d'escacs.

Amb la participació de noranta-dues firmes, la majoria de Barcelona i la resta d'altres ciutats de l'Estat espanyol, se celebrà a les Reials Drassanes, del 26 al 29, el **Certamen de Prêt-à-Porter Exterior per a la Dona**, de primavera i estiu, temporada 79.
El dia 30 tingué lloc un àpat de cloenda en el transcurs del qual fou elegida la Maniquí del Mediterrani, en la persona de Lola Sordo. Dues tendències de la moda polaritzaren l'interès d'aquest primer certamen: la inspirada en el retorn d'elegàncies nostàlgiques i la més jove, d'inspiració carnavalesca i **punk**.

El potent grup Zeta, que publicà "Interviu", "Bazaar" i altres revistes que conjuguen el sensacionalisme amb un cert nivell intel·lectual, posà a la venda el dia 26 el **primer número** del diari en castellà **"El Periódico"**, amb una edició a Barcelona ("El Periódico de Catalunya) i una altra a Madrid. El nou diari, sota la direcció d'Antonio Franco Estadella, compta amb les firmes de Manuel Vázques Montalbán, Perich, Martín Ferrand, Emilio Romero, etc.

Després d'alguns mesos de relativa tranquil·litat a les presons catalanes, el dia 26 es produïa un **motí a la presó de Tarragona**, arran d'ésser descobert un túnel de tres metres i de la discussió entre dos reclusos sobre el possible delator, a l'hora de sopar. Quan els funcionaris s'emportaren el pres ferit en la baralla, alguns companys feren una barricada, tallaren el corrent elèctric de tot el centre penitenciari i cremaren tots el objectes que tenien a l'abast. Resultà pràcticament destruït el taller de fusteria que un particular té instal·lat a la presó i on treballen molts dels reclusos. L'arribada de les forces antiavalots i el llançament de bales de goma i pots de fum acabà amb el motí a primeres hores del dia 27.

• **21.10.**
Es rumoreja que el president Suárez és el Premi Nobel de la Pau.
• El Vaticà reafirma la seva neutralitat política.
• Tito nomena un copresident del Partit.
• **22.10.** Suárez, president d'UCD, com a partit, i Arias Salgado secretari general.
• Joan Pau II investit papa.
• S'agreuja la crisi política portuguesa.

Una vegada més, l'extraordinari **B. B. King** actuà amb el seu grup de jazz al Palau Municipal d'Esports de Monjuïc, el dia 31, amb gran èxit de públic. La B. B. King Band estava formada, a més del seu titular, pel guitarrista Milton Hopkins, els saxos Cato Walker i Walter King, el trompeta Calvin Ollens, el teclista James Tony, el bateria Calep Emthrey i el baix Joe Turner.

• **23.10.** País Basc: dos guàrdies civils morts en un atemptat.
• Acaba amb gran èxit de Suárez el Congrés d'UCD.
• Israel i Egipte acorden la pau.
• **24.10.** 3.000 tones d'armes, al port de Bilbao, amb destí a l'Argentina.
• Nou descens del dòlar.
• Xina i Japó ratifiquen el tractat de pau.

El **Premi Margarida Xirgu**, instituït per la Penya teatral Carlos Lemos, li fou concedit, enguany, el dia 24, a l'actriu **Núria Espert** per la seva participació a **Una altra Fedra, si us plau**, de Salvador Espriu, en un acte organitzat a la Terrassa Martini de Barcelona. El premi li fou lliurat a l'Espert per Mercè Bruquetas, que l'havia obtingut l'any anterior. A la fotografia, ambdues actrius acompanyades per Avel·lí Artís "Sempronio".

El dia 12 **moria a Barcelona el gran historiador** català **Lluís Pericot**, una de les figures europees del segle XX en l'estudi de la Prehistòria. Nascut a Girona l'any 1899, Pericot va estudiar amb Pere Bosch i Gimpera, i obtingué molt jove la càtedra de Prehistòria de la Universitat de Santiago. La seva tesi doctoral versava sobre "La civilització megalítica catalana i la cultura pirenaica" (1925). Passà a la Universitat de València i, l'any 33, a l'autònoma de Barcelona, compaginant les classes amb les excavacions. Entre els molts càrrecs i títols cal mencionar el de creador dels Serveis d'Investigació Prehistòrica, degà de la Facultat de Lletres, president del patronat de la Universitat, president de diversos congressos de Prehistòria celebrats a Madrid i Barcelona, etc. Entre les principals excavacions realitzades pel mestre Pericot, es compten les de la cova del Parpalló, els poblats ibèrics de la Bastida de Mogent i de Llíria. L'Etnologia va ésser també una de les seves vocacions, com queda demostrat en l'enciclopèdia monumental **Amèrica indígena** (1936-1962). En el moment de la mort el doctor Pericot deixava incompletes les seves "memòries".

La tomba de Lluís Companys.

Fossar de la Pedrera.

En una via apartada del Cementiri de Montjuïc es troba el nínxol del que fou president de la Generalitat, **Lluís Companys**, afusellat al glacis de Santa Eulàlia del castell de Montjuïc el 15 d'octubre de 1940. En el **38è aniversari de la seva mort**, se celebraren diversos actes de caràcter religiós i polític, com a homenatge a l'home d'Estat que hagué de dirigir Catalunya en els anys difícils de la República i en els tràgics de la guerra civil: ofrenes florals davant la seva tomba (fotografia), col·locació d'una làpida al lloc on caigué mort, campanya pro monument al seu poble de la comarca de l'Urgell i un gran acte organitzat per l'Associació pro Memòria dels Immolats per la Llibertat de Catalunya, al Fossar de la Pedrera del cementiri del sud-oest (fotografia).

- **25.10.** Acord Martín Villa-Benegas per a la creació d'una policia basca.
- Robatori a l'Ambaixada espanyola de Moscou, en possible relació amb l'afer de la KGB a Madrid.
- 1 milió de cartells distribuïts per tot Espanya per tal de trobar 10 Grapos.
- **26.10.** Nou atemptat d'ETA: mort d'un civil.
- Partits i centrals convoquen grans manifestacions contra el terrorisme.
- Mota Pinto, nou primer ministre portuguès.
- **27.10.** El Comitè Polític del Consell d'Europa, a Madrid, contra el terrorisme.
- L'anomenat búnquer barraqueta, del País Valencià, a favor de la bandera tricolor.
- Converses sobre Gibraltar Oreja-Owen.

Les tan esperades **transferències de serveis de l'Administració central a la Generalitat** entraren en vigor el dia 1. El dia següent, Tarradellas i el ministre de Justícia, Landelino Lavilla, presidiren l'**acte de materialització dels traspassos**, a la sala Torres Garcia, amb la presència dels tres consellers que rebien les transferències: Joan Josep Folchi, d'**Economia i Finances**, Narcís Serra, de **Política Territorial i Obres Públiques**, i Josep M. Roig, d'**Agricultura, Remaderia i Pesca**, així com del secretari general de la Generalitat, Josep Maria Bricall i el senyor Coscolluera del Ministeri de Regions. El ministre mostrà la seva satisfacció "com a català", en el seu parlament, i Tarradellas se li adreçà en castellà per agrair tot el que el Govern havia fet perquè Catalunya recobrés els seus drets i la seva personalitat.

Entre els joves arquitectes catalans, cap no havia tingut una projecció estrangera més important, en els últims anys, com **Ricard Bofill**. Arquitecte d'estil original, molt discutit, autor de la no realitzada "Ciutat en l'espai", i de diversos projectes duts a terme, com el Barri Gaudí, de Reus, l'hotel El Castell, de Sitges, i el Walden 7, a Barcelona, Bofill va guanyar el concurs per a la **renovació de la plaça de Les Halles**, antic mercat de París, en competència amb molts arquitectes estrangers, encara que, des del primer moment no fou clara la viabilitat d'aquest projecte, emparat pel president Giscard d'Estaing però discutit per altres autoritats com el batlle de París, Jacques Chirac, el qual aconseguí **prohibir-lo definitivament** aquest mes, Chirac oferí, a canvi, a Bofill, altres "projectes dignes de la seva competència i de la seva qualitat".

"La setmana universitària llatinoamericana", del 3 al 7 a Barcelona, congregà nombrosos intel·lectuals i polítics exiliats de diversos països llatinoamericans, i plantejà qüestions de primer ordre de caire polític, com els mètodes a seguir per implantar la democràcia, o de caire artístic i de difusió de la cultura. "S'han canviat, ara, els papers amb respecte a Xile", digué la senyora Hortènsia Bussi, vídua d'Allende, referint-se a la dictadura espanyola en l'època del malaguanyat president xilè, i a la dictadura actual pinochetista en temps de la pre-democràcia espanyola. Hortènsia Bussi atacà durament els governs de Xile i d'Estats Units, en l'homenatge a Allende al Palau Blaugrana, en el qual també intervingueren Carlos Altamirano (a la fotografia), secretari general del Partit Socialista de Xile, Volodia Teitelboi, del PC de Xile, i alguns polítics catalans. El dia de clausura actuà Quilapayun amb la seva coneguda "Cantata popular Santa Maria de Iquique".

El dia 4 es va fer a la Terrassa Martini l'acte de presentació de les **joies de Salvador Dalí**, realitzades pel joier Octavi Sardà i distribuïdes per Quilat. En absència del famós pintor de Port Lligat, un íntim amic seu, el popularíssim compositor i director d'orquestra **Xavier Cugat**, es traslladà a Barcelona des de la seva residència habitual d'Estats Units per presentar les joies, a cera perduda i numerades, que representen la Madonna de Port Lligat, el Crist i altres.

El poeta cubà **Nicolás Guillén** comunista i Premi Lenin de la Pau, ben conegut aquí pels seus poemes en llibres o convertits en cançó, que destaca en els seus versos els elements africans encara vius a Cuba, president de la Unió d'Escriptors i Artistes de Cuba i membre del Comitè Central del Partit Comunista cubà, passà unes hores **a Barcelona** invitat pel PSUC. Als locals del carrer Ciutat, els dirigents del partit comunista català i altres intel·lectuals i artistes dedicaren una recepció oficial al poeta popular i combatiu.

"Ahir va morir a l'Havana, als 64 anys, Ramon Mercader i del Río, català que el 1940 va matar Trotsky en la seva residència de Coyoacan, Mèxic. ...Ramon Mercader patia des de feia temps un càncer als ossos i era atès en un hospital de la capital de Cuba..."

("Avui", 20-X-1978)

"...Jo crec que quan va matar Trotsky pensava senzillament que estava defensant la Unió Soviètica. Fou una víctima del seu propi fanatisme, un estalinista que va arribar fins al fons, perquè estalinistes ho eren tots en aquella època." Declaració de Teresa Pàmies, del PSUC, a "El Correo Catalán".

("El Correo Catalán", 20-X-1978)

Xavier Cugat.

• **28.10.** Pensions a les vídues de militars republicans.
• Projecte de llei d'autonomia universitària.
• Sadat i Begin, Premis Nobel de la Pau.
• **29.10.** 30.000 persones a les manifestacions antiterroristes de Bilbao.
• Barricades a Sant Sebastià a causa de la prohibició de la manifestació abertzale.
• El president d'Algèria, Bumedian, greument malalt a Moscou.
• **30.10.** Fuga de quinze presos de la presó de Múrcia.
• Bomba a "El País", un ferit molt greu.
• Pànic mundial entre els inversors en diamants.
• **31.10.** ETA ocupa Radio San Sebastián i emet un comunicat contra la Constitució.
• La Triple A reivindica l'atemptat a "El País".
• Congrés i Senat aproven la Constitució.

NOVEMBRE

Exposició-homenatge a J. Llorens Artigas.
Campanya de neteja de cartells i pintades.
Manifestació antiterrorista.
100 anys de titelles a l'Institut del Teatre.
Diada naturista.
Lluís Llach al Romea.
El cementiri vell de l'Escala.
Premis Sant Martí.
Escultura de Joan Miró a París.
Mercat de la perdiu a Vilanova de Meià.
Noves columnes anunciadores.
Companyia 4 Litres 12, al Teatre Lliure.
Mercat gòtic.
Exposició Karl Marx/Friedrich Engels a la Fundació Miró.
Augment de preus a l'autobús i el metro.
Exposició sobre l'olor a la Fundació Miró.
Lliurament del text de l'Estatut al president Tarradellas.
Propaganda a favor de la Constitució.
II Biennal de pintura.
XIV Rallye de Catalunya d'automobilisme.
Centre d'Estudis Musicals. Debat sobre la música.
Inauguració de la temporada al Liceu.
III Taula rodona sobre gastronomia, a S'Agaró.
Vaga de treballadors del mercat del peix.
Home amb blues, pel Grup d'Estudis Teatrals d'Horta.
La Devesa de Girona en perill.
Sarrià de Ter i la paperera.

A la seu central de la Caixa d'Estalvis, de la plaça de Sant Jaume, s'inaugurà el dia 3 l'**exposició-homenatge al gran mestre** de la ceràmica **Josep Llorens Artigas,** amb la presència de Tarradellas i d'altres personalitats, i amb un parlament de Daniel Giralt-Miracle (organitzador de la mostra). L'exposició incloïa cinc parts principals: els esdeveniments més importants de la vida de l'artista (que ara complia 86 anys), els comentaris sobre la seva obra, aportació tecnològica i formularis, homenatge d'altres ceramistes i, finalment, una selecció de l'obra de Llorens Artigas.

L'**Operació neteja** començà el dia 6 **a Barcelona** pel tal de treure tots els **cartells** i esborrar totes les **pintades** amb què al període pre-democràtic els partits es presentaren als ciutadans i els il·lustraren sobre determinades qüestions d'interès públic. 300 parats, al llarg de quinze dies i amb un sou global d'unes dinou mil pessetes, es dedicaren a netejar les façanes... mentre els partits i els grups extraparlamentaris usaven els nous espais nets per a fer la seva propaganda contra la Constitució.

L'obra del compositor català **Lleonard Balada, Tres anècdotes**, fou **estrenada** el dia 8 **per l'Orquestra de Cambra de Pittsburgh,** al Fisher Auditorium de la Universitat d'Indiana, de la qual Balada és professor des de l'any 1970. **Tres anècdotes** és una obra per a orquestra de cambra i percussió. Hi actuà de solista el percussionista titular de la Simphònica de Pittsburgh, John Soroka, i com a director, Donald Johanos.

El dia 10 es realitzaren a totes les ciutats de l'Estat espanyol **manifestacions contra el terrorisme,** seguint la convocatòria de les centrals sindicals. Si la resposta no va ésser massiva es deu, fonamentalment, al fet que la crida anava dirigida molt més a la classe treballadora, conscient dels seus interessos, que a la "multitud silenciosa" visceralment antiterrorista. Uns cent mil manifestants a Barcelona, dos mil a Tarragona i Lleida i uns dos-cents a Girona eren xifres poc satisfactòries per a una democràcia que volia manifestar-se també contra el principal perill de la seva existència, el terrorisme, particularment intens al País Basc però també present a Catalunya i d'altres terres de l'Estat. A Barcelona, fou Comissions Obreres la sindical més activa en l'organització de la manifestació, la qual va ésser contestada per grups de militants d'extrema esquerra —PCE(i), PCE(r), PSAN(p), POUM, COAS, Comitè Català contra la Constitució Espanyola, etc.—, que llançaren còctels incendiaris contra la força pública i que insultaren els líders dels partits presents a la manifestació.

• 1.11. Manifestacions de periodistes contra l'atemptat terrorista a "El País".
• Iran: paralitzada l'exportació de petroli.
• 2.11. El grup de Silva Muñoz se separa d'Alianza Popular.
• Mor un dels treballadors ferits d'"El País".
• Iran: Manifestació monstre contra el xa.

En contradicció amb si mateixa, la societat actual demana més productes de consum i, alhora, més naturalesa; més cotxes però també zones verdes. Cent mil persones, xifra absolutament inesperada, es manifestaren a Barcelona el diumenge 5, al matí, des de la Diagonal al Parc de la Ciutadella, pel passeig de Gràcia, plaça Catalunya i Via Laietana, en resposta a la crida d'ecologistes, naturistes i vegetarians "a favor d'una nova vida". La manifestació de la **Diada Naturista,** encapçalada pel mateix delegat municipal de la Guàrdia Urbana, Antoni Figueruelo, i per cinc urbans, fou una festa contínua gràcies a l'absència de cotxes i autobusos, amb milers de bicicletes, patinets, skatingboards, cotxets de nen, amb milers de grans i nens que portaven carotes, màscares antigas, barretines, paraigües, fruites, vegetals, globus de colors i moltíssimes pancartes. La gent descobria la ciutat com a espai de passeig i d'esbarjo, en aquella Barcelona que era una interminable carretera amb edificis a banda i banda.

Molts, que acceptaven de bon grat la qualitat interpretativa del cantant **Lluís Llach,** estaven fins al capdamunt de les seves actituds polítiques expressades al marge de la cançó en un to de profeta de pa sucat amb oli i d'allò més demagògic. Per això, i per la seva qualitat, va tenir un gran èxit el cantant de Verges en la sèrie d'audicions **al Romea** de Barcelona, del 27 d'octubre al 7 de novembre, amb un bon acompanyament i espai escènic de Fabià Puigcerver.

• **3.11.** Assassinat per ETA un industrial basc vinculat al PNB.
• Oviedo: Segrest d'un propietari a Mines Figueredo, com a protesta laboral.
• Gutiérrez Mellado: Presenta informe sobre terrorisme i ETA.
• **4.11.** Fuerza Nueva reuní 300.000 persones contra el terrorisme a Madrid.
• 10.000 manifestants a la Corunya per la crisi pesquera.
• Cimera de Bagdad: El món àrab contra els acords de Camp David.

Parlar de **titelles** i putxinel·lis a Catalunya és parlar també de la **família Anglés,** la qual, al llarg de quatre generacions, s'ha dedicat a aquesta aventura dels ninots teatrals. La tradició familiar s'inicià amb Jaume Anglés Pallejà, l'any 1873, la consolidà el seu fill Jaume Anglés Vilaplana (que fou deixeble del gran Juli Pi), i la continuaren el nét, Jaume Anglés i Guzman, i els besnéts Jaume i Josep. A l'Institut del Teatre de Barcelona, es dedicà una exposició a aquesta família de titellaires, en la qual es presentava el procés de creació, fabricació i pintat dels titelles, així com informació bibliogràfica, vídeos i altres materials.

El **Cementiri Vell de l'Escala**, construït a les primeries del segle XIX, és considerat el cementiri de pescadors més admirable de la Costa Brava, una versió popular de l'estil neoclàssic culte. En ell hi ha enterrada Caterina Albert ("Víctor Català"). L'alcalde de l'Escala, Valeri Ballester, intentava destruir el cementiri, perquè pertorbava un pla immobiliari, però gràcies a la Comissió de Defensa de l'Arquitectura Popular, el cementiri i l'Alfolí (s. XVII) foren declarats monuments històrico-artístics.

• **5.11.** Gutiérrez Mellado i Martín Villa al País Basc. • Acord de Xina i Estats Units sobre cooperació energètica. • Sadat no vol rebre una comissió de la cimera de Bagdad. • **6.11.** Guàrdia civil assassinat a Tolosa, Euscadi. • Felipe González nomenat vice-president de la Internacional Socialista. • El camp espanyol experimenta els resultats de la llarga secada. • **7.11.** País Basc: Robatori de vint milions a la Caixa d'Escoriaza. • UNE, presidida per Gonzalo de la Mora, també se separa d'Alianza Popular. • El xa d'Iran crida els militars perquè ocupin el poder.

Els tradicionals **premis Sant Martí,** en l'edició 1978, als ciutadans vinculats a la vida científica, artística i social dels barris que configuren l'antic poble de Sant Martí de Provençals, foren concedits el dia 11 al Saló de Cent de la Casa de la Ciutat. El Sant Martí d'Or, de transcendència internacional, fou adjudicat a Joan Martorell i Domènech, físic nuclear; el de Plata, de transcendència nacional, a Ramon Sanvisens i Marfull, per la seva obra pictòrica, i el de Bronze, de transcendència local, a Jaume Batlle i Bigas, per la seva labor social.

Com el primer monument "en honor de l'humor i de la vida" va ésser considerat, a França, el que el dia 13 s'inaugurava **a París,** a l'esplanada central del nou barri comercial i de negocis de La Défense: una **escultura de Joan Miró** que representa dos titelles gegants, de dotze metres d'alçada i d'un pes de vuit tones. Inaugurà el fantàstic monument el ministre de Cultura i Comunicació, Jean-Philippe Lecat, en una simbòlica festa amenitzada pels Putxinel·lis Claca, vestits amb indumentària mironiana, i per la Othel·lo Fine Fanfarre.

Els **cilindres metàl·lics,** popularment anomenats "pirulins", instal·lats per l'Ajuntament de Barcelona a diversos indrets de la ciutat amb la finalitat única i exclusiva de servir de suport a la **propaganda política,** ciutadana o sindical, van ésser usats, durant la primera setmana, amb molta freqüència per firmes comercials, cosa que donà lloc a una nota reiterativa per part de l'Ajuntament en la qual es denunciaven "les firmes comercials que els últims dies han utilitzat els mencionats mitjans per a ús propi i en perjudici dels legítims usuaris, amb l'objectiu d'aplicar la màxima sanció administrativa a què hi hagi lloc, a més del pagament del cànon corresponent".

Fundat per Guifré el Pilós l'any 879, el **Monestir de Ripoll,** de l'orde de sant Benet, fou consagrat cent anys després per Miró III Bonfill, bisbe de Girona. Enguany se celebrava el seu **mil·lenari,** la cloenda del qual tingué lloc els dies 10, 11 i 12 amb un concert a càrrec de l'escolania de Montserrat, sota la direcció del pare Ireneu Segarra, una solemne celebració eucarística amb els bisbes de Vic, Girona i la Seu d'Urgell, i un acte literari-musical de l'historiador Antoni Pladevall i de la Capella de Santa Maria, dirigida per Joaquim Maideu. El bisbe de Vic, doctor Masnou, féu finalment la cloenda oficial de l'any del mil·lenari.

L'antiquíssim **"Mercat de la Perdiu",** que tradicionalment se celebrava **a Vilanova de Meià,** a la Conca de Meià, el dia de Sant Martí, havia sofert alguns canvis en els últims anys: en primer lloc, el canvi de dia, perquè coincidís en diumenge, i, en segon lloc, s'ampliava el mercat als faisans i les guatlles i se celebrava simultàniament un concurs-exposició de gossos de caça. La major part dels animals del mercat provenien actualment de les granges, encara que a Vilanova de Meià es crien algunes perdius, a cases particulars, seguint la tradició.

- **8.11.** El director del programa "300 millones" de TVE rep un paquet-bomba.
- Morts i detencions a Teheran.
- Greus tensions xino-vietnamites.
- **9.11.** Letamendia presenta la dimissió com a diputat.
- Mort d'un etarra a Bilbao.
- Itàlia: Un fiscal i els seus acompanyants morts en atemptat terrorista.

Si fa alguns anys tota manifestació cultural havia d'ésser sericsa, didàctica i conscienciadora, ara s'esperava que fos una festa de llibertat i fantasia... Poques ho eren, però: alegrar és encara més difícil que fer pensar. L'espectacle **"Concerto"**, del grup francès de Nancy **"4 litres 12"**, representat al Teatre Lliure els cinc primers dies del mes, era realment allò que es volia que fos un espectacle actual, amb humor, molt d'humor nascut de l'automatisme i de l'absurd, i una gran força còmica expressiva i poder de contagi. Però, qui s'ho creia? Al públic li havien donat tantes vegades gat per llebre...

Manuel Sacristán.

A la casa de **Karl Marx,** a Treveris (Alemanya Federal), està instal·lat des del 1947 el Museu de la Història del Socialisme, una **mostra itinerant** del qual fou presentada del 2 al 19, amb material sobre els clàssics del marxisme **a la Fundació Miró.** Paral·lelament, alguns especialistes com Elsner, Fetcher, Peter Landau, Josep Maria Vergara i Manuel Sacristán (aquest últim a la fotografia), realitzaren un cicle de conferències sobre la història, el pensament i la influència social de Marx i Engels.

Mercat gòtic.

La febre de recuperar el passat, tan característica d'aquests anys, ressuscità un dels personatges més famosos de la postguerra: **Bernard Hilda.** L'any 1924 la **"parrilla" del Ritz** era un dels principals punts d'atracció de les nits de Barcelona, gràcies a Hilda i la seva orquestra de romàntics violins. Trentacinc anys després, Bernard Hilda venia a Barcelona des de París, per a la represa d'aquella "parrilla", on, a partir d'aquesta inauguració, el dia 8, actuaria un espectacle dirigit pel mateix Hilda, amb la participació de la cantant francesa Patachou, l'orquestra de Ramon Ferran i la cantant Danièle Colomer.

El darrer dijous del mes d'octubre s'inaugurà a Barcelona un nou mercat amb un èxit excepcional: el **Mercat Gòtic,** a la plaça Nova, davant la catedral, organitzat per Barna Centre i dedicat a la compra-venda d'objectes d'antiquari, que hauria de funcionar tots els dijous al matí. Amb instal·lacions ben muntades, aquest mercat no era una alternativa als Encants de la plaça de les Glòries, sinó un mercat més específic que responia a la dèria actual per les coses antigues —sobretot les modernistes, kitsch i art-deco—, amb la seguretat que el que es comprava no era falsificat.

• **10.11.** Guipúscoa: Treballador mort en un atemptat.
• Conferència de Madrid: Condemna mundial del règim xilè.
• Filla de Domecq segrestada a Mèxic: 70 milions de rescat.
• **11.11.** Míting eurofeixista a Marsella.
• L'acord Egipte-Israel en perill.
• **12.11.** Euscadi: Dos guàrdies civils morts i dos ferits.
• Arriba a Madrid el president del Senegal.
• Somoza accepta negociar amb l'oposició a Nicaragua.

La generació hippy havia descobert a nivell social els colors i els olors, al temps que recuperava les cultures dels països primitius. Ara, com a resultat d'aquell descobriment, però amb un sentit més exquisit i minoritari, la **Fundació Miró** presentava l'exposició **"Suggestions olfactives"**, mostra dissenyada per Xavier Olivé i Alícia Núñez-León, i preparada, en el seu contingut, per Jordi Pablo, amb la col·laboració de tècnics perfumistes del SEQC. Els visitants podien experimentar els olors mullant uns paperets en els flascons d'essències distribuïts al llarg de les sales, i, al mateix temps, aprendre el valor dels olors i l'olfacte a la cultura.

El dia 2 entraren en vigor les **noves tarifes del transport públic de Barcelona:** dotze pessetes el viatge en autobús i vuit el de metro, amb preus lleugerament inferiors per als usuaris habituals dotats de targetes. L'augment de tres pessetes per l'autobús i de dues pel metro originà nombroses protestes per part de la Federació d'Associacions de Veïns i dels partits polítics d'esquerra, encara que les mesures eren conegudes des de feia mesos. La nota feta pública per la Federació ajuda a comprendre el rerafons de l'augment. La Federació es lamenta que, "malgrat la constant insistència de la nostra veu i la de moltes entitats polítiques i sindicals de Barcelona, l'ajuntament hagi aplicat aquesta mesura impopular, encara que sigui coaccionat per la imposició econòmica del govern central. Aquesta situació —continuava la nota— posa l'administració central davant la important responsabilitat de complir els compromisos adquirits de cobriment dels dèficits acumulats en matèria de transports, així com també de posar en marxa la comissió interministerial per al replantejament de la política del transport públic". Els soferts usuaris, per la seva banda, massa acostumats a constants augments de tot tipus en els últims anys, gairebé ni varen protestar: només a la perifèria, com a Santa Coloma de Gramenet, per exemple, es boicotejaren els serveis públic seguint la crida de les Associacions de Veïns i d'alguns partits.

El dia 6, els membres de la mesa presidida per Josep Andreu i Abelló, en representació de **la Comissió dels Vint, lliuraren al president Tarradellas,** al Palau de la Generalitat, l'**avantprojecte de l'Estatut** que aquella comissió acabà de redactar el dia abans al parador de Sau. Simultàniament, se'n lliurava una altra còpia als mitjans de comunicació. A partir d'aquell moment l'Estatut entrava en la fase de discussió a porta oberta per part del plenari de diputats i senadors, mentre l'opinió pública començava a manifestar-se sobre l'important esborrany d'Estatut que a primers d'any hauria de passar a la Comissió d'afers constitucionals, a Madrid, i que podria ésser refrendat pel poble de Catalunya el mes de març de 1979. En el moment de rebre l'exemplar de part de la mesa, el president Tarradellas declarà que pensava convocar l'Assemblea de Parlamentaris i que el text "significava una nova fita de Catalunya en el camí per a avançar en l'obtenció de l'Estatut". A la fotografia, els senyors Moreta, Andreu i Abelló, Tarradellas, Solé Tura, Alavedra i Verde.

"Ha estat presentada a la Comissió dels 20 una nova esmena al text de l'avantprojecte d'Estatut, en el sentit que la llengua aranesa gaudeixi en el seu domini lingüístic del mateix tracte que la catalana."

"Hoja del Lunes", 20-XI-1978.

- **13.11.** La ultradreta espanyola cerca un "caudillo" militar.
- Israel rebutja les noves propostes de pau d'Egipte.
- Segueixen les fortes tensions a Iran.
- **14.11.** Las Palmas: Tiroteig d'un vaixell amb armes per a l'Argentina.
- El Senat investiga les "escoltes telefòniques".
- Estatut: greus diferències en el Consell General Basc.

En l'etapa anomenada de la "predemocràcia" les façanes dels nuclis urbans s'havien omplert de tal manera de propaganda política —cartells o pintades—, que es decidí instal·lar uns **plafons mòbils** exclusivament destinats a aquesta mera de publicitat cívica, política i sindical. A mitjan novembre apareixien els primers plafons per tot Catalunya amb vista al proper **referèndum sobre la Constitució** que tindria lloc el 6 de desembre. Els plafons dels carrers, d'1'80 m per 0'80 m, i els dels locals, com els mercats, de 2'50 m per 1'25 m, amb un total de cinc mil unitats, foren considerats insuficients per la majoria de partits polítics, sindicats i associacions de veïns. Per altra banda, aquestes mateixes agrupacions acusaren de "franquista" l'estil retòric de la propaganda pro Constitució. La Generalitat, el seu Consell Executiu i el president Tarradellas, personalment, recomanaren el vot afirmatiu al referèndum a tot arreu de Catalunya a través de la premsa i de grans cartells anunciadors.

Antoni Zanini resultà vencedor absolut en el **XIV Rallye de Catalunya** i IX Trofeu Les Caves, amb el seu copilot Juan José Petisco, en Fiat 131 Abarth i en un temps de 2.24.51. A més, Zanini guanyà en totes les seccions, llevat d'una, d'aquesta competició organitzada pel Reial Automòbil Club de Catalunya, al Baix Camp, entre Sant Sadurní i Salou, el dia 18. La victòria de Zanini, el campió de Viladrau, era ja esperada. El seguiren en la classificació: Fernández-Sabater, també amb Fiat 131 Abarth; Bragation-Llopis, amb Lancia Straton; Etchebers-Etchebers, amb Porsche Carrera; Ortiz-Cabal, amb Chrisler 180; Bayo-Medina, amb Seat F 1; Sallent-Casanova, amb Opel Kadet, i Marcos-Altarriba, amb Seat F 1.

• **15.11.** Pactes sòcio-econòmics: Reunió d'Abril Martorell amb dirigents d'UGT i CC.OO.
• Gutiérrez Mellado: "No hi ha perill de cop d'Estat."
• **16.11.** Ex-jutge del TOP assassinat a Madrid.
• Tres morts i tres ferits a Mondragon en tiroteig amb la guàrdia civil.
• Futbol: Partit d'Eurocopa a València, Espanya 1-Romania 0.
• **17.11.** País Basc: Condemna general de l'actuació de la guàrdia civil.
• Ginebra: La OIT condemna Txecoslovàquia.
• Eleccions generals a Brasil: Avantatge de l'oposició.

Amb la participació de noranta-vuit obres de pintors joves s'inaugurà la **II Biennal de Pintura Contemporània** al Palau de la Virreina, el dia 15. Les obres foren seleccionades entre siscentes vint-i-nou presentades, amb l'objectiu primordial de donar a conèixer la producció de les generacions més joves i les possibles noves tendències de l'art. El jurat qualificador estava format pel president de la Caixa d'Estalvis i Mont de Pietat de Barcelona —entitat promotora de la Biennal—, i pels membres de l'Associació Espanyola de Crítics d'Art Vicent Aguilera, Santiago Amón, Alexandre Cirici i Daniel Giralt-Miracle.

El **Centre d'Estudis Musicals,** que funciona des del mes d'octubre de 1977, a l'avinguda de Vallvidrera de Barcelona, dirigit per Manuel Capdevila, pretén ésser una institució d'ensenyament alternatiu a les escoles existents, gràcies a una sèrie d'innovacions, tant en l'ensenyament de les diferents matèries musicals com en el sistema escolar i de funcionament: supressió dels exàmens, seminaris amb figures de nom internacional, etc. Com un dels actes més interessants del Centre, el dia 20 se celebrà un col·loqui sobre el tema **"És la música un fenomen analitzable?",** amb la participació de personalitats tan destacades com el director d'orquestra Sergiu Celibidache, el director general de Música Jesús Aguirre, des de feia poc duc d'Alba, Jordi Roca, en el paper de moderador, i els filòsofs José Luis Aranguren, Jordi Llovet i Eugeni Trias. Massa gent amb idees per a fer quelcom profitós i estructurat; però, sens dubte, un show cultural, dels que tant estima Barcelona, la ciutat més esnob del món després de Milà... segons Mario Vargas Llosa.

Per primera vegada es representava **en català** el **Hamlet** shakespearià, una de les obres més grans del teatre mundial. Terenci Moix en realitzà la traducció, en vers blanc, seguint la tradició marcada per Josep Maria de Segarra en les seves traduccions de Shakespeare, per a un espai de televisió que resultà ésser el més car de tots els realitzats a Barcelona. El paper de Hamlet fou representat per Enric Majó; la direcció estigué a càrrec d'Antoni Chic; i els altres papers foren interpretats per Montserrat Carulla, Pau Garsaball, Rafael Anglada, Josep Torrents, Marta Angelat, i un llarg etcètera. L'obra, de dues hores i quart de duració, seria projectada primer en català, i, posteriorment, doblada en castellà.

Malgrat els rumors sobre la crisi del **Gran Teatre del Liceu** i malgrat també les crítiques contra aquesta institució elitista, el dia 21 **s'inaugurà la temporada d'òpera** amb una bona escenificació de **La Gioconda,** que tingué com a protagonistes a Angeles Gulin, Bruna Baglione, Ninzio Tadisco, Sabin Markov i Montserrat Aparici. Per a comprendre com estaven d'excitats els ànims, pel que fa a l'obertura del Liceu, cal subratllar les frases que el mestre Montsalvatge dedicà a aquest acte inaugural: "Ahir a la nit s'inaugurà en el Liceu, feliçment i en pau (vigilada), la temporada (...) aquesta **Gioconda** amb la qual ha començat sense contratemps..." Perquè molts esperaven que la institució que dirigeix Joan Antoni Pamies podria ésser violentament contestada per un públic melòman que vol la democratització de l'òpera barcelonina, o per un altre que està, senzillament, contra els baluards de manifestació social de la burgesia, al marge del fet musical.

- **18.11.** Intent de cop d'Estat a Madrid. Oficials de les Forces Armades i l'ordre públic arrestats.
- Cartagena: Incident entre un general de la Guàrdia Civil i Gutiérrez Mellado.
- Els reis en viatge oficial a Mèxic.
- **19.11.** Reunió de Suárez, Gutiérrez Mellado i alts càrrecs militars.
- Tensions després del "complot militar". Explota un artefacte a casa de Joan Fuster, a Sueca.

Al barceloní Centre Parroquial d'Horta es reposà el muntatge **Home amb blues**, realitzat pel Grup d'Estudis Teatrals d'Horta, pel Teatre de l'Escorpí i pels músics de La Locomotora Negra, a partir de poemes d'autors catalans actuals, amb música, danses i moviment escènic, sota la direcció de Guillem-Jordi Graells i Josep Montanyés.

Néstor Luján, Alain Chapel, Pedro Subijana, Alain Senderens i Paul Schiff foren alguns dels conferenciants de la **III Taula Rodona sobre Gastronomia** que tingué lloc els dies 7, 8 i 9 a S'Agaró, organitzada per la revista "Club de Gourmets", que dirigeix Paco López Canís. La part teòrica fou completada per la pràctica, a l'Hostal de la Gavina, i a d'altres restaurants de l'Empordà, amb la participació de coneguts cuiners francesos i del país.

• 20.11. Commemoració del 20 de novembre a Madrid per la ultradreta.
• El general Atarés de la Guàrdia Civil, arrestat a València.
• 21.11 Dos policies morts a Basauri.
• Totes les unitats dels exèrcits informades sobre la "golpista" "Operació Galaxia".
• Quasi un miler de membres d'una secta religiosa se suïciden a Guyana.
• 22.11. Europa defensa la democràcia a Espanya. Reaccions al complot militar.
• Giscard abona l'entrada d'Espanya a la CEE.
• El president algerí Bumedian en coma.

De les zero hores del dia 10 fins al dia 23 durà la **vaga de treballadors del Mercat del Peix de Barcelona,** que afectà uns cinc-cents treballadors dependents dels assentadors privats i cent trentados més dels serveis de càrrega i descàrrega dependents de la Delegació de Treball. Els primers demanaven un salari setmanal de nou mil cinc-centes pessetes, que la patronal no acceptava, i els segons de set mil cinc-centes. Els treballadors reivindicaren també dels empresaris millores en les condicions de seguretat i higiene en el treball i que el Mercat romangués tancat tots el dilluns a la nit. Els primers dies de la vaga, els camions que arribaven a Barcelona des de diversos indrets de la Península eren desviats a d'altres mercats per tal que la mercaderia no es fes malbé en no ser descarregada. Curiosament, la subhasta de peix a "La Banqueta", en el moll de la Barceloneta, era molt concorreguda a causa que el peix s'hi venia menys car que de costum ja que no hi havia intermediaris.

La mort d'un jove el 18 d'octubre, esclafat per la inesperada caiguda d'un plàtan de la **Devesa**, suscità una nova polèmica sobre el magnífic **parc gironí**. Totes les forces polítiques i cíviques de la ciutat recordaren que feia dos anys, el març del 1976, s'havia presentat a l'Ajuntament un informe realitzat per l'enginyer Motjé, a comanda dels col·legis professionals, en el qual s'estudiava la situació dels quatre mil plàtans que integren aquell parc, sense que l'Ajuntament fes pràcticament res a favor dels arbres malalts. "Les propostes dels Col·legis Professionals sobre la Devesa varen anar a parar al cistell municipal dels papers inútils", deia, indignat, el president del Col·legi d'Enginyers. Ara, però, l'Ajuntament decretava una tallada massiva i total, tant dels arbres malalts com dels sans, segons acusava, en una nota, el Col·legi d'Aparelladors i Arquitectes Tècnics.

El dia 28 **moria a París el geògraf llemosí Pierre Deffontaines** a l'edat de vuitanta-quatre anys, poques setmanes després d'ésser internat a una clínica de Barcelona, ciutat on passava llargues estades. Com a director de l'Institut Francès de Barcelona, en els dificilíssims anys 1939-46, Deffontaines deixà un record inesborrable per la seva gran humanitat, pel seu interès científic i per la seva defensa de la cultura catalana. Recentment s'havia publicat la seva **Geografia dels Països Catalans**, potser el primer text on la geografia dels Països Catalans és contemplada de manera unitària, i que Deffontaines realitzà a partir de constants visites a tots els indrets d'aquesta àrea. Pau Vila va escriure sobre ell: "Era un treballador abrandat, observador amatent dels fets físics i humans, escodrinyador dels paisatges, amb el carnet a la mà, que tant li servia per a formular-hi un concepte com per apuntar-hi unes dades o croquisar-hi el panorama del que tenia davant dels ulls, amb aquella seva habilitat conjugadora de la visió del geògraf i l'artista."

• **23.11.** Gutiérrez Mellado al Congrés: El govern garanteix la disciplina militar.
• Els reis d'Espanya surten de Mèxic cap a Perú.
• Fraga contra Gutiérrez Mellado.
• **24.11.** Conferència episcopal: Llibertat per a votar en el referèndum.
• Madrid: Multes a l'extrema dreta.
• Pacte de Varsòvia: Crida pacifista del bloc comunista.
• **25.11.** Consell de ministres: Prohibit manipular partidistament la bandera d'Espanya.
• Front comú democràtic a favor del referèndum constitucional.
• Bolívia: Cop d'Estat per tornar a la democràcia.

Sarrià de Ter, municipi que l'any 1976 quedà integrat a l'ajuntament de Girona després de tretze anys de lluita per evitar-ho, i ara barri de la ciutat esquarterat per l'autopista, no havia guanyat res amb la pèrdua d'independència, ans havia perdut en molts sentits, començant per l'impost de radicació propi de les ciutats grans. La **fàbrica de paper** de Torras Hostench, principal empresa de Sarrià, continua produint fums i podor, sense que ningú —ni tan sols els més perjudicats— no protesti, perquè nou-cents sarrianencs, dels quatre mil que hi viuen, es guanyen la vida a la paperera. La instal·lació d'una depuradora de residus produeix també el seu fum propi. Sarrià de Ter va perdent les seves senyes d'identitat.

*"El **consum de drogues** suaus **a Sabadell** continua augmentant segons els resultats d'una enquesta efectuada per un equip professional de la ciutat. D'acord amb aquestes dades, a Sabadell es fumen setmanalment entre catorze i quinze mil "porros", afectant una població d'unes vint-i-cinc mil persones, la majoria entre els 16 i els 25 anys d'edat.*

"Sembla que les drogues "suaus" són les més consumides en aquesta població, mentre que les dures (cocaïna, heroïna, etc.) es distribueixen en una àrea concreta que no abraça més d'unes tres-centes persones."

Josep Lluís Suelves. "El Correo Catalán", 16-XI-1978.

• **26.11.** Comença una forta campanya a favor del sí a la Constitució.
• País Basc: L'ajuntament d'Arasate dimiteix per l'augment de la violència.
• **27.11.** Els reis d'Espanya a Buenos Aires.
• Molts dels morts a Guyana foren assassinats o obligats a suïcidar-se.
• **28.11.** La Comunitat Europea favorable a l'ingrés d'Espanya.
• Dimiteix Fukuda, primer ministre de Japó.
• **29.11.** Segrest d'un alt funcionari d'Educació a Guipúscoa per ETA.
• Ceausescu de Romania planta cara al Pacte de Varsòvia.
• **30.11.** Matança de pescadors canaris en aigües saharianes: vuit morts.
• ETA denuncia la situació de l'euskera i la cultura basca avui.
• Argentina alliberarà sis presos polítics espanyols.

DESEMBRE

Premis FAD d'arquitectura i interiorisme.
Trasplantament de testicle pel doctor Gil Vernet.
54a cursa Jean Bouin.
Referèndum constitucional.
Unió de Botiguers de Catalunya.
Final de la XVI Copa de Water-polo.
XXVIII Premi de la nit de Santa Llúcia.
Victòria dels Àngels, premi nacional de música 1978.
X Critèrium Internacional Ciutat de Barcelona de gimnàstica.
Homenatge a Eugène Ionesco a l'Institut Francès.
Exposició d'Antoni Tàpies a la Galeria Maeght.
Caga tió! a la plaça de Sant Jaume.
Nadal a tot tren, a l'estació del Nord.
Teresa Rebull, Grand Prix international du Disque.
Ornamentació de Nadal.
L'Estatut aprovat per l'Assemblea de parlamentaris.
Fira de Santa Llúcia.
Club Ramon Muntaner.
Enllestiment de l'Estatut.
Partit de futbol entre parlamentaris i periodistes catalans.
Flowers, per la Companyia de Lindsay Kemp.
Bingo.
Missa del Gall.
Copa de Nadal de natació.

Premi FAD d'arquitectura.

• 1.12. Alliberament per ETA, a Madrid, del delegat del Ministeri d'Educació a Guipúscoa.
• Ex-guàrdia de Franco mort a Irún per ETA.
• Desapareix l'històric diari "The Times".
• 2.12. Mesures militars per a protegir la pesca en aigües africanes.
• País Basc: Atracament de 85 milions, i guàrdia civil mort a Oñate.
• L'oposició accepta el plebiscit sobre Somoza, a Nicaragua.
• 3.12. Espanya és el país de l'OCDE amb més gent desocupada.
• Eleccions generals a Veneçuela.
• Continua la violència a Iran.

El dia 12 a la nit es fallaren els **premis FAD d'Arquitectura i Interiorisme** a la Fundació Miró. En primer lloc, un jurat format per reconegudes personalitats del món de la cultura i la política votaren les obres que segons llur criteri mereixien aquest guardó. Resultaren premiades l'escola d'EGB del carrer de Borrell, obra de Josep Benedito, Jaume Llobet i Agustí Mateos, i l'interior de l'Ortopèdia Cohí del carrer d'Enric Granados, de l'arquitecte J. Llinàs. El jurat professional, però, fallà a favor del xalet de Glòria Rognoni, a Sant Cugat del Vallès, obra de Lluís Clotet i Òscar Tusquets, en el premi d'Arquitectura, i a favor de l'establiment. El Casino, de la Diagonal de Barcelona, obra de Boixet i Pahissa, en el premi d'Interiorisme. Ambdues realitzacions apareixen a les fotografies.

Premi FAD d'interiorisme.

El professor Josep Maria Gil-Vernet, catedràtic d'Urologia, realitzà a l'Hospital Clínic de Barcelona, amb la col·laboració d'un equip de vint-i-cinc persones, **el primer trasplantament** en el món **de testicle humà** de cadàver, en la persona d'un jove. La intervenció es va iniciar a les onze i tretze minuts del matí i va acabar a les quatre i deu de la tarda, és a dir, amb una durada de cinc hores. Per raons de respecte a la intimitat i secret professional no es donaren a conèixer ni el nom ni l'edat i l'origen del pacient, el qual patia d'acusat infantilisme de gònades, car eren pràcticament inexistents. Dies després de l'operació l'estat general del receptor era favorable, i aquell òrgan mantenia el seu funcionament normal.

Del 24 de novembre al 3 de desembre se celebrà l'XIè **Festival de Teatre de Sitges** amb la participació de 24 espectacles, nou dels quals eren estrangers. La participació catalana fou més important i més nombrosa que l'any anterior: Teatre del Celobert amb **Woizzeck** de Büchner, Grup Roba Estesa amb **Teatre de cabaret**, Grup Gall Groc (de Sitges) amb **El duc Meu-meu** de Xesc Barceló, Grup Gat (Cardedeu) amb **La representació frustrada de la llegenda de la princesa trista** de Rudolf Sirera, Teatre del Trànsit amb **Despertar de primavera** de Wedekind, Agrupació Dramàtica Balear amb **Les roselles diuen no** de Guillem Cabré, i el muntatge **Les balades de Villon** en traducció i direcció de Feliu Formosa. Aquesta última obra, interpretada magníficament per Maria Josep Arenós (fotografia) obtingué el premi Artur Martorell al millor espectacle. El premi Santiago Rusiñol, per a textos, fou per al portuguès Helder Costa per la seva obra **Don Juan VI** i el premi Cau Ferrat per a la millor aportació artística fou atorgat a la companyia portuguesa "A Barraca" i el seu espectacle **Ze do Telhado**.

Amb bon temps se celebrà al circuit de Montjuïc, el dia 3, la clàssica **cursa d'atletisme "Jean Bouin"** en la seva 54 edició, en la qual participaren un total de sis mil corredors, un deu per cent dels quals en la categoria principal. El guanyador indiscutit d'aquesta edició fou el madrileny Fernando Cerrada, en un temps de 25 minuts, 19 segons, 3 dècimes, encara que el seu triomf, molt important a nivell peninsular, quedà disminuït a causa de la no-presència d'algunes figures capdavanteres de la URSS, Anglaterra i França. En segon i tercer lloc se situaren els britànics Steve Kennyon i Keith Penny, respectivament, i en quarta posició el també anglès Anthony Leonard, que corria amb llicència de la federació catalana. En les altres categories quedaren guanyadors: Juan Castelló, categoria junior masculina, i Encarna Escudero, categoria junior-senior femenina. En una de les fotografies, Cerrada, Penny i Kennyon, en plena cursa. A l'altra, els corredors infantils.

- **4.12.** Nicaragua: Apareixen nombrosos joves morts després d'ésser detinguts.
- Prossegueixen les matances a Iran.
- Bumedian en estat de coma.
- **5.12.** València: Intent d'atemptat contra Sanchis Guarner.
- França no donarà més cartes de refugiats a ciutadans del País Basc.
- Brussel·les: Es gesta la unitat monetària d'Europa.
- **6.12.** Referèndum constitucional.
- 300.000 persones formen les meses electorals a tot l'Estat.
- L'extrema dreta impugna la votació del referèndum.

Tot esperant l'escrutini a la Generalitat.

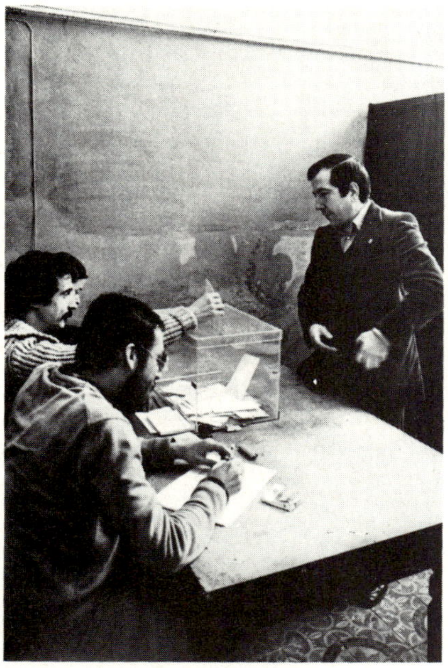

A Arbeca, Josep Pau, votant.

El senador Xirinacs a Llotja.

Cua de votants al Govern Civil de Barcelona.

El dia 6, **referèndum constitucional**. Aquesta és una data tan fonamental per a Espanya com la de la mort de Franco, persignificat el final legal de la dictadura i el principi real de la democràcia. L'entusiasme, però, aquell dia no era gran, com si la gent hagués esgotat ja les reserves d'il·lusió participativa en les eleccions del 15 de juny i en d'altres moments dels últims tres anys. I perquè eren molts els que no estaven d'acord amb el text constitucional: el uns per massa, els altres per poc avançat, encara que es pot comparar amb els que estan en vigor a l'Europa Occidental. La ultradreta, poc nombrosa a Catalunya, no acceptava, per començar, ni el sentit democràtic ni l'agnosticisme en matèria religiosa del text. Els republicans no admetien que la monarquia estigués axiomàticament vinculada a la Constitució. Els nacionalistes l'acusaven de no legitimar el dret de les nacionalitats a l'autodeterminació. Molts, a més a més, estaven tan segurs que seria aprovada, que no consideraren necessari insistir amb el seu vot. Un difós ambient de desencant, més i més palpable a mesura que l'any avançava, i que quasi era tòpic al mes de desembre, perquè tres anys de democràcia han portat més votacions que no solucions concretes, acabava de fer el pes perquè el referèndum no excités els ànims. Davant d'aquest perill d'abstenció, el Govern, la Generalitat, els partits, les sindicals, moltes entitats de caràcter cívic i molts intel·lectuals... demanaren el vot. La propaganda dels dies anterios al referèndum arribà a ésser tan massiva a la TV, que el públic acabà amb la sensació que la Constitució es venia com un altre objecte de consum. A Catalunya, com arreu de l'Estat, els mítings a favor i en contra se succeïren a ritme trepidant, i les façanes i els murals s'ompliren de propaganda. El dia sis fou, però, un dia tranquil. Les fotografies recullen les votacions dels diputats Miquel Roca Junyent a Barcelona, Josep Pau a Arbeca i d'alguns ciutadans al Govern Civil. A última hora el públic i molts polítics, com el president de la Generalitat, Pujol i Solé Tura esperaren a la Generalitat el resultat de la votació, mentre que d'altres, con el senador Xirinacs, esperaren a la Llotja. A Catalunya, el nombre d'abstencions fou tan alt com a la resta de l'Estat, una mica més del 32 per cent; però més del noranta per cent dels vots catalans foren favorables a la Constitució. I si a tot l'Estat, el 7,91 per cent votà No, a Catalunya només foren negatius el 4,62 per cent dels vots emesos.

• **7.12.** Constitució: "Sí", amb moltes abstencions.
• **8.12.** Dades sobre el referèndum: Abstenció al País Basc, 54,59 per cent.
• Rúbrica de l'acord de lliure canvi entre Espanya i l'EFTA.
• Ohira, nou primer ministre japonès.

Miquel Roca Junyent, votant.

"El que menys comprenc és que algú s'abstingui "perquè el sí massiu està assegurat" i perquè "Catalunya tindrà més força per a imposar el seu Estatut a Madrid". El primer, si s'estén, reduirà el "sí" tant que aquest deixarà d'estar assegurat. El risc pot ser enorme. I pel que fa al segon... amb quina força presentarà Catalunya el seu Estatut a Madrid si no ha defensat la Constitució?"

J.A. Gonzàlez Casanova. "Mundo Diario" 3-XII-1978

"Jo diré sí a la Constitució perquè els homes i les dones que jo vaig votar el 15 de juny no m'han defraudat. Tenen, doncs, la meva confiança no sols pel que han fet, sinó pel que faran després del dia 7 de desembre."

M. Aurèlia Capmany. "Avui" 5-XII-1978

"La millor eina que tenim per a possibilitar el nostre triomf en la lluita que sostenim des de fa anys per donar a la Generalitat un contingut que faci possible governar-nos nosaltres mateixos, no en dubteu, és votar afirmativament la Constitució."

De la carta "Ciutadans de Catalunya" de Josep Tarradellas, a l'opinió pública catalana. 29-XI-1978

"El Consell de Convergència Democràtica de Catalunya demana al poble de Catalunya el vot afirmatiu..." "El comitè central del PSUC dóna una importància cabdal al fet d'aconseguir el sí massiu."

"Avui" 21-XI-1978

La **Unió de botiguers de Catalunya**, que va néixer el cinc de juliol, estrenà local social al passeig de Gràcia de Barcelona, el cinc de desembre. Amb tal motiu hom imposà l'ensenya d'or de l'entitat al president Tarradellas, al governador civil senyor Belloch, a l'alcalde Socias i a d'altres personalitats. Així culminava el procés de federació de les diverses unions catalanes, la primera de les quals fou la de Reus, fundada tres anys abans i de la qual partí la idea d'agrupar els dos-cents vuitanta mil botiguers del Principat. En el moment actual, més de quinze mil comerciants ja s'han associat a la Unió de Botiguers de Catalunya. Les quotes mensuals, de dues-centes pessetes, serveixen per a crear i mantenir la infrastructura de serveis, així com cursets de professionalització, assessorament en matèria fiscal, laboral i jurídica, etc.

Amb el nou tractat bilateral entre el Mercat Comú i Portugal, **la indústria surera de la Selva i el Baix Empordà podria desaparèixer,** ja que aproximadament el cinquanta per cent del suro d'aquestes comarques catalanes va dirigit al Mercat Comú, i quan sigui signat aquell tractat Portugal podrà exportar sense aranzel. Aquest, però, és només un dels factors d'alarma d'aquesta indústria gironina, ja que tampoc no rep cap ajuda de l'Estat espanyol, el qual no li concedeix cap percentatge de bonificació aranzelària.

- **9.12.** Discussions sobre el jurament de la Constitució pel rei.
- Iran: Situació límit.
- Mor l'ex-primer ministre Golda Meir.
- **10.12.** Santurce: Assassinat d'un militar retirat.
- Arriba a Madrid el president de Finlàndia, Urho Kekkonen.
- Alfonso Osorio crea un nou partit, "Derecha Progresista".

L'equip del Montjuïc.

El Montjuïc quedà sots-campió de la **copa d'Europa de waterpolo** en la XVI edició d'aquest campionat, en perdre en la darrera jornada, el dia 8, contra l'equip hongarès Orvosi, que resultà campió. L'equip del Poble Sec (a la fotografia), format per Franch, Bertrán, Alonso, Robert, Villa, Fité, Sans i Puig, aconseguí marcar dos gols, mentre que l'Orvosi, amb Fekete, Szivos, Sudar, Vindisch, Pasztrai, Kuncz, Gal, Hamori i Bodnar en marcà cinc, en un partit ben diferent del que l'equip català jugà tan brillantment contra els italians. A la classificació final els alemanys del Wurzburg quedaren en tercera posició i els italians del Pro Recco en quarta.

Taula dels jurats.

La vint-i-vuitena edició de la **festa literària de Santa Llúcia** se celebrà l'11 al restaurant Miramar de Badalona. Fou presidida pel conseller de la Generalitat Pere Pi-Sunyer. El premi Sant Jordi de novel·la fou atorgat a Jordi Carbonell Tries, de Perpinyà, per l'obra **Un home qualsevol**, història d'un home que somia que viola i mata una noia, i que és detingut el dia següent per aquells fets. El premi, dotat amb 300.000 pessetes, el concedia enguany Edicions Proa, en col·laboració amb Òmnium Cultural, tot i haver resultat molt conflictiva i polèmica la seva convocatòria, en bona part a causa de la no-publicació l'any anterior del premi Sant Jordi per part de l'editorial Selecta, que era qui el convocaba, cosa que provocà l'exclusió del jurat de Josep Maria Castellet i la següent dimissió de Jordi Castellanos i Jordi Llovet. El premi Sant Jordi, que en l'època franquista havia representat un element de defensa de l'idioma, ara ha deixat d'ésser-ho, en la nova etapa democràtica, per convertir-se en un premi comercial més, encara que manté el seu prestigi cultural de tants anys. Isabel-Clara Simó (en una de les fotografies) resultà guanyadora del premi de contes i narracions Víctor Català pel seu llibre **És quan miro que hi veig clar**; l'autora, directora periodista del setmanari "Canigó", i col·laboradora del programa de TV "Català amb nosaltres", és d'Alcoi i viu a Figueres. Els altres premis foren: el Catalònia de monografies locals i comarcals a **La vida marinera a Vilanova i la Geltrú**, de Xavier Garcia Soler; el Carles Riba de Poesia, a **Flauta del sol**, de Jordi Pàmies i Grau; el Xarxa d'assaig a **El combat ecologista de Catalunya**, de Xavier Garcia, Jaume Reixach i Santiago Vilanova; el Folch i Torres de narrativa infantil a **El savi rei boig** d'Empar de Lanuza i Hurtado; el Joaquim Ruyra de Literatura juvenil a **El superfenomen** d'Oriol Vergés; l'Avui d'articles periodístics a **Comitès de defensa de la llengua catalana** de Josep Maria Corredor, i l'Aedos de biografia catalana quedà desert.

Isabel-Clara Simó.

• **11.12.** Madrid: Tercer Congrés d'Izquierda Democràtica, de Ruiz Giménez.
• Oslo: Beguin recull el premi Nobel de la Pau a Oslo (però no Sadat).
• Milions d'iranís es manifesten contra el xa a Teheran.
• **12.12.** El rei Joan Carles no jurarà la Constitució.
• El Consell General Basc negocia els problemes bascos amb el govern.
• Comencen a l'ONU els actes del 30è aniversari de la proclamació dels Drets Humans.

La soprano **Victoria de los Ángeles** obtingué el **Premi Nacional de Música 1978**, concedit per la Direcció General de Música del Ministeri de Cultura, en reconeixement del seu treball artístic al llarg de trenta anys i, en particular, per la difusió que ha donat a la música espanyola dintre i fora d'Espanya. El premi està dotat amb un milió de pessetes.

El dia 10 acabà una nova edició de les prestigioses competicions gimnàstiques **X Criterium Internacional Ciutat de Barcelona** i VII Trofeu Internacional Catalunya, amb les respectives victòries del romanès Ion Ceciche i de la soviètica Larissa Detiareva, al Palau d'Esports de la Ciutat Comtal. Mentre que la competició masculina fou molt renyida, a la femenina s'imposà la gimnasta russa des del primer moment.

"Jo sóc un anarquista metafísic", digué **Eugène Ionesco a l'Institut Francès de Barcelona** amb motiu de l'homenatge que se li dedicà el dia 11. Ionesco, un dels més importants autors del segle XX i figura principal, amb Beckett i Adamov, de l'anomenat teatre de l'absurd, declarà també que la seva obra "no és la manifestació ni d'una militància ni d'una ideologia, però el fet que inviti a la reflexió a filòsofs, crítics i ideòlegs significa que el pensament espontani, voluntàriament separat del dogma, es útil". En el transcurs de la vetllada llegiren les seves ponències sobre diversos aspectes de l'obra de l'autor de **La cantant calba** i d'**El rinoceró**, M. Roisse, cònsol adjunt de França a Barcelona, els professors de l'Institut del Teatre Jaume Melendres i J. Murillo, el director teatral Ricard Salvat i els professors de l'Institut Francès Mme. Cheylan i M. Fuzellier.

Com assenyalava amb raó el crític Daniel Giralt-Miracle, la nova **exposició d'Antoni Tàpies** que s'inaugurà a la Galeria Maeght el dia 12 era esperada per dos motius principals: per conèixer la producció última de l'artista, dels anys 77 i 78, i per comprovar quina era la seva pintura quan el país ja havia assolit la democràcia i l'Estat havia acceptat el fet català, dues de les constants reivindicacions polítiques de l'artista al llarg dels darrers trenta anys. El mateix crític, però, anotava a l'"Avui" que cap de les vuitanta obres exposades "no és inèdita o escandalosa, però totes responen a l'ètica i l'estètica tapiana des dels seus orígens". Guillem Viladot, per la seva banda, apuntava que "res de Tàpies no ens parla de bellesa, sinó de vida: d'un compromís a indagar l'autenticitat" ("El Correo Catalán"). El mateix Antoni Tàpies declarà: "La política està implícita (en aquestes obres), hi jau subterràniament, de forma no aparent, com a conseqüència de la normalització de la vida"; sobre si mateix digué que era "un místic materialista, matisat per la dialèctica que va des del ying-yang oriental al marxisme".

Alexandre Deulofeu, il·lustre científic empordanès, definidor de la teoria de la interpretació matemàtica de la història, **morí a Figueres** als setanta-cinc anys, víctima d'un edema pulmonar. Nat a l'Armentera, llicenciat en Farmàcia, republicà, batlle de Figueres poc abans del 39, exiliat, i autor de més de vint-i-cinc llibres, Deulofeu sostenia que la història segueix uns cicles de mil set-cents anys, de manera que es repeteix constantment, i es pot predir sense error el que ha d'ocórrer en l'esdevenidor proper o llunyà. El seu últim llibre publicat, pocs dies abans de la seva mort el dia 27, va ésser **Catalunya i l'Europa futura**, revisió de l'obra que l'any 34 dedicà al president Macià i on aplicava la seva teoria matemàtica a la història de Catalunya.

- **13.12.** Per primera vegada en cent anys, audiència reial al PSOE.
- Importants dimissions d'Alianza Popular.
- L'exèrcit dividit a Iran.
- **14.12.** Un botiguer i un cap de policia morts per ETA al País Basc.
- ONU: Dues resolucions sobre el dret a l'autodeterminació del Sahara Occ.
- El govern Mota Pinto aprovat pel parlament portuguès.

Uns quinze mil nens i nenes feren **"cagar el tió"** invitats per l'Ajuntament i per Barna Centre, a la **plaça de Sant Jaume** de Barcelona, seguint el tradicional costum català. Tots els nens reberen obsequis oferts pels establiments de l'àrea peatonal del centre de la ciutat, i es diu que els organitzadors havien comprat un sac de carbó per si l'alcalde gosava presentar-se també a cridar el "caga tió!". La festa fou animada per conjunts de la "Coordinadora de festivals infantils als barris". A d'altres indrets de Barcelona i de tot Catalunya, com Esparreguera, els nens celebraren també aquella bonica festa d'origen pagà en la qual es rendeix culte als arbres.

El dia 20 fou **creat el Consell d'Ensenyament i Cultura de la Generalitat** de Catalunya, per decret signat pel president Tarradellas. Es tracta d'un consell pluralista, format per una trentena de personalitats de la cultura en les seves vessants científica, de pensament i d'educació, alhora representatives d'institucions culturals catalanes. Entre els nomenats hi ha Joan Ainaud de Lasarte, president de l'Institut d'Estudis Catalans; els rectors de les tres universitats catalanes; Marta Mata, de Rosa Sensat; Josep Maria Castellet, president de l'Associació d'Escriptors en Llengua Catalana; Joan Triadú, Maria Aurèlia Capmany, Enric Casassas, Maria Rúbies i Félix Serratosa.

Teresa Rebull, que obtingué el mes de març el **"Gran Prix International du Disque** de l'Academie Charles Cros" en el Festival Internacional del So, en la seva trenta-una edició, visità Barcelona. Al premi concorren anualment les millors gravacions de tot el món en les seves diferents modalitats. El disc presentat per Teresa Rebull és una col·lecció de poemes de Joan Salvat Papasseit als quals ella ha posat música. Teresa Rebull viu a Banyuls, a la Catalunya Nord, dedicada des de fa molts anys a reivindicar el català com a llengua de la seva terra, i ha organitzat alguns festivals amb cantants catalans al Rosselló.

- **15.12.** Salvador de Madariaga mor a Suïssa.
- Comencen les converses hispano-britàniques sobre Gibraltar.
- Nou augment -escalonat- del petroli, adoptat per l'OPEP.
- **16.12.** PSOE i PCE demanen un govern de majoria.
- La patronal CEOE proposa un increment salarial del 10% en els convenis.
- 13 morts en descarrilar el Talgo Madrid-Cadis.

Sota l'eslògan de **"Nadal a Tot Tren"** l'associació de veïns de la barriada de Fort Pienc, a Barcelona, organitzà les úniques revetlles barcelonines nadalenques des del dia 24 fins a Cap d'any, i amb molt poc d'èxit a causa de la manca d'ajuda per part de l'Ajuntament i de perspicàcia organitzativa per part de l'esmentada associació. L'edifici modernista de l'estació del Nord no pogué ésser usat perquè no oferia prou seguretat, segons Obres Públiques de l'Ajuntament. I els terrenys adjacents a l'estació, on se celebraren els balls, són poc acollidors per a tal fi. Només el dia de Cap d'any la festa comptà amb un públic nombrós i bons intèrprets, com Gato Pérez, Rudy Ventura, Oriol Tramvia i Esqueixada Sniff. A la fotografia, una simultània d'escacs protagonitzada pels nens del barri.

Encara que amb més austeritat que en anys anteriors, **l'ornamentació de Nadal a Barcelona**, amb els avets, la il·luminació dels carrers i la decoració de botigues i centres públics continuava essent la més rica de tota la península i una de les més aparatoses d'Europa. De Sevilla, de Madrid, de Gijón venia gent a Barcelona **"a ver las luces"** com qui va a veure les cascades del Niàgara als Estats Units. A la Porta de l'Àngel, l'avet posava el seu sentit de terra nòrdica, encara que el baròmetre marcava temperatures mediterrànies.

Per 58 vots a favor, cap en contra i una abstenció (del senador Lluís M. Xirinacs) fou **aprovat el projecte d'Estatut per l'Assemblea de Parlamentaris**, el dia 29, i presentat a les 8.23 de la tarda del mateix dia en el registre administratiu de les Corts. La sessió solemne d'aprovació començà a les cinc de la tarda, a la seu del parlament de Catalunya —al Museu d'Art Modern del parc de la Ciutadella—, quan un destacament de mossos d'esquadra reté honors al president Tarradellas, prop de l'entrada. La mesa presidencial fou ocupada per president, pel secretari general de la Presidència, J.M. Bricall, i pels cinc consellers polítics Reventós, Triginer, Sentís, Gutiérrez i Pujol. Josep Andreu i Abelló resumí els treballs realitzats amb aquestes paraules: "Aquest projecte d'Estatut és el resultat de llargues jornades, iniciades a Sau, amb els treballs de ponència de la comissió dels vint, i seguits amb els amplis debats i votacions del ple de parlamentaris." Andreu i Abelló començà a llegir el text del projecte, però pocs minuts després el diputat Macià Alavedra demanà que el text es donés per llegit, cosa que Tarradellas concedí immediatament. Tot seguit, Bricall anà anunciant per ordre alfabètic el nom dels diputats i els senadors, els quals, tot alçant-se, pronunciaren el respectiu sí, amb excepció de l'últim de la llista, Xirinacs. Coneguts els resultats, tots els presents van prorrompre en un fort aplaudiment, i l'acte s'acabà amb el cant d'**Els segadors**. Llavors, Roca Junyent es posà en contacte amb Madrid per tal que el projecte es presentés a les Corts, cosa que féu el secretari de la comissió dels vint, Agustí Mercè Varela, el qual ja havia acompanyat la comissió de diputats que l'any 32 diposità el primer projecte d'Estatut.

"El 'Manifest de Balaguer'. Quina era la identitat de tota aquella gent arribada a Balaguer des de tot arreu de Catalunya que s'agrupava en sessió de treball, sense distincions, ni tan sols polítiques? Senzillament, es pretenia manifestar unànimement la més enèrgica protesta pel tracte discriminatori que en l'avantprojecte d'Estatut es dispensa a les comarques... Àdhuc es va expressar el desig de votar negativament l'actual avantprojecte si no es reconeixia el que per a tots era irrenunciable: la indiscutible personalitat de les comarques que formen Catalunya."

"El Correo Catalán", 29-XII-1978. Article de Josep Antoni Durán - Lleida

- **17.12.** Consell confederal de Comissions Obreres contra la CEOE.
- A l'accident del Talgo morí el diputat socialista Alfonso Fernández Torres.
- Els Estats Units i la Xina normalitzen les relacions diplomàtiques.
- **18.12.** Nou assassinat al País Basc: un funcionari del Ministeri de Cultura.
- Artefacte explosiu contra "Diario 16" de Madrid.
- Comença la vaga de TVE en tot l'Estat.
- **19.12.** El Consell General Basc crida ETA a una negociació formal.
- Mor el cardenal alemany Frings.
- Pequín ofereix a Taiwan negociar la reunificació.

• **20.12.** El consell de ministres de la CEE acorda obrir converses amb Espanya, el febrer.
• Projecte a les Corts: El govern pot fixar el límit salarial en un 13%.
• França: Més de 4 hores sense electricitat a tot el país.
• **21.12.** Ple del Congrés: La direcció de la guerra correspon al cap del govern.
• França: Vaga general en defensa del lloc de treball.
• Favorable acollida de Moscou a l'entesa Xina-USA.
• **22.12.** 29 nens morts a la província de Salamanca quan un tren s'emporta un autocar escolar.
• Assassinat el líder d'ETA José Miguel Bañaran, "Argala", a Anglet.
• 5 morts en el naufragi de l'embarcació espanyola Poseidon.

Com és tradició, al volts de la catedral de Barcelona se celebrà la **Fira de Santa Llúcia** des del dia 8 al 23, dedicada principalment a la venda de figures, arquitectures i natura per a la construcció de pessebres i de tota mena d'ornamentació per a les festes de Nadal, com avets, **christmes**, rams d'olivera, etc. Enguany, però, dels vuit-cents llocs de venda, n'hi havia molts que oferien objectes aliens a les celebracions religioses, sota l'excusa que per Nadal i Reis es fan regals, com sabates, fotos d'Elvis Presley, posters de Marilyn Monroe, melmelades...

El dia quinze fou presentat a la premsa, a Barcelona, el **Club Ramon Muntaner** —equivalent del Club Siglo XX, de Madrid—, "al servei dels Països Catalans", i sota l'advocació d'aquell cronista que en la seva època fou qui millor va entendre i conèixer "la unitat cultural i idiomàtica del que ara anomenem Països Catalans". La comissió gestora del Club està formada pel professor Miquel Tarradell, pel senador Josep Benet i pels intel·lectuals Jordi Carbonell, Eliseu Climent, Josep M. Llompart, Antoni Serra, Vicent Ventura, Max Cahner, Gregori Mir i Miquel Sellarès.

M. Tarradell, M. Sellarès, J. Carbonell, M. Cahner i J. Benet.

Per tal de celebrar la fi de la redacció del projecte de l'Estatut d'Autonomia, el dia 19 s'enfrontaren en un **partit de futbol** els **parlamentaris** catalans (amb notable absència, però, de l'ala de dretes) amb els **informadors** polítics de premsa, a la zona esportiva del F.C. Barcelona. Sota l'arbitratge del periodista Jaume Andreu, formaren, a l'equip dels polítics: Reventós, Roca Junyent, Alavedra, Martín Toval, Sobrequés, Solé Tura, Güell, Parera, Ferrer, Solé Sabarís, Molins, Fuertes, Lluch i Cigarrán, i a l'equip de premsa: Anna Llauradó, Montse Madrigales, Arasa, Garrido, Campo, Llorena, Gutiérrez, Udina, Baiges, Sopena, Jorba, Samit, Villalba, Font, Galcerà i Blanco. Els parlamentaris, encara que de més edat, guanyaren per 5 a 3.

L'Accademia Nazionale dei Lincei, que administra el fons d'Antonio Feltrinelli, atorgà el dia 15 a **Joan Miró** el **Premi Feltrinelli** de pintura, dotat amb trenta mil dòlars —més de dos milions i mig de pessetes. A la cerimònia del dia 25, en el transcurs de la qual es lliuraren també els premis Feltrinelli de música, escultura, història i arquitectura, el pintor envià la seva filla Maria Dolors a rebre el guardó en nom seu.

El dia 16 quedava **enllestit el debat sobre l'Estatut d'autonomia** per l'Assemblea de Parlamentaris, a la sala de la Reina Regent de l'Ajuntament de Barcelona, després de tres mesos que comencessin a Sau (12 de setembre) les reunions de la ponència encarregada de redactar-lo. Catalunya portava, doncs, la iniciativa en la qüestió de l'Estatut. Andreu i Abelló, que fou el president de la mesa des de l'inici dels debats, pronuncià les paraules de cloenda: "Em felicito i felicito a tots els senadors i diputats perquè les dicussions han tingut una gran altura de mires i hem discutir l'Estatut amb esperit democràtic." En l'últim dia de reunions foren imposades les vegueries com a circumscripcions electorals en comptes de les províncies artificialment creades pel centralisme. Un cop enllestit, l'Estatut hauria d'ésser aprovat en la sessio convocada pel president de la Generalitat el dia 29.

- **23.12.** El "15640", grossa de la Loteria de Nadal, com l'any 1956.
- El Consell valencià demana l'autonomia.
- Vaga d'auxiliars d'Iberia provoca retards en els vols.
- **24.12.** Itàlia: Un DC cau al mar i provoca 108 morts.
- El parlament romanès proposa una zona desmilitaritzada.
- Tractat Salt: Acaben sense acord les converses Vance-Gromiko.
- **25.12.** Carmen Martín Gaite i Félix Grande, Premis Nacionals de Literatura.
- Al poble de l'Escorial es dedica una plaça a la Constitució.
- 3 soldats morts a mans de manifestants, a Iran.

Feia un any, al Teatre Romea, ja s'havia estrenat l'espectacle **Flowers** de **Lindsay Kemp**, amb tant d'èxit que tot feia suposar que la companyia hauria de tornar a Barcelona per a una temporada més llarga. En efecte, ara s'instal·lava al Teatre Barcelona i era aplaudida pel públic més exigent i per la crítica. Amb raó, Joan de Sagarra assenyalava que aquesta obra constituïa un succés semblant a l'obtingut en anys anteriors per l'**Antígona** del Living Theater, pel Magic Circus o pel Bread and Puppet. Com el títol complet de l'obra suggereix, **Flowers. Una pantomima per a Jean Genet**, es tracta d'un espectacle sobre l'homosexualitat; més encara, que fa proselitisme homosexual. Part de l'èxit assolit es podia deure a això, però sobretot es devia a l'astúcia i el domini teatrals de Kemp, a mig camí entre la genialitat i l'intel·ligent sentit comercial.

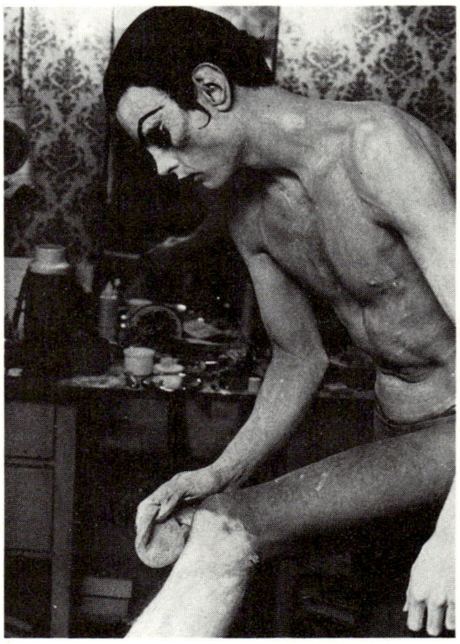

Segons el resum que en la seva visita a Barcelona lliurà el ministre d'Hisenda al president de la Generalitat, les **inversions** reals **programades per a Catalunya** al llarg de l'any 1979 per l'Estat pujaran a 20.545 milions de pessetes, distribuïts així segons províncies: 15.036 milions per a Barcelona; 1.337 per a Girona, 1.922 per a Lleida i 2.250 per a Tarragona.

- **26.12.** Nou calendari laboral: Suprimida la festa de Sant Josep.
- Probable viatge del papa a Espanya a l'octubre.
- Aprovat l'avantprojecte de l'Estatut basc.
- **27.12.** El rei sanciona la Constitució.
- Assassinat un comerciant a Sant Sebastià per ETA.
- Mor Huari Bumedian, president d'Algèria.
- **28.12.** Comissions Obreres i UGT: Reivindicacions salarials sobre un 16% d'augment
- Els reis i els seus fills a la Vall d'Aran.
- L'alta banca nord-americana s'interessa per la Xina.

Des que fou autoritzat, el **bingo** multiplicà les sales al llarg i ample de tot el país, i arribà a constituir un dels fenòmens característics de l'any 1978. Concebut com a loteria per a butxaques de tota mena —cent o dues-centes pessetes és el preu d'un número— i de resultats immediats, el bingo, mig bar i mig sala de joc d'atzar, atreu tant el públic jugador, com els individus, grups o entitats que creen noves sales, desitjosos de guanys fàcils. Tònica de l'any foren també les constants multes que s'imposaren a sales de bingo per diversos motius. Al Palau de Bofarull, de Reus, on el Club Natació Reus Ploms posseïa abans un dels balls més populars de la comarca en el marc esplèndid d'un saló d'època, ara hi tenia el Club un bingo segurament no tan mogut però sí més profitós que l'últim tango que allí es ballà.

El Palau Bofarull, a Reus.

La prova de **natació** més antiga de tot Espanya, popularment anomenada **"Copa de Nadal"**, celebrà la seva seixanta-nou edició. Aquesta cursa, de dos-cents metres de distància a recórrer, tant per a la categoria masculina com per a la femenina, fou guanyada per Antoni Aguilar, del Club Natació Barcelona, amb un temps de dos minuts i nou segons, i per Maria Pilar Barceló, de la mateixa entitat, amb dos minuts i vint-i-cinc segons.

La tradicional **"Missa del gall"** fou celebrada a molts indrets de Catalunya, en alguns casos organitzada per entitats excursionistes, com altres anys. El bisbe Jubany la digué a l'església del Pilar, de Barcelona. Segons alguns coneixedors de la sociologia religiosa, el nombre d'assistents a la missa de Nadal era inferior al de fa alguns anys, encara que abans molts hi anessin només a passar l'estona. Altres pràctiques nadalenques, en canvi, eren ara de moda, com els pessebres vivents, que es multiplicaven als pobles catalans, amb un sentit entre religiós i turístic.

"Barcelona i la seva província juguen quasi 5.140 milions de pessetes en el sorteig extraordinari de la Loteria Nacional del proper dia 22. Exactament, els bitllets rebuts per les diferents administracions expenedores sumen un total de 5.139.980.000 pessetes, que suposa el 14,64 per cent del total de l'emissió d'aquest sorteig de Nadal, que és de 35.100 milions de pessetes, import de 65.000 números, amb 27 sèries cada un, al preu de 20.000 pessetes la sèrie. (...) En comparació amb altres províncies espanyoles, estem en segon lloc en l'afecció a intentar la sort, ja que hi ha els 8.587 milions de ptes. que s'han gastat els madrilenys de la capital i província, ajudats en la inversió per no pocs transeünts i forasters."

"La Vanguardia" 16-XII-1978

• **29.12.** Consell de ministres: El govern estudia la dissolució de les Corts.
• Marcelino Camacho i Nicolás Redondo critiquen el ministre d'Economia a TV.
• Andorra: Els consellers elegeixen nou síndic.
• **30.12.** Suárez anuncia calendari polític: Eleccions generals, 1 de març; municipals, 3 d'abril.
• L'Estatut basc presentat al Congrés una hora abans que el català.
• Iran: L'oposició accepta governar.
• **31.12.** Els partits extraparlamentaris celebren la Diada de les Illes, a Mallorca.
• Biscaia: Taxista metrallat per un encaputxat.
• Xina: 50 mil estudiants es declaren en vaga.

Agraïm les fotos cedides per:
ADG-FAD, ADI-FAD, Club Excursionista Bages, Club Mundo, Fòrum Musical, Galeria Maeght, senyor Guillermo Sáez, professor Albert Porqueras-Mayo (Illinois University), Musée d'Art Moderne de la Ville de Paris, Princeton University Musuem of Art, Orfeó Laudate i la revista "Gourmet".